数智化时代会计专业

—— 融合创新系列教材 ——

U0734625

财务大数据
分析与决策

微课版

杜海霞　董萍萍　徐建宁◎主　编
赵　静　葛司远◎副主编
厦门网中网软件有限公司◎组　编

人民邮电出版社

北　京

图书在版编目（CIP）数据

财务大数据分析与决策 ：微课版 ／ 杜海霞，董萍萍，徐建宁主编. -- 北京 ：人民邮电出版社，2025.
（数智化时代会计专业融合创新系列教材）. -- ISBN 978-7-115-66460-0

Ⅰ. F275

中国国家版本馆 CIP 数据核字第 2025PE4498 号

内 容 提 要

数智化时代，利用大数据工具剖析财务指标背后的业务动因，分析经营过程中存在的问题，并为企业经营者提供有效的决策支撑，是经营分析的实质所在。本书在讲解财务报表及财务指标分析的基础上，着眼于销售业务及库存管理分析，可以帮助读者掌握 Power BI 软件的应用方法，理解企业经营预测分析的思路，洞察业务动因，从而有效提升财务数据分析能力及辅助经营决策能力。

本书架构设计合理，内容丰富完整，并提供微课视频，适合作为高等职业院校和应用型本科院校财会类相关课程的教材，也可以作为企业从业人员学习财务大数据分析的参考书。

◆ 主　　编　杜海霞　董萍萍　徐建宁
　　副 主 编　赵　静　葛司远
　　责任编辑　崔　伟
　　责任印制　王　郁　彭志环

◆ 人民邮电出版社出版发行　　　　北京市丰台区成寿寺路 11 号
　　邮编　100164　电子邮件　315@ptpress.com.cn
　　网址　https://www.ptpress.com.cn
　　山东华立印务有限公司印刷

◆ 开本：787×1092　1/16
　　印张：15.5　　　　　　　　　　2025 年 2 月第 1 版
　　字数：433 千字　　　　　　　　2025 年 2 月山东第 1 次印刷

定价：59.80 元

读者服务热线：(010)81055256　印装质量热线：(010)81055316
反盗版热线：(010)81055315

前　言

党的二十大报告指出："加快发展数字经济，促进数字经济和实体经济深度融合，打造具有国际竞争力的数字产业集群。"大数据时代的到来，数据存储、分析及挖掘等技术的发展，使得企业财务分析更加敏捷与高效，这是对数字经济发展的有力支撑。现有教材大多侧重从技术层面讲解大数据技术工具的具体操作，却忽视了一点：无论是财务分析还是大数据财务分析，分析的本质都在于洞察数据背后的动因。企业开展财务分析工作时，要着眼于企业的价值创造和核心竞争力的提升，其最终目的是服务于企业价值创造活动，为经营管理者提供决策支持。

本书以财务分析与业务分析为主线，主要讲授大数据分析的方法、财务报表及财务指标的分析、销售业务分析、库存管理分析、经营预测分析等。每个项目均以情境案例为主线，讲解相关知识点，并通过 Power BI 完成具体操作。

本书的主要特色有以下几点。

（1）本书由北京财贸职业学院和厦门网中网软件有限公司校企合作、"双元"开发，确保教学内容与企业实际业务紧密结合。

（2）本书以财务分析与业务分析为主线，构建企业经营分析框架，培养学生对财务分析与业务分析的洞察能力。

（3）本书将 Power BI 作为实施每个情境案例的工具，培养学生的大数据思维及技术素养。

（4）本书通过"行业观察"与"素养提升"模块，开阔学生职业视野，提升学生的职业素养。

（5）本书重难点知识和任务实施过程附配讲解视频，方便学生课前预习和课后巩固提升；同时，本书可配合厦门网中网软件有限公司的财务大数据分析与决策教学平台开展教学，该平台提供了丰富的拓展练习资源，并能基于人工智能模型进行题目智能解析与辅助学习。

本书包括八个项目：项目一由杜海霞编写；项目二由董萍萍编写；项目三由葛司远编写；项目四由喻炼编写；项目五至项目八的"知识准备"模块由杜海霞编写，"任务实施"与"任务拓展"模块由董萍萍编写。本书情境案例由厦门网中网软件有限公司徐建宁、赵静、王木华、曹晔进行整体规划与设计。

由于编者水平有限，书中可能存在不当之处，敬请各位读者批评指正。

编者

2025 年 1 月

目 录

项目七　库存管理分析 …… 188

项目八　经营预测分析……213

大数据分析概述

1. 具备大数据思维，能够确定分析目标；
2. 具备敏锐洞察力，能够确定分析模式；
3. 具备职业判断力，能够选择分析方法；
4. 具备系统思维，了解大数据分析流程。

知识导图

本项目主要包括确定分析目标、确定分析模式、选择分析方法、了解大数据分析流程四部分内容，如图 1-1 所示。

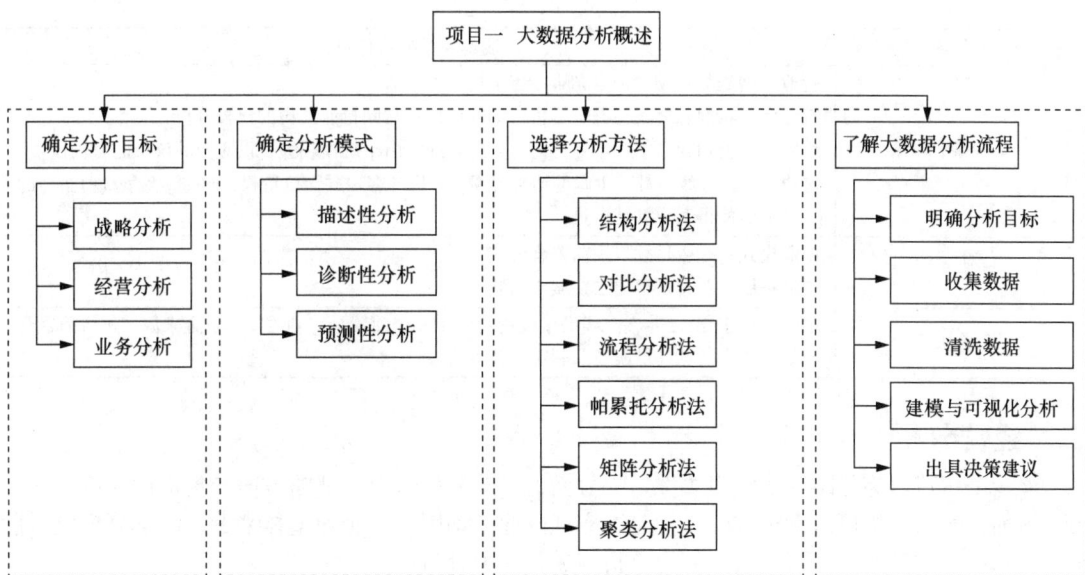

图 1-1　大数据分析框架

任务一　确定分析目标

情境案例

瑞琪公司主要从事咖啡零售业务，分析目标主要有八个。

（1）公司是否应拓展二线城市的市场？

（2）公司是否应拓展奶茶业务？

（3）公司的收入目标能否实现？

（4）公司能否及时偿还银行贷款本息？

（5）公司未来能否保持每年10%的利润增长率？

（6）公司对会员推出的15元咖啡套餐卖出了多少份，是否实现了促销目标？

（7）公司这个月浏览产品的用户数有多少？

（8）公司为履行社会责任，是否应进行规模性的助农产品采购？

请试着讨论以上分析目标属于什么类别的目标？

知识准备

大数据分析的目标可以分为战略分析、经营分析与业务分析。

知识讲解

战略分析

一、战略分析

战略是一个组织为了实现其长期目标所做的方向性选择和资源的取舍。战略分析主要解决三个问题：在哪里（差距）、去哪里（方向），以及怎么去（路径）。以瑞琪公司为例，可以将其战略分析目标细分为行业发展趋势、行业竞争状况、对供应商的议价能力与对客户的议价能力等方面，具体如表1-1所示。

表1-1 瑞琪公司战略分析

战略分析主要解决的问题	瑞琪公司战略分析
在哪里	**行业发展趋势**：预计未来咖啡零售市场发展趋势 **行业竞争状况**：公司在咖啡零售市场的地位；与同行业公司的比较分析 **供应商**：公司建立了咖啡豆种植与生产基地，由于规模较大，供应商的议价能力较强 **客户**：客户有线上订购生鲜的消费习惯，零售端客户并无议价权，同时，竞争日益激烈的生鲜电商使得客户黏性不足
去哪里	**商业模式**：是否延续采用前置仓模式 **市场拓展**：公司是否向二线城市拓展
怎么去	如公司拟于2025年在二线城市投资新建100个前置仓，则需规划资金来源、进行前置仓规划与建设、选择供应商及制定营销策略等

二、经营分析

经营分析可以为战略分析提供支撑。一方面，经营分析可以为战略方向变更提供支撑数据；另一方面，经营分析可以剖析战略目标是否实现的业务动因。从企业整体来看，经营分析包括偿债能力分析、盈利能力分析、营运能力分析与成长能力分析。

（一）偿债能力分析

偿债能力是指企业偿还所欠债务的能力。对偿债能力进行分析有利于债权人进行正确的借贷决策，有利于投资者进行正确的投资决策，有利于企业经营者进行正确的经营决策，有利于正确评价企业的财务状况。

偿债能力的衡量方法有两种：一种是比较可供偿债资产与债务的存量，可供偿债资产存量超过债务存量较多，则认为偿债能力较强；另一种是比较经营活动产生的现金流量和偿债所需现金，如果经营活动产生的现金流量超过偿债所需现金较多，则认为偿债能力较强。

债务一般按到期时间分为短期债务和长期债务，偿债能力分析也由此分为短期偿债能力分析和长期偿债能力分析。

（二）盈利能力分析

盈利能力分析主要分析企业利润目标的完成情况及各年度盈利水平的变动情况，并据此对企业盈利前景进行预测。不论是投资人、债权人还是管理人员，都会非常重视企业的盈利能力。盈利能力是企业获取利润、实现资金增值的能力。因此，盈利能力指标主要通过收入与利润之间的关系、资产与利润之间的关系反映。反映企业盈利能力的指标主要有毛利率、营业净利率、总资产净利率和净资产收益率等。

（三）营运能力分析

营运能力主要指资产运用、循环的效率。一般而言，资产周转速度越快，说明企业的资产管理水平越高，资金利用效率越高，企业可以以较少的投入获得较多的收益。企业营运能力分析主要包括流动资产营运能力分析、非流动资产营运能力分析和总资产营运能力分析三个方面。

（四）成长能力分析

成长能力是企业长期健康发展的重要动因，是企业的生命力所在。企业成长由业绩成长和规模成长两方面构成。业绩成长需要资本的不断投入，规模成长是业绩成长的基础，二者相辅相成。成长能力分析常用的指标是销售收入增长率和总资产增长率。需要注意的是，评价成长能力需要考虑成长的质量，即业绩成长和规模成长是否能使企业获利以及这种成长幅度是否具备可持续性。对管理者来说，较高的销售收入增长率不一定有意义，具有盈利性的成长才是可持续和关键的，这也是现代企业管理层的经营目标。另外，可持续成长是企业长期发展必然关注的重点，企业需要衡量是否在今天做出了足够的投入以保证未来的增长，例如企业是否在技术研发、消费者调查、市场趋势分析等重要领域投入了充足的资源等。

三、业务分析

无论是偿债能力分析、盈利能力分析、营运能力分析还是成长能力分析，最终都需要依赖于企业具体的业务。例如企业的收入是由一笔笔产品销售业务累积起来的。所以，应对企业经营分析的指标体系进行逐层分解，最终落实到具体的业务上。

瑞琪公司通过业务分析发现，公司整体收入下降，由此，可以对收入进行分析，比如分析发现拿铁类咖啡收入下降，进一步分析发现拿铁类咖啡的销售数量减少，最后发现浏览产品的用户数量没有减少，而是浏览产品的用户的下单率下降。此时，该公司可以通过对浏览产品的用户发放优惠券的方式提升用户下单率，进而提升销售收入。如果发现用户下单率没有下降，而是浏览产品的用户数量减少，那么可以采取加大广告投放等方式吸引更多的用户浏览公司的产品，从而增加销售数量。分析示例见图 1-2。以上分析就是业务分析，可以看到，只有通过业务分析，才能洞察经营业绩变动的原因，并制定相应的改进措施。

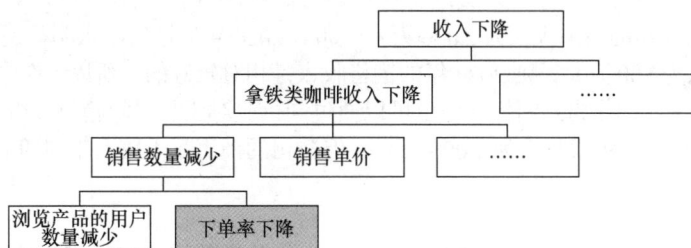

图 1-2　瑞琪公司业务分析示例

情境案例中，"公司对会员推出的 15 元咖啡套餐卖出了多少份，是否实现了促销目标？""公司这个月浏览产品的用户数有多少？"这些本质上都属于业务分析。

任务实施

在情境案例中，分析目标的类别如表 1-2 所示。

表 1–2 分析目标的类别

瑞琪公司分析目标	分析目标的类别
（1）公司是否应拓展二线城市的市场	战略分析
（2）公司是否应拓展奶茶业务	战略分析
（3）公司的收入目标能否实现	经营分析——盈利能力分析
（4）公司能否及时偿还银行贷款本息	经营分析——偿债能力分析
（5）公司未来能否保持每年 10% 的利润增长率	经营分析——成长能力分析
（6）公司对会员推出的 15 元咖啡套餐卖出了多少份，是否实现了促销目标	业务分析
（7）公司这个月浏览产品的用户数有多少	业务分析
（8）公司为履行社会责任，是否应进行规模性的助农产品采购	战略分析

任务二　确定分析模式

情境案例

瑞琪公司管理层拟对以下项目进行分析。
（1）未来 3～5 年咖啡零售市场的规模。
（2）公司去年盈利能力目标实现情况。
（3）公司今年第一季度销售收入下降的原因。
请讨论以上各项目的分析模式有什么不同。

知识准备

知识讲解

分析模式

大数据分析模式可以分为描述性分析、诊断性分析与预测性分析。

一、描述性分析

描述性分析是指对公司的战略与经营现状进行描述。在进行描述性分析时，首先需要知道从哪些方面进行分析。例如，在分析公司业绩时，销售收入是个重要的指标。假设公司 2024 年实现销售收入 1 000 万元，仅凭金额本身很难判断公司经营业绩的优劣，还需要一个判断标准。如果公司 2023 年的销售收入为 2 000 万元，那么 2024 年的销售收入明显是不太好的；但如果 2023 年的销售收入为 500 万元，则 2024 年的销售收入是相对较好的。所以，在进行描述性分析时，可以利用绝对的比率指标作为判断标准，也可以通过同行业对比、时间趋势分析等方法对公司现状进行分析。例如，公司的销售收入为 1 000 万元，但公司的销售收入较上年同期下降了 20%。

二、诊断性分析

诊断性分析通常是在描述性分析的基础上，进一步分析数据或指标变动的原因。例如描述性分析发现销售收入下降了，诊断性分析则需进一步分析销售收入下降的原因。通常，诊断性分析可通过对数据或指标进行多维度的分解来达到诊断的目的。例如，当发现销售收入下降时，首先基于地区分类，分析是北京地区的销售收入下降了，还是上海地区的销售收入下降了。如果是北京地区的销售收入下降了，可以进一步分析是新客户还是老客户造成的销售收入下降……这样，层层递进剖析，就可以找到数据或指标变动的原因。

三、预测性分析

对公司管理层而言，未来公司前景如何是支持其决策的核心因素。预测性分析是在公司现状分析的基础上，对公司未来的业务、财务等指标及发展趋势进行预测，从而辅助公司管理层进行决策。在大数据背景下，还可以通过数据之间的相关性进行预测性分析。例如，公司可以基于近年来收入的实现情况，建立数学模型，预测下一年的收入。公司还可以通过线性回归模型来预测潜在客户转化为客户的可能性，从而对客户生命周期各个阶段的广告做出规划。

从分析深入程度来看，公司首先需对现状进行描述性分析，回答"是什么"的问题。然后通过诊断性分析剖析原因，解决"为什么"的问题。在此基础上，预测性分析可以用于对公司战略方向与经营成果等进行预测，回答"未来会是什么"的问题，为管理层决策提供有用建议。

任务实施

情境案例中各个项目的分析模式如表 1-3 所示。

表 1-3　　　　　　　　分析模式示例

项目	分析模式
未来 3～5 年咖啡零售市场的规模	预测性分析
公司去年盈利能力目标实现情况	描述性分析
公司今年第一季度销售收入下降的原因	诊断性分析

任务三　选择分析方法

情境案例

如果公司 2024 年第三季度实现主营业务收入 1 000 万元，请思考以下情形对公司 2024 年第三季度主营业务收入的评价有什么影响。

（1）公司 2023 年第三季度实现主营业务收入 500 万元。
（2）公司 2023 年第三季度实现主营业务收入 2 000 万元。
（3）同行业公司 2024 年第三季度平均主营业务收入为 600 万元。
（4）同行业公司 2024 年第三季度平均主营业务收入为 5 000 万元。

知识准备

一、结构分析法

结构分析法是基于分类思维，通过分析总体的构成部分来识别问题的方法。
结构分析主要包括四个步骤。

第一步，确定要分析的关键指标。关键指标可以是财务指标，比如收入、利润等，也可以是业务指标，例如活跃用户数量等。

第二步，了解指标的构成，确定分析维度。常见的分析维度包括产品、客户、地区、销售渠道、事业部等。比如销售额可以按产品分为拿铁类咖啡、美式咖啡类产品等；也可以按地区分，比如北京、上海等；还可以按销售渠道分为经销商销售与自营销售；等等。

第三步，跟踪关键指标的变化趋势，了解指标结构变化情况。例如分析发现某个渠道销售额下降，应进一步分析原因。

第四步，关键指标出现明显上升（下降）的时候，找到变化最大的结构分类，分析问题。

二、对比分析法

在对公司业绩指标或其他数据信息进行分析时，如果只有绝对的数值，可能很难判断指标或数值的优劣。例如，公司 2024 年第三季度实现主营业务收入 1 000 万元，单就这一数值而言，很难判断业绩的优劣。所以，在进行分析时，应基于不同数据的对比，得出相应的结论。常见的对比分析维度包括时间维度、行业维度、标杆企业维度等。

时间维度是指公司通过分析不同时间段或时间点的业绩指标或数据的比较情况，对公司现状进行分析判断。例如，可以和上一年同期进行比较分析，也可以对近五年的指标或数据变化情况进行分析。对公司 2024 年第三季度主营业务收入进行分析时，可以和 2024 年第一季度、第二季度的主营业务收入进行比较，也可以和 2023 年同期的主营业务收入进行比较，还可以对近五年各季度的主营业务收入进行对比分析。当然，在这里也请思考一个问题，与 2024 年第一季度（第二季度）进行比较和与 2023 年同期进行比较，这两种比较方式有什么不同。

行业维度分析是指与同行业其他公司的相应指标进行对比分析。在分析时，应尽量保持比较期间的一致性，例如公司与同行业其他公司都选取同一年第三季度的收入值进行比较。此外，还可以用公司的指标数值与同行业的平均指标数值进行比较分析。当然，也可以利用大数据工具计算同行业公司相应指标的最大值、最小值、中位数等，并与之进行对比分析。

标杆企业维度分析是指公司可以与同行业内做得比较好的企业（标杆企业）进行对比分析。当然，如果公司本身在行业内并不处于领先位置，也可以选择和自己规模相当的竞争对手进行对比分析，而不一定非要是标杆企业。

具体总结如表 1-4 所示。

表 1-4　　　　　　　　　　对比分析法示例

对比对象	对比数据	示例
和自己比	去年同期数据	本年第三季度数据与去年第三季度数据对比分析
和自己比	上期数据	本年第三季度数据与本年第二季度数据对比分析
行业对比	行业平均值、中位数等	本年第三季度数据与行业第三季度平均值对比分析
标杆企业对比	标杆企业数据	本年第三季度数据与标杆企业第三季度数据对比分析
竞争对手对比	竞争对手数据	本年第三季度数据与竞争对手第三季度数据对比分析

三、流程分析法

流程分析法是指基于业务流程对业务数据进行分析。

某产品生产与销售流程有订单处理、在途运输、材料检验、材料存放、生产加工、产成品存储等各个业务环节，如图 1-3 所示。把各业务流程的天数展示出来，就可以清楚看到存货周转天数较长的是生产加工、在途运输、加工前的材料存放以及销售前的产成品存储环节。加速存货周转，可以进一步减少以上各环节的周转天数。

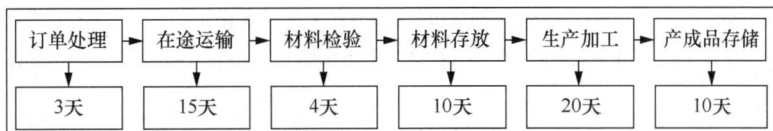

图 1-3　某产品各业务环节周转天数

互联网时代的 AARRR 用户运营模型（见图 1-4）也运用了流程分析法。

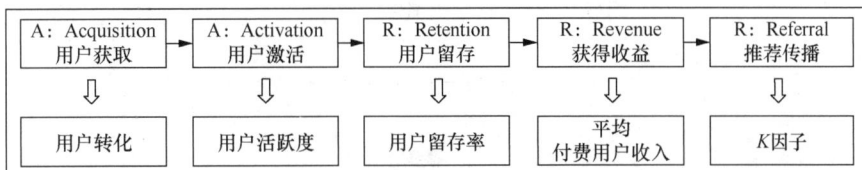

图 1-4　AARRR 用户运营模型

从企业获取用户到用户为企业带来收入并进行推荐传播，可以视为用户运营的业务流程。分析每一阶段的关键指标，有助于企业了解在整个运营生命周期内各个业务环节可能出现的问题，可以更好地针对有问题的环节采取有效的应对策略。在用户获取阶段，重点是要了解目标用户，最大限度地让目标用户发现产品并转化为产品用户。在用户激活阶段，重点是要让获取到的用户进一步转化为活跃用户，可以分析日活（每日活跃用户数）、月活（每月活跃用户数）等指标以及每个用户每月平均使用次数及平均使用时长。在用户留存阶段，重点关注用户黏性，分析用户留存率，例如次日留存率、7 日留存率、30 日留存率等。在获得收益阶段，重点是把留存用户转化为付费用户，分析平均付费用户收入等指标。在推荐传播阶段，重点是让用户把产品自发地推荐给其他人，这个阶段的主要分析指标为 K 因子。

K=每个用户向朋友发出的邀请数量×收到邀请的人转化为新用户的转化率

四、帕累托分析法

帕累托分析法实质上是一种分层分析法，通常是指基于一定的标准对公司的业务、客户、资产等进行分层，并对不同的层级分别予以分析，重点关注重要的层级，并为公司提供决策支持建议。

在应用帕累托分析法时，第一，明确分层对象和分层指标。比如对公司资产管理，可基于资产对公司的重要程度及价值进行分层。第二，确定分层层级。在进行分层时，可以基于"二八原则"进行分层。"二八原则"表示 20%的产品贡献了 80%的价值。以销售收入为例，可以把不同产品的销售收入从高到低排序，然后将累计品目百分数为 20%而销售收入累计百分数为 80%的产品选出，作为"第 1 层级"，其他的归为"第 2 层级"。

在营运资金的管理中，也会运用到"二八原则"。例如，在处理应收账款时，可以发现往往80%的应收账款集中在 20%的大客户中，其余 20%的应收账款则分散于 80%的小客户中，所以在制定信用标准时应区别对待。如果对 20%的大客户能加强重视，认真评估信用风险，制定合理的信用政策，那么就可以提高应收账款的回款效率。另外，在存货管理中广泛应用的 ABC 分类法，也是"二八原则"在存货管理中的实际应用。

"二八原则"与 ABC 分类法的核心思想大致相同，都是少数项目贡献了大部分价值。不同之处是 ABC 分类法将对象分为三类，而"二八原则"将对象分为两类。

采用帕累托分析法有利于找出主次矛盾，并有针对性地采取相关措施，提高效率、降低成本。每个产品的累积频率会存在差异，所以可以创建参数来动态地实现频率的调整。

五、矩阵分析法

在分析指标时，只对一个指标进行分析，不能很好地评价业绩。矩阵分析法是从两个维度分析数据，形成四个象限，对每个象限的类别采取不同的管理策略。

图 1-5 所示为供应商管理矩阵示例，可以基于供货数量及替代成本将供应商分为四个类型。

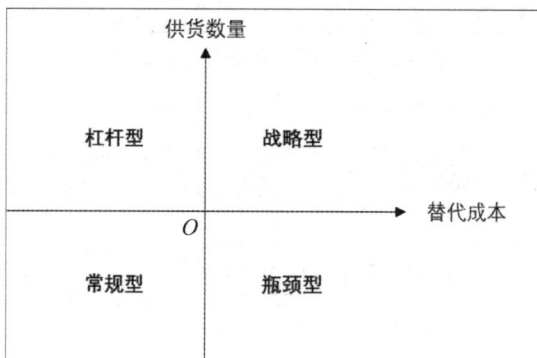

图 1-5   供应商管理矩阵示例

图 1-5 中，将所有供货商分为四个类型，不同的类型对应不同的管理策略。

杠杆型供应商：供货数量多，替代成本低，容易更换。对于杠杆型供应商，可以采取在采购中争取更大的价格折扣、延长付款周期等管理策略。

战略型供应商：供货数量多、替代成本高，难以更换。由于采购量大，且不易找到替换供应商，公司可以与此类供应商建立战略合作关系，联合开发产品。

常规型供应商：供货数量少、替代成本低，容易更换。这类供应商对公司来说不是很重要，主要的管理策略是降低成本。

瓶颈型供应商：供货数量少、替代成本高，难以更换。这类供应商虽然供货数量少，但替换难度大，对公司而言很重要。公司应尽可能想办法开发新供应商及替代产品等。

六、聚类分析法

聚类是机器学习中的一种无监督学习算法，用于将数据集中的数据划分为不同的组（称为"簇"），使得同一组中的数据具有相似性，而不同组之间的数据具有差异性。它与分类分析不同的是，它不需要事先知道数据的标签信息，而是通过计算数据之间的相似性来自动分组数据。

例如电商公司有大量的客户数据，包括客户的购买历史、浏览记录、个人信息等。公司希望对这些客户进行聚类分析，以便更好地了解客户的需求和行为，从而针对性地进行营销和服务。可以把客户的数据输入算法模型，不用事先制定标准，算法可以自动地识别数据之间的相似性并归类。

任务实施

情境案例分析如表 1-5 所示。

表 1-5   情境案例分析

项目	分析
（1）公司 2023 年第三季度实现主营业务收入 500 万元	公司 2024 年第三季度收入情况比较好
（2）公司 2023 年第三季度实现主营业务收入 2 000 万元	公司 2024 年第三季度收入情况不好
（3）同行业公司 2024 年第三季度平均主营业务收入为 600 万元	公司 2024 年第三季度收入情况比较好
（4）同行业公司 2024 年第三季度平均主营业务收入为 5 000 万元	公司 2024 年第三季度收入情况不好

不难看出，在以上不同情形的数据对比下，对公司同一个主营业务收入数值，有可能得出不同的分析结论。在情形（1）与情形（3）下，可能会认为公司 2024 年第三季度经营业绩比较好。在情形（2）与情形（4）下，可能会认为公司 2024 年第三季度经营业绩不尽如人意。

任务四　了解大数据分析流程

情境案例

以下为分析师在数据分析基础上，为公司提供的建议。

（1）公司销售收入下降了，所以应进一步提高销售收入。

（2）公司销售收入下降是由于某销售渠道客户黏性较低、大幅流失导致的。公司应通过给老客户发放优惠券等政策，提升老客户的黏性。

（3）公司销售收入下降是由于某销售渠道客户黏性较低、大幅流失导致的。公司应通过拉新活动，扩大新客户的规模。

请试着讨论以上建议是否合理。

知识准备

大数据分析是指利用大数据平台和技术实现多源财务数据自动采集、处理、建模和可视化的分析全过程，它的目标是提高会计人员的分析效率和分析有效性，主要包括五个关键步骤：明确分析目标、收集数据、清洗数据、建模与可视化分析、出具决策建议。

一、明确分析目标

明确分析目标是数据分析和数据挖掘的第一步，即明确数据分析的对象、目标或任务。在此环节，数据分析人员应该跟业务需求方多次沟通与合作，把握最终要解决的问题。需要明确的问题通常包括：业务需求方的指标；掌握哪些数据源；分析结果要呈现给谁；数据是否能够满足业务需求方的目标。

明确分析目标是非常重要的。如前所述，分析目标主要包括战略目标、经营目标及业务目标，不同目标的分析思路是不同的。例如分析瑞琪公司是否应进入奶茶市场，就应分析现在奶茶市场的行业现状及发展趋势、公司需要的资源投入等情况。如果只是分析如何提高瑞琪公司客户的下单率，就要分析客户浏览产品而未下单的原因、现有的促销策略是否有效等情况。

二、收集数据

数据收集的方法和质量，将在很大程度上决定数据分析的最终效果。从数据的来源看，可以分为内部数据收集和外部数据收集。内部数据收集指的是收集公司内部经营活动的数据，通常可以从各系统数据库中收集。外部数据收集指的是获取公司外部的一些数据，比如获取竞品的数据、获取官方机构公布的行业数据等。

公司需基于分析目标及选定的分析方法，确定数据收集的来源及工具。数据收集的来源主要包括政府网站（如国家统计局官网）、上市公司信息（如巨潮资讯网）、数据库（如国泰安数据库）及网络信息。

三、清洗数据

为确保数据分析或挖掘结果的准确性，往往需要对数据做一些基本的清洗，比如清洗缺失值、重复值、异常值或者过滤那些不符合要求的数据。

收集的数据需要进行清洗处理才能进行分析。数据清洗主要涉及缺失值清洗、格式内容清洗、合理性检查三个方面。

缺失值的重要性不同，对缺失值处理的策略也有所不同。但需要注意的是，实际应用中对缺失值的重要性判断非常复杂。例如在销售数据分析中，当希望对每个客户进行分析的时候，客户名称就是重要的，那么缺失客户名称的数据就需要被清除。但如果不需要精确到对每个客户进行分析，那么缺失客户名称就不那么重要。对于重要的缺失值，首先需要看通过其他数据收集渠道是否有可能获取缺失值，如果不能取得，则可通过一定的计算规则予以填充。

格式内容出错是非常细节的问题，很多分析失误都是源于此问题，所以需要进行格式内容清洗。常见的问题包括：时间、日期、数值、全半角等格式不一致；数据值与该字段应有内容不符（例如，资产栏填了"应付账款"数据）。分析人员需要仔细检查数据格式和内容，特别是当数据是手工填写且校验机制不完善时。

在数据中还可能存在一些逻辑错误。合理性检查的目的是剔除使用简单逻辑推理就可以直接发现问题的数据，防止由此导致的分析结果偏差。有些逻辑错误可以直观判断，例如数据中出现了"毛利率，120%"的数值，通过简单的判断就可以认为其是不合理的。有些逻辑错误需要通过交叉验证的方式进行判断。例如数据中出现了"毛利率，30%"的数值，可能无法直接判断，但可以借助"营业收入"与"营业成本"数据的交叉核对，验证"毛利率"数据的准确性。

四、建模与可视化分析

在进行大数据分析时，应建立数据指标体系进行分析，如公司整体经营层面的偿债能力、盈利能力等指标体系。在具体分析时，还应基于指标体系及业务逻辑关系构建起数据之间的关系。例如订单表和订单明细表，建模时需要清楚每个表都有哪些字段，两表之间有什么联系，它们是否可以通过订单表里的"订单编号"和订单明细表里的"订单编号"这个关键字段进行对应从而创建表间关系。

为了更好地展现分析结果，需要进行可视化设计。可视化设计主要包括两方面：一是对准备好的数据通过选择合适的图形进行可视化呈现；二是对可视化看板页面进行设计，比如拖动图形、表格等组件并将其拖动至看板相应区域，调整图形大小进行可视化展示。

一个合适的图表能够把数据之间的联系转化为直观的信息，而错误的图表可能会将分析引向错误的方向。数据分析人员必须了解各种图表类型，知道每个图表适合做哪些分析，能够展现哪种类型的信息。接下来对常用的几种可视化形式进行简要介绍。

第一类是柱形图。柱形图一般用于强调比较关系，即通过相邻柱之间的高度差，来体现同类别数据的大小差异。人类对高度差异很敏感，所以辨识效果非常好。

第二类是折线图。折线图将每个数据项表示为一个点并通过线段将这些点连接起来，以表现数据值变化的过程和趋势。折线图一般用于表示等间隔的时序数据，突出某度量项的值随时间变化的情况和趋势。

第三类是饼图。饼图通过将圆饼分割成若干个扇形来表现不同类别数据占总体的大小比例。饼图更强调比例关系，其所表达的是同一个整体中不同成分的比例关系而不是具体的数值，比较适合用于简单的占比分析。

第四类是条形图。条形图是横向的，它通过横条的长度来表示数据的大小。条形图虽然也是用来表达数据间的比较关系的，但相比柱形图，它更适合类别较多的数据。

第五类是散点图。散点图是表示二维数据常用的方法。散点图常用于表现数据点的分布情况以及变量之间的相关性，通过散点图，数据分析人员可以比较容易地分析数据的关联和异常。

第六类是地图。地图通常是按照国家、省市行政区划分，利用颜色深浅的不同，来展现与地理位置有关的数据信息的多少。地图比较适用于有空间位置的数据集。

以上只是对部分可视化形式的简单介绍，在后面的项目中，还会介绍具体可视化设计的内容，并通过不同的案例进行可视化实际操作。

五、出具决策建议

分析的主要目标是给出建议，不能支撑决策的分析是没有意义的。在出具决策建议时，首先需明确决策建议的使用对象。一般而言，使用对象的需求即为数据分析的目标。技术人员、销售人员、管理人员以及公司董事会对数据分析的需求是不同的，即使是技术人员，在不同时期，对数据分析的需求也有所不同。在出具决策建议时，应阐释清楚以下四个方面的问题。

第一，通过指标的数据表现，客观描述经营现状。例如，公司第三季度销售收入为 1 000 万元；公司累计活跃用户为 4 000 万人等。

第二，在数据描述的基础上，基于标准与分析，进行判断。例如公司第三季度销售收入为 1 000 万元，需确定判断标准，再进一步判断是变好了还是变差了。

第三，在判断的基础上，分析原因。例如，销售收入下降了，应确定下降的原因。

第四，给定建议。在分析指标波动因的基础上，基于对业务的了解给出切实可行的建议。

任务实施

情境案例中，第一条建议只说要提高销售收入是没有意义的，因为没有说明如何提高销售收入，所以不是可行性建议。

第二条和第三条建议首先分析了销售收入下降是由于某销售渠道客户黏性较低、大幅流失导致的。所以应针对提升客户留存率提供建议。比如给予老客户一定优惠政策，增加对应渠道的广告投入（前提是广告确实具备效果）等。

在实际分析时，还需要进行预测。尽管预测并不是每个建议都必须包含的因素，但是通过预测，给定未来趋势的判断，对做出决策无疑是有用的。

素养提升：大数据导航，精准"牵线"助力乡村振兴

在国家税务总局云南省税务局，可视化监控系统绘就了全省"经济运行图"，7×24 小时不间断实时反映全省经济发展走势，服务地方党委决策，助力把脉宏观经济。这是云南省税务系统锚定智慧税务建设目标，盘活税收大数据这座"金山银库"，挖掘数据价值，服务"数字经济"中的一幕。

2021 年 3 月，中共中央办公厅、国务院办公厅印发《关于进一步深化税收征管改革的意见》，明确提出加快推进智慧税务建设，全面推进税收征管数字化升级和智能化改造。在"智慧税务"的建设之路上，大数据作为一种新的生产力，在税收管理和服务中发挥着巨大的潜力和价值，起到了驱动和引擎的作用。

近年来，伴随着特色产业、农村电商的快速发展，云南省税务部门聚焦全面推进乡村振兴战略，结合乡村经济发展特点，从培育发展特色产业、推动产业融合等方面着力，全面落实各项惠农税费优惠政策，充分利用大数据能够折射产业链堵点和断点的优势，帮原材料短缺的企业精准匹配替代供应商，帮产品销路不畅的企业精准匹配潜在客户，让各类市场主体供应链保持通畅，为乡村振兴提供了有力支持。

位于临沧市永德县勐板乡水城村的永绿新品水果种植基地，流转 46 户村民土地共 300 亩（1

亩约为 666.67 平方米），基地先后发展种植了柑橘、柚子、枇杷等几大类十多种水果，加上向外界售卖苗木，每年可为当地群众增收近百万元。

随着水果产业的发展，信息不对称问题也日益凸显，为让产业链发展更为稳固，永德县税务部门充分发挥税收大数据优势，利用大数据云平台，对当地的水果收购、加工企业进行综合梳理，开展多维度的数据分析，通过大数据精准"牵线搭桥"，打通企业上下游链条，串联起水果种植、运输、加工和销售全流通环节，并积极帮助企业引入"果园+旅游"特色产业，延伸企业效益链。此外，税务部门还通过风险管理系统，对企业发票领用、纳税申报等信息进行实时跟踪查询和动态管理，助力企业健康发展。

永绿新品水果种植基地的负责人叶士孝和水果打了一辈子交道，谈到基地的发展，叶士孝表示："乡村振兴为我们发展产业指明了方向，税务部门又通过大数据为我们打通了产业链，再加上减税降费政策，更是为我们打造乡村新兴消费场景注入了强劲动力，让我们干劲十足。"

资料来源：国家税务总局网站，有删改，后同。

行业观察　AI 大数据分析　练一练

数据获取与准备

学习目标

1. 具备数据获取能力，能够利用工具采集财务数据；
2. 具备观察能力，能够采用恰当的方法进行数据的识别与清洗；
3. 掌握数据准备的基本方法，能够进行数据转换与整理；
4. 具备系统思维，能够对数据进行分类汇总。

知识导图

本项目主要包括选择数据分析工具、获取数据、清洗数据与整理数据四部分内容，如图 2-1 所示。

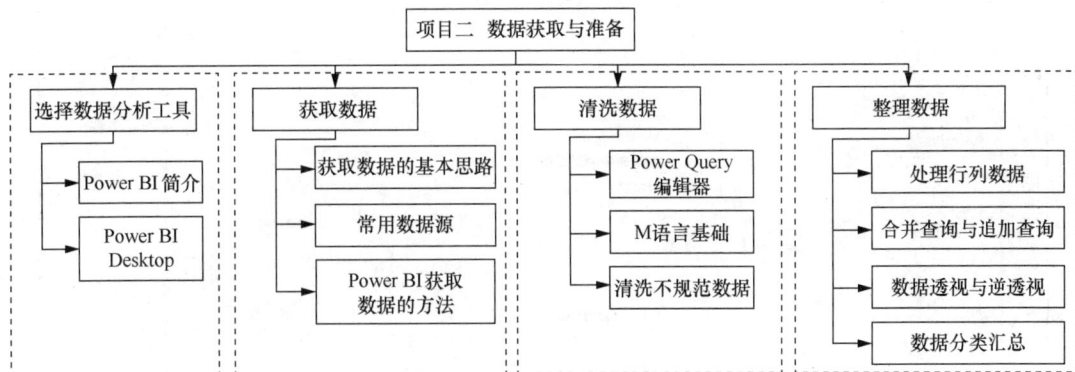

图 2-1 数据获取与准备

任务一 选择数据分析工具

情境案例

请安装并启动 Power BI Desktop 软件，做好数据分析的准备工作。

知识准备

一、Power BI 简介

Power BI 是一套商业分析工具，可连接数百个数据源，简化数据准备流程并提供即时分析，生成可视化报表并进行发布，供组织在 Web 和移动设备上使用。每个人都可创建个性化仪表板，获取针对其业务的全方位独特见解。简而言之，Power BI 是实现数据处理、数据分析、数据展示的工具。

Power BI 由 Power BI Desktop（桌面版）、Power BI Service（在线服务）、Power BI Mobile（移动端）三个功能模块组成。在 Power BI Desktop 里做好的可视化报表，可上传或发布到 Power BI Service，也可发布到 Web 上，生成一串网址，通过该网址可以在浏览器或移动端随时查看。

Power BI Desktop 整合了四大超级插件的功能，通过调用 Power Query 获取和整理数据，通过调用 Power Pivot 进行数据建模，通过调用 Power View、Power Map 进行数据可视化，生成各类交互式报表和地图。在 Power BI Desktop 里，可以将做好的报表发布以共享。

二、Power BI Desktop

Power BI Desktop 可用于连接数据、转换数据并生成数据的可视化报表。用户通过在线 Power BI 服务可将 Power BI Desktop 生成的可视化报表共享给组织内外的相关人员。Power BI Desktop 是免费的个人桌面产品，用户可以登录微软官方网站免费下载，在本地计算机自行安装。

Power BI Desktop 主界面由四个区域组成，包括菜单栏、视图区、报表编辑区以及可视化报表视图区，如图 2-2 所示。

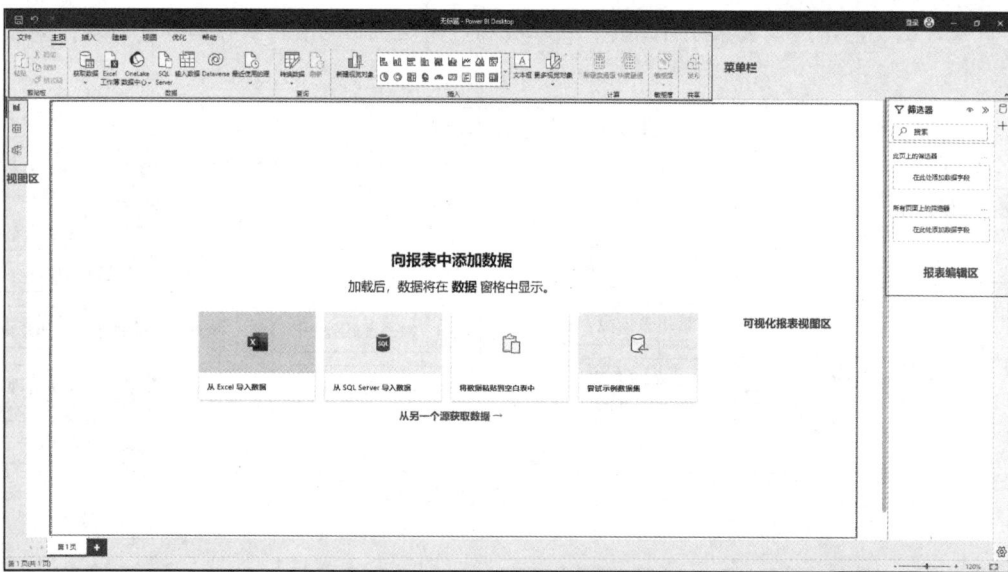

图 2-2 Power BI Desktop 组成区域

1. 菜单栏

菜单栏包括"文件""主页""插入""建模""视图"等选项卡，涵盖了数据分析的主要功能操作。

2. 视图区

Power BI Desktop 包含报表视图、数据视图、模型视图三种视图，单击不同的按钮，可以切换不同的视图。

报表视图为默认视图。单击"报表"按钮，可以在空白画布上添加表格及可视化图形。单击页面下方的"+"按钮可增加报表页，进行多页可视化报表编辑。所有的图表设计、交互和可视化都发生在报表视图中，如图 2-3 所示。

图 2-3 报表视图示例

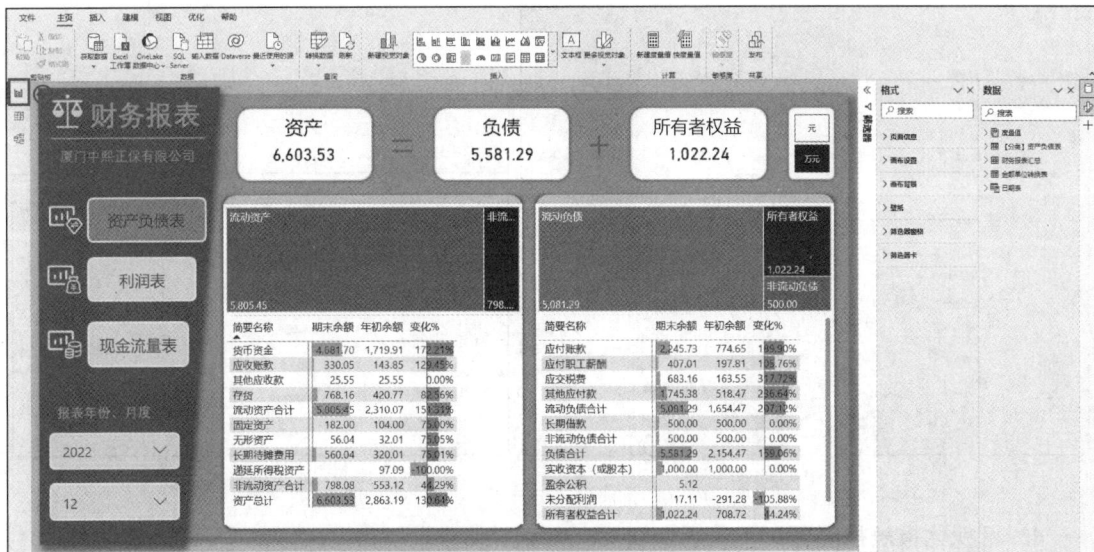

单击"数据"按钮，切换到数据视图，数据分析人员可以检查、浏览和理解 Power BI Desktop 模型中的数据。这与在 Power Query 编辑器中查看表、列和数据的方式不同。数据视图中展示的数据是在将其加载到模型之后的样子。进行数据建模时，有时需要查看表或列中的实际内容，可以在数据视图查看，如图 2-4 所示。

图 2-4 数据视图示例

模型视图会显示模型中的所有表、列和关系，用于在表与表之间建立关系模型。单击"关系"按钮，切换到模型视图，可查看现有模型的视图。单击"表间位置"按钮，可编辑表间关系，如图 2-5 所示。

3. 报表编辑区

该区域位于页面右侧，由"筛选器""格式""数据"等窗格组成，如图 2-6 所示。"筛选器"窗格用于筛选可视化对象。"格式"窗格用于进行可视化对象的格式编辑。"数据"窗格用于选择相关的数据。

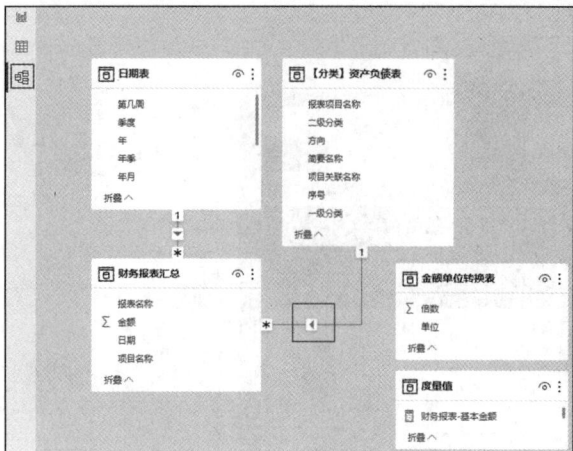

图2-5 模型视图示例

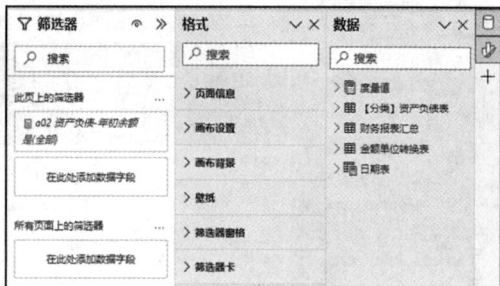

图2-6 报表编辑区

4. 可视化报表视图区

该区域主要用来显示已经建立的视觉对象，用于整体报表的呈现和展示分析。在可视化报表视图区，可进行报表的预览、分析及数据钻取等操作。

🔍 任务实施

步骤一： 下载 Power BI Desktop 软件。

（1）登录 Power BI Desktop 官方网站下载页面，单击"高级下载选项"按钮，如图 2-7 所示。

（2）语言选择"中文（简体）"，单击"下载"按钮进行下载，如图 2-8 所示。

图2-7 单击"高级下载选项"按钮

图2-8 下载软件

（3）根据所用计算机的配置，选择要下载的安装包，并单击"下载"按钮，如图 2-9 所示。

图2-9 选择安装包并下载

（4）根据安装向导完成 Power BI Desktop 安装。

步骤二： 启动 Power BI Desktop 软件。

双击桌面 Power BI Desktop 图标，打开 Power BI Desktop，如图 2-10 所示。

图 2-10 打开 Power BI Desktop

任务二 获取数据

情境案例

作为数据分析师，请运用 Power BI Desktop 软件，获取文件、文件夹、网页及数据库等来源的相关数据。

知识准备

一、获取数据的基本思路

随着大数据时代的到来，在各种研究领域中，数据采集都是一个重要的环节。数据采集就是搜集符合数据挖掘研究要求的原始数据（Raw Data）。原始数据是研究者拿到的一手或者二手资料。数据采集既可以从现有、可用的数据中搜集、提取数据，也可以通过问卷调查、采访、沟通等方式获得一手数据资料。不管用哪种方法得到数据的过程，都可以叫作数据采集。

在获取数据时，首先要明确需求，确认数据分析的目标对象是什么，获取哪些数据可以支撑后续的分析。其次要定位数据源，准确定位所分析的数据在哪里，才能进行数据采集。例如，分析上市公司的财务报表，可以通过官方网站或专业网站采集各公司披露的财务报表信息。再次要选择采集工具。数据采集工具有很多，可以通过数据分析软件、智能数据采集工具、内部数据接口或 Python 爬虫等不同方法，结合具体数据源进行合理选择。最后是使用采集工具完成数据采集。获取数据的基本思路如图 2-11 所示。

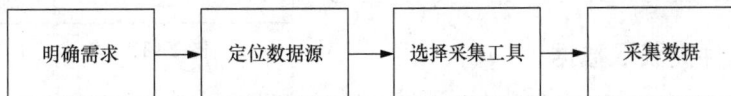

图 2-11 获取数据的基本思路

获取的数据资料，除了包含结构化数据，还包括非结构化数据。是否能够准确定位数据源并通过恰当的方法获取数据至关重要。对于获取的数据，还需要分析判断数据是否准确和完整，才能保证后续数据分析的质量。

二、常用数据源

从数据形成地点的角度，数据源可分为企业内部数据源和外部数据源。企业内部数据源是指组织内部产生的数据，例如企业的销售数据、客户数据、员工数据等，通常存储在企业内部数据库中。外部数据源指从组织外部获取的数据，例如市场调研数据、行业报告、社交媒体数据等。此外，外部数据源还包括由政府或其他第三方机构提供的公共数据，例如政府发布的经济统计数据、气象数据、人口普查数据等。

从数据源类型角度，数据源包含文件、互联网、数据库、云平台等多种类型。例如，Excel工作簿中的办公数据、PDF中的文本数据、企业资源计划（Enterprise Resource Planning，ERP）系统中的企业产供销数据、财务云中产生的财务数据等。在保证数据信息安全和数据所有权限的前提下，不同类型的数据源都可以作为分析对象进行处理。

> 📝注意
>
> 在获取数据的过程中，首先要遵循的是合法合规原则，不能违规采集数据；其次要基于分析目标采集数据；最后要保证数据来源的可靠性。

三、Power BI 获取数据的方法

Power BI 可以连接数百个数据源，包括文件、数据库、Microsoft Fabric、Power Platform、Azure、联机服务等。从文件类型上来看，Excel 工作簿、文本/CSV、XML、JSON、PDF 等也可以通过文件夹直接批量导入文件。

（一）从文件获取数据

从文件获取数据，主要是从 Excel、PDF 等类型的文件中获取数据。以 Excel 为例，在"主页"选项卡中单击"Excel 工作簿"按钮，如图 2-12 所示。

图 2-12　单击"Excel 工作簿"按钮

选择要导入的 Excel 文件，在"导航器"窗口勾选需要的工作表，单击"加载"按钮即可将数据加载到 Power BI 中，如图 2-13 所示。

> 💡提示
>
> 如果单击"转换数据"按钮，则打开 Power Query 编辑器，可以对数据进行处理。关于 Power Query 编辑器的相关内容，后面会详细介绍。

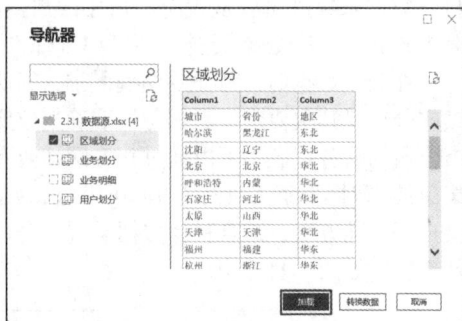

图 2-13　单击"加载"按钮

（二）从文件夹获取数据

实际工作中，可能会遇到数据以文件夹形式存储的情况，文件夹中的每个文件格式相同，只

是文件名称不同，这时可以使用 Power BI 的获取文件夹数据功能。

（三）从网页获取数据

Power BI 提供网页数据导入功能。获取单个网页数据时，单击"主页"选项卡中的"获取数据"下拉按钮，在弹出的下拉列表中选择"Web"，在打开的对话框中添加网页的统一资源定位符（Uniform Resource Locator，URL）地址，并在"导航器"窗口左侧的"显示选项"中勾选需要导入的数据表，即可将网页数据加载到 Power BI 中。批量获取网页数据时，需先分析网页结构，再构建爬虫主体获取数据。

（四）从数据库获取数据

Power BI 支持连接多种数据库，如 SQL Server、MySQL、Access、Oracle、SAP HANA 等。以 Access 数据库为例，单击"获取数据"按钮，在弹出的"获取数据"对话框中选择"Access 数据库"，单击"连接"按钮，如图 2-14 所示。

在"打开"窗口中选择指定的数据文件，并在"导航器"窗口中单击"加载"按钮，即可将数据加载到 Power BI 中，如图 2-15 所示。

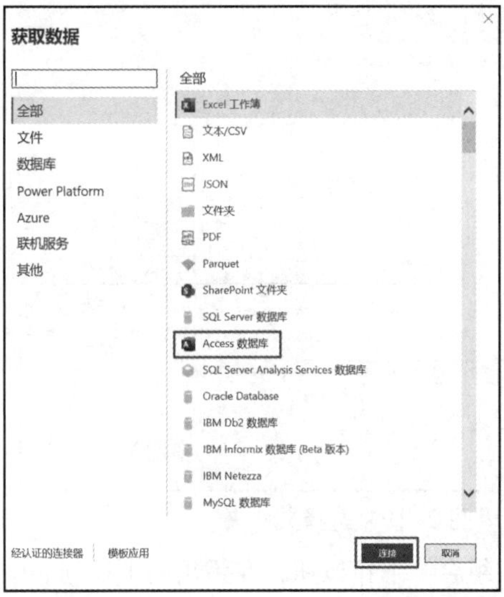

图 2-14 选择"Access 数据库"

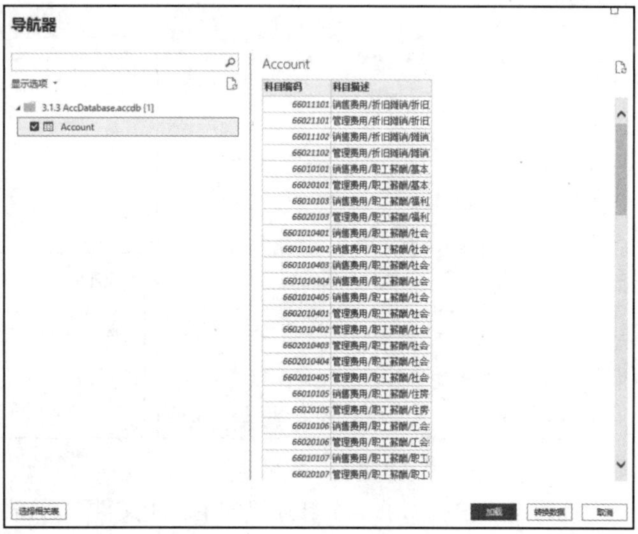

图 2-15 单击"加载"按钮

任务实施

子任务一：获取文件夹数据

步骤一：准备利润表数据源。

下载任务数据"2-2-1 获取文件夹数据"并保存[①]，待通过 Power BI 获取的文件夹数据是两家公司的利润表，如图 2-16 所示。

---

① 本书任务数据可从配套的教学资源中获取。下载任务数据时，建议单独创建一个文件夹，并将全部任务数据文件保存在该文件夹中，以便后续获取数据时选用。

	名称	修改日期
	绿地控股利润表	2024/4/23 2:07
	万科利润表	2024/4/23 2:07

图 2-16　两家公司的利润表

> **说明**
>
> 如果有北京东大正保科技有限公司教学平台账户，可登录平台找到对应项目进行数据下载。具体方法是：进入教学项目列表，选择"获取数据"，在"实验"下选择"教学 2 获取利润表文件夹数据"，如图 2-17 所示。①

图 2-17　获取利润表文件夹数据

步骤二：获取利润表数据。

打开 Power BI Desktop，单击"主页"选项卡中的"获取数据"按钮，打开"获取数据"对话框。选择"全部"—"文件夹"，单击"连接"按钮，如图 2-18 所示。在打开的"文件夹"对话框中，单击"浏览"按钮，选择要连接的文件夹，如图 2-19 所示。

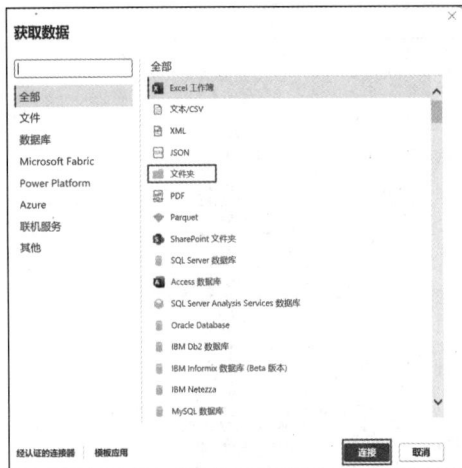

图 2-18　获取文件夹数据

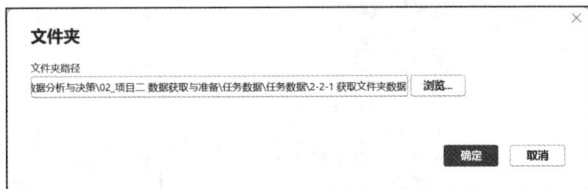

图 2-19　选择文件夹

此时窗口中显示了 2 个被连接的 Excel 文件。单击"组合"下拉按钮，在弹出的下拉列表中选择"合并并转换数据"，如图 2-20 所示。

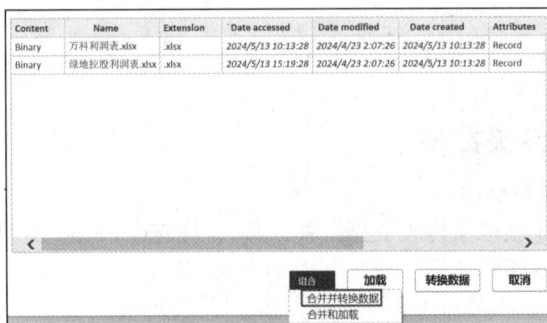

图 2-20　选择"合并并转换数据"

---

① 如有北京东大正保科技有限公司教学平台账户，可登录平台找到对应项目下载数据。

选择示例文件"Sheet1"，并单击"确定"按钮，如图 2-21 所示。

图 2-21　选择"Sheet1"文件

步骤三：完成数据获取。

打开"Power Query 编辑器"窗口，选择"2-2-1 获取文件夹数据"，可查看详细数据，如图 2-22 所示。单击"关闭并应用"按钮，完成数据获取。

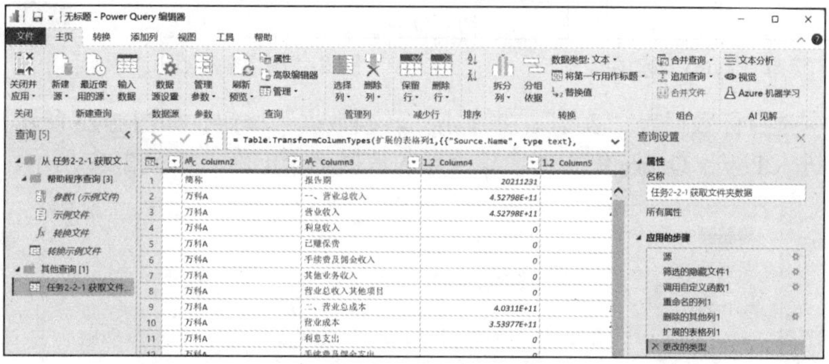

图 2-22　查看详细数据

子任务二：获取网页数据

步骤一：确定中国银行外汇牌价 URL 地址。

通过互联网、搜索引擎或 AI 助手，检索中国银行外汇牌价 URL 地址。中国银行外汇牌价页面[①]如图 2-23 所示。

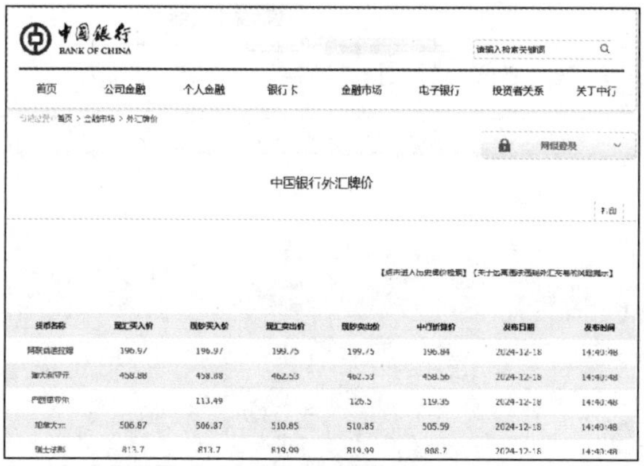

图 2-23　中国银行外汇牌价页面

操作演示

获取网页数据

---

① 参见中国银行官方网站。

21

步骤二： 通过 Power BI 获取中国银行外汇牌价第 1 页数据。

打开 Power BI Desktop，单击"获取数据"按钮，在弹出的"获取数据"对话框中选择"Web"选项，如图 2-24 所示。

步骤三： 复制网址。

复制中国银行外汇牌价页面网址，粘贴至 URL 输入框，并单击"确定"按钮，如图 2-25 所示。

图 2-24　选择"Web"选项

图 2-25　输入 URL 地址

步骤四： 勾选目标数据表"表 2"，并单击"转换数据"按钮，如图 2-26 所示。

步骤五： 进入 Power Query 编辑器，检查导入数据是否正确，如图 2-27 所示。

图 2-26　选择目标数据并转换①

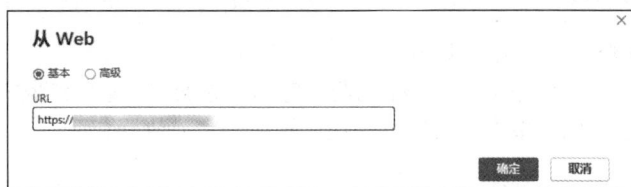

	货币名称	1.2 现汇买入价	1.2 现钞买入价	1.2 现汇卖出价	1.2 现钞卖出价	1.2 中行折算价
1	阿联酋迪拉姆	197.27	192.22	198.65	205.28	194.64
2	澳大利亚元	488.53	473.97	491.86	494.45	483.53
3	巴西里亚尔	null	126.64	null	141.16	133.21
4	加拿大元	531.55	515.7	535.17	537.99	525.03
5	瑞士法郎	808.56	784.62	814.24	818.54	797.9
6	丹麦克朗	105.21	102.14	106.05	106.56	103.44
7	欧元	785.31	761.89	790.81	794.67	774.7
8	英镑	929.3	901.59	935.62	940.56	916.3
9	港币	92.91	92.17	93.27	93.27	91.24
10	印尼卢比	0.0445	0.0428	0.0449	0.0466	0.0447
11	印度卢比	null	8.2545	null	9.2036	8.7113
12	日元	4.5028	4.373	4.5334	4.5488	4.4739
13	韩国元	0.5233	0.5131	0.5275	0.5467	0.5216

图 2-27　查看导入数据

---

① 注："货币名称"栏中巴西里亚尔、港币、韩国元源自中国银行官方网站。

📖 任务拓展

导入任务拓展数据"项目二\任务拓展\获取应收账款账龄文件夹数据",通过 Power BI 获取文件夹中三家公司的应收账款账龄明细表。

任务三　清洗数据

💡 情境案例

数据分析师已经获取待分析的数据,但数据中存在空值、重复值等异常数据,需要对数据进行清洗才能继续后面的数据整理和分析工作。

学习并掌握清洗数据的基本方法,并完成相关的数据清洗任务。

📚 知识准备

一、Power Query 编辑器

Power Query 编辑器可以连接一个或多个数据源,对数据进行调整和转换以满足用户需求,并可将调整后的数据加载到 Power BI 中。建立数据连接后,Power Query 编辑器页面如图 2-28 所示。

图 2-28　Power Query 编辑器页面

功能区中大部分按钮可以与查询中的数据进行交互。查询区列出的所有查询数据,可供选择和查看。数据预览区显示已选择的查询中的数据,可在此区域对数据进行调整。查询设置区列出了查询的属性和应用的步骤,可在此区域对应用的步骤进行编辑、修改、删除等操作。

二、M 语言基础

M 语言是一种查询语言,可在 Excel 的 Power Query、Get & Transform(Excel 2016 新功能)以及 Power BI Desktop 中使用。实际工作中,有时业务逻辑比较复杂,或者数据源不规范,Power Query 编辑器功能区的功能无法满足数据处理需求时,可以使用 M 语言编写程序进行处理。

(一)M 语言程序的基本结构

在 Power Query 编辑器中,单击"高级编辑器"按钮,可以查看和编辑 M 语言程序。Power Query 编辑器中一个查询对应一个 M 语言程序,其基本结构是一个"let...in..."表达式,如图 2-29 所示。

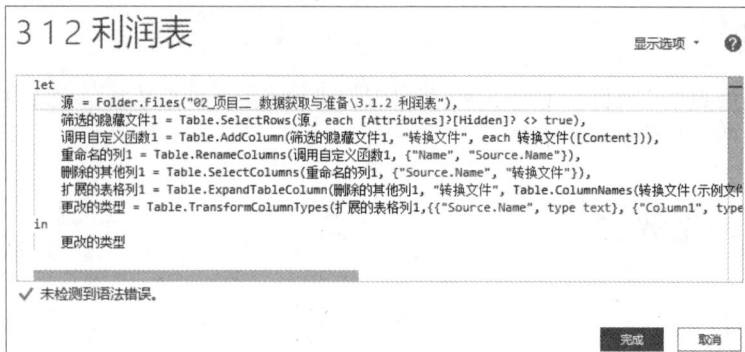

图 2-29　高级编辑器中的 M 语言

let 和 in 之间是若干条使用逗号作为分隔符的赋值表达式语句，每一个赋值表达式都代表了从某个数据源获取数据，或者对已经保存为某种类型的内存数据进行转换和处理的过程。赋值表达式的书写顺序表示数据处理、执行的顺序。in 后面的表达式表示这个查询程序最终保存的数据对象。

M 语言的基本规范如下。

- M 语言对大小写敏感，每一个字母必须按函数规范书写，且第一个字母都是大写。
- 表被称为 Table，每行的内容被称为一个 Record，每列的内容被称为一个 List。
- 行标用大括号 { } 标识，比如取第一行的内容，可以表述为 "=表{0}"。需要说明的是，在 Power Query 编辑器中，第一行的行号从 0 开始。
- 列标用中括号[ ]标识，比如取自定义列的内容，可以表述为 "=表[自定义]"。

（二）M 语言分类

M 语言分为系统自带的标准库函数和用户创建的自定义函数。

M 语言提供了数百个标准库函数用于数据处理，涵盖了数据获取、不同类型数据的处理、错误处理等功能。M 语言常见函数如表 2-1 所示。

表 2-1　　　　　　　　　　　　　　M 语言常见函数

函数名	说明	示例
Text.Trim	清除文本两端的空格	Text.Trim("资产负债表")
Text.Remove	删除指定字符串	Text.Remove("资产负债表","表")
Text.Replace	替换指定字符串	Text.Replace("库存现金","资金","现金")
Text.Split	按指定分隔符拆分文本	Text.Split("管理费用-办公费","-")
Date.Day	提取日期的"日"部分	Date.Day(#date(2023,4,14))
Date.ToText	将日期转换为文本	Date.ToText(#date(2023,4,20))
Table.TransformColumnTypes	修改数据类型	Table.TransformColumnTypes(表,{"列名",type number})
Table.RenameColumns	修改列名	Table.RenameColumns(表,{"旧列名","新列名"})
Table.RemoveColumns	删除列	Table.RemoveColumns(表,"列名")
Table.AddColumn	添加列	Table.AddColumn(表,"列名",each 10)

在 Power BI 中，可以使用已经定义好的函数，也可以自定义函数实现某些特殊的功能。自定义函数的语法如下。

函数名=(参数 1，参数 2，参数 3，…，参数 n)=>函数运算表达式

示例如下。

$$Func = (x) => x + 1$$

$$Add = (x, y) => x + y$$

Func 函数的作用是接收一个参数 x，并返回 $x+1$ 的结果。

Add 函数用于求和，它可以接收两个参数 x 和 y，并返回 $x+y$ 的结果。

调用自定义函数时，根据实际参数计算函数运算表达式，最终得到调用函数的返回值，如图 2-30 所示。

```
let
    Add = (x, y) => x + y
    result=Add(1,100)
in
    result
```

图 2-30　调用自定义函数

三、清洗不规范数据

（一）将第一行用作标题

Power Query 编辑器可以识别数据表格的列名，但有时 Power Query 编辑器没有完成识别，则需手动提升标题。例如，观察图 2-31 所示的门店收入表可以发现，数据导入后的标题行为"Column1""Column2"等，所以需要将第一行提升为标题。

单击"主页"选项卡中的"将第一行用作标题"按钮，如图 2-32 所示，可以把门店收入表的第一行提升为标题。操作结果如图 2-33 所示。提升标题后，可以对列标题进行调用和计算。

	ABC123 Column1	ABC123 Column2	ABC123 Column3	ABC123 Column4
1	省份	门店	日期	销售收入
2	福建省	1号店	2023/1/1	69813
3	null	1号店	2023/1/1	69813
4	null	2号店	2023/1/1	56112
5	null	3号店	2023/1/1	56127
6	广东省	4号店	2023/1/1	80957
7	null	5号店	2023/1/1	78613
8	null	6号店	2023/1/1	81275
9	null	7号店	2023/1/1	77130

图 2-31　门店收入表

图 2-32　单击"将第一行用作标题"

	ABC123 省份	ABC123 门店	ABC123 日期	ABC123 销售收入
1	福建省	1号店	2023/1/1	69813
2	null	1号店	2023/1/1	69813
3	null	2号店	2023/1/1	56112
4	null	3号店	2023/1/1	56127
5	广东省	4号店	2023/1/1	80957
6	null	5号店	2023/1/1	78613
7	null	6号店	2023/1/1	81275
8	null	7号店	2023/1/1	77130

图 2-33　将第一行用作标题的操作结果

（二）更改数据类型

Power Query 编辑器中同一列数据的数据类型需一致，如果数据类型不符合要求，可以通过以下方式更改数据类型。

（1）在"主页"选项卡中的"转换"下选择合适的数据类型进行转换。

（2）单击列名左侧的快捷按钮，对数据类型进行转换，如图 2-34 所示。

（3）选中列，单击鼠标右键，在弹出的快捷菜单中选择"更改类型"，如图 2-35 所示。

图 2-34 单击快捷按钮

图 2-35 更改数据类型

（三）填充数据

填充数据是将单元格中已经填写的数据填充到其他相邻空单元格中，填充数据包括向上填充和向下填充。例如，"省份"列中的第 2、3、4 行为空行，单击"转换"选项卡中的"填充"下拉按钮，在弹出的下拉列表中选择"向下"或"向上"，则可以利用已经填写过的第 1 行、第 5 行等数据进行填充。在 Power Query 编辑器中，也可选中要填充的列，单击鼠标右键，在弹出的快捷菜单中选择"填充"，如图 2-36 所示。

图 2-36 填充数据

（四）删除重复项

删除重复项是删除当前选定列中包含重复值的行。在 Power Query 编辑器中，可以单击"主页"选项卡中的"删除行"下拉按钮，在弹出的下拉列表中选择"删除重复项"，如图 2-37 所示。也可以在选中列后，单击鼠标右键，在弹出的快捷菜单中选择"删除重复项"。

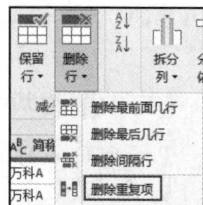

图 2-37 删除重复项

（五）替换值

替换值是指在 Power BI 的数据处理过程中，将原始数据集中某些不符合要求或需要修正的值，替换为新的、符合要求的值。这一功能通常用于数据预处理阶段，以确保数据的准确性和一致性。在 Power Query 编辑器中，单击"转换"选项卡中的"替换值"下拉按钮，在弹出的下拉列表中选择"替换值"，如图 2-38 所示。也可以在选中列后，单击鼠标右键，在弹出的快捷菜单中选择"替换值"。

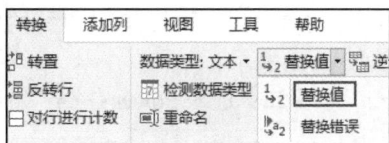

图 2-38 替换值功能键

（六）拆分列

拆分列是指按分隔符、按字符数等实际要求，对数据列进行拆分。可以在 Power Query 编辑器中单击"转换"选项卡中的"拆分列"下拉按钮进行数据列的拆分，如图 2-39 所示。在实际应用中，可以根据数据列中所包含的分隔符、字符数或位置等特征拆分列。

图 2-39 拆分列

（七）自定义列

自定义列是用户根据业务需求，在 Power BI 的数据模型中手动创建的新列。这些列可以是基于现有列的计算结果，也可以是全新的数据逻辑表达。通过自定义列，用户可以实现复杂的数据处理和分析，如数据清洗、数据转换、指标计算等。

在 Power BI 中，创建自定义列通常通过 Power Query 编辑器完成。创建自定义列的基本步骤是：打开 Power BI Desktop 并加载需要处理的数据集，进入 Power Query 编辑器；在"添加列"选项卡中单击"自定义列"按钮，打开"自定义列"对话框；使用 M 语言编写自定义列的公式；完成公式编写后，单击"确定"按钮，如图 2-40 所示。

图 2-40 添加自定义列

任务实施

子任务一：获取门店收入表

步骤一：打开 Power BI Desktop，单击"主页"选项卡中的"Excel 工作簿"按钮，导入任务数据"2-3-1门店收入表"。打开"导航器"窗口，勾选"门店收入表"，单击"转换数据"按钮，如图 2-41 所示。

步骤二：进入 Power Query 编辑器，可以看到待清洗的门店收入数据，如图 2-42 所示。

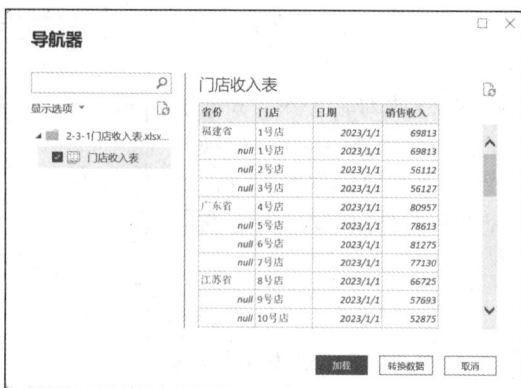

图 2-41　导入"门店收入表"数据

图 2-42　待清洗的门店收入数据

子任务二：数据填充

步骤一：观察数据。"省份"字段下方各省数据出现"null"空值，需要进行数据填充。

步骤二：填充数据。先选中"省份"列，在"转换"选项卡中单击"填充"下拉按钮，在弹出的下拉列表中选择"向下"选项，如图 2-43 所示。

步骤三：查看填充效果，如图 2-44 所示。

操作演示

数据填充

图 2-43　向下填充

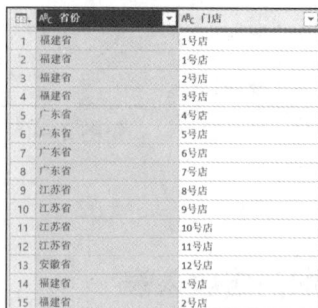

图 2-44　填充效果

子任务三：删除重复数据

步骤一：观察数据。福建省 1 号店 1 月 1 日的记录为重复数据，根据实际业务内容，应对"销售收入"列删除重复项。

步骤二：删除重复项。选中"销售收入"列，单击"主页"选项卡中的"删除行"下拉按钮，在弹出的下拉列表中选择"删除重复项"，如图 2-45 所示。

图 2-45　删除重复项

子任务四：替换空值数据

步骤一：观察数据。安徽省 12 号店的销售收入为"null"，需要替换空值。

步骤二：替换空值。选中"销售收入"列，单击"转换"选项卡中的"替换值"下拉按钮，在弹出的下拉列表中选择"替换值"，打开"替换值"对话框。在"要查找的值"文本框中输入"null"，在"替换为"文本框中输入"0"，单击"确定"按钮，如图 2-46 所示。

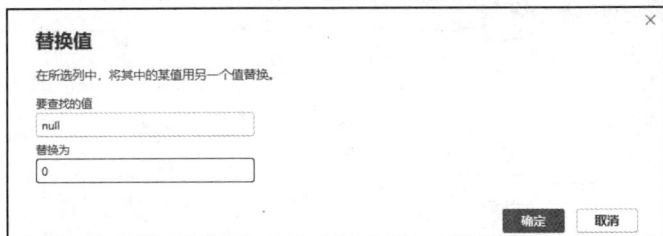

替换值

在所选列中，将其中的某值用另一个值替换。

要查找的值

null

替换为

0

确定　取消

图 2-46　替换空值

完成数据清洗后，结果如图 2-47 所示。

	A^BC 省份	A^BC 门店	日期	1.2 销售收入
1	福建省	1号店	2023/1/1	69813
2	福建省	2号店	2023/1/1	56112
3	福建省	3号店	2023/1/1	56127
4	广东省	4号店	2023/1/1	80957
5	广东省	5号店	2023/1/1	78613
6	广东省	6号店	2023/1/1	81275
7	广东省	7号店	2023/1/1	77130
8	江苏省	8号店	2023/1/1	66725
9	江苏省	9号店	2023/1/1	57693
10	江苏省	10号店	2023/1/1	52875
11	江苏省	11号店	2023/1/1	70369
12	安徽省	12号店	2023/1/1	0
13	福建省	1号店	2023/1/2	77632
14	福建省	2号店	2023/1/2	57861
15	福建省	3号店	2023/1/2	57134

图 2-47　数据清洗结果

任务拓展

导入任务拓展数据"项目二\任务拓展\子公司分项目研发支出"，按以下步骤完成数据清洗。

（1）删除 Power Query 编辑器自动提升的标题并进行数据类型更改。

（2）删除空行。

（3）将"研发项目"行提升至标题。

任务四　整理数据

情境案例

数据分析师已经对数据进行了基本的清洗操作，但根据观察，需要对数据做进一步整理才能完成后续的分析工作。请学习并掌握整理数据的基本方法，完成相关的数据整理任务。

知识准备

一、处理行列数据

（一）数据筛选

数据可以按文本、日期或者数字的特征进行筛选。例如，在图 2-48 所示的门店月成交额表中，单击第二列右侧的下拉按钮，在弹出的下拉列表中取消勾选"-"。

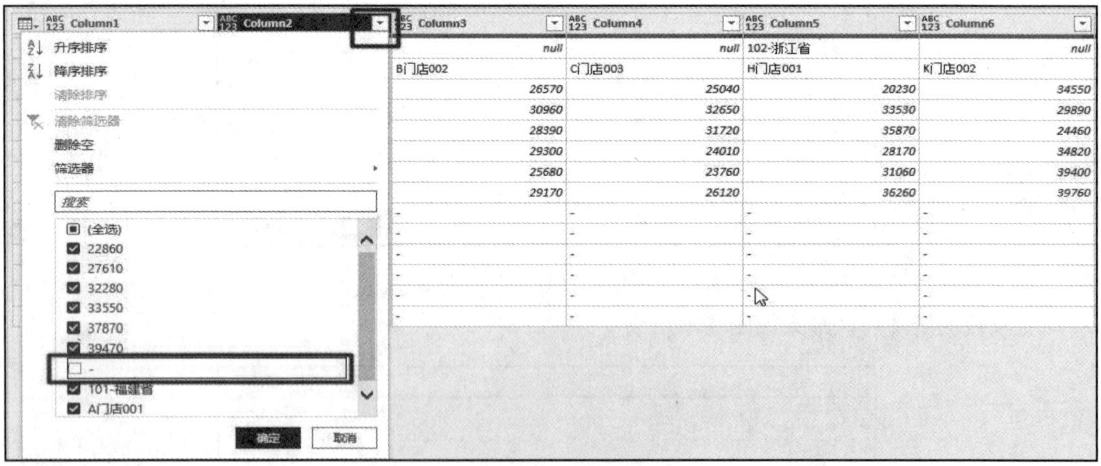

图 2-48　筛选数据

（二）数据转置

数据转置是指行列转换，将行作为列，将列作为行。例如，要转置门店月成交额表，如图 2-49 所示，可选中第一列，在"转换"选项卡中单击"转置"按钮，即可转换行列。转置后的结果如图 2-50 所示。

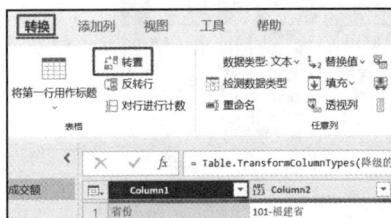

图 2-49　转置数据

图 2-50　转置后的结果

（三）数据拆分

数据拆分是将一列中的数据按照指定的规则分至多列中，可以选择按分隔符、按字符数、按位置、按照从小写到大写的转换、按照从大写到小写的转换、按照从数字到非数字的转换、按照从非数字到数字的转换等进行拆分。例如，在门店月成交额表中，可按分隔符"-"，将"省份"列拆分为两列，分别代表省份代码与省份名称。

（四）数据合并

在数据整理过程中，有时候需要将数据列进行合并。例如，可以将拆分出来的福建省代码"101"与 A 门店代码"001"进行合并，得到福建省 A 门店的代码"101001"。

（五）数据提取

数据提取是从文本值中提取字符，可以选择按长度、按首字符、按结尾字符、按范围、按分隔符之前的文本、按分隔符之后的文本、按分隔符之间的文本等提取文本。需要注意的是，"转换"选项卡和"添加列"选项卡中都有提取功能，区别为前者直接将原列替换为提取的字符，后者是新增一列。

（六）删除/添加列

删除列是在原数据表的基础上根据需要将无用列、错误列删除，以保证无用数据不参与后续的分析计算。

添加列是在原数据表的基础上根据需要添加新列，包含添加条件列、添加索引列、添加自定义列、添加重复列。

（1）添加条件列即添加一个从其他列或值计算而来的列。

（2）添加索引列即创建一个新列，其中的索引从某一数值开始。

（3）添加自定义列是基于自定义公式创建新列，用于计算和分析数据。

（4）添加重复列是创建一个新列，复制当前所选列的值，参与数据模型的建立和分析。

二、合并查询与追加查询

（一）合并查询

合并查询类似于 Excel 中 VLOOKUP 函数的功能，是根据数据表中的共同列，将另一个表的相关信息合并过来，使原数据表的列字段更完整。合并查询可以选择在原表上合并，也可以选择将合并后的表作为新查询来源。

合并查询类型如图 2-51 所示。下面举例说明这些合并查询的差别。

如图 2-52 所示，股票信息为左表，净利润为右表，通过股票代码将两者合并。

- 左外部(第一个中的所有行，第二个中的匹配行)
- 左外部(第一个中的所有行，第二个中的匹配行)
- 右外部(第二个中的所有行，第一个中的匹配行)
- 完全外部(两者中的所有行)
- 内部(仅限匹配行)
- 左反(仅限第一个中的行)
- 右反(仅限第二个中的行)

图 2-51　合并查询类型

左表 股票信息		右表 净利润	
股票代码1	股票名称	股票代码2	净利润
000333	美的集团	000333	244.70亿元
000651	格力电器	000651	183.04亿元
002032	苏泊尔	002032	20.68亿元
002705	新宝股份	002508	12.34亿元

图 2-52　股票信息及净利润

1. 左外部合并

左外部合并指左表中的所有行，通过共同列，连接右表中的匹配行。左表的新宝股份在右表没有对应股票代码，所以合并后其对应的“股票代码 2”列和“净利润”列显示“null”，如图 2-53 所示。

	股票代码1	股票名称	股票代码2	净利润
1	000333	美的集团	000333	244.70亿元
2	000651	格力电器	000651	183.04亿元
3	002032	苏泊尔	002032	20.68亿元
4	002705	新宝股份	null	null

图 2-53　左外部合并

2. 右外部合并

右外部合并指右表中的所有行，通过共同列，连接左表中的匹配行。右表的“002508”在左表无对应股票代码和股票名称，所以合并后其对应的“股票代码 1”列和“股票名称”列显示“null”，如图 2-54 所示。

	股票代码1	股票名称	股票代码2	净利润
1	000333	美的集团	000333	244.70亿元
2	000651	格力电器	000651	183.04亿元
3	002032	苏泊尔	002032	20.68亿元
4	null	null	002508	12.34亿元

图 2-54　右外部合并

3. 完全外部合并

完全外部合并指通过共同列，连接左表和右表中的所有行，无法匹配的数据显示“null”，如图 2-55 所示。

	股票代码1	股票名称	股票代码2	净利润
1	000333	美的集团	000333	244.70亿元
2	000651	格力电器	000651	183.04亿元
3	002032	苏泊尔	002032	20.68亿元
4	null	null	002508	12.34亿元
5	002705	新宝股份	null	null

图 2-55　完全外部合并

4. 内部合并

内部合并指通过共同列，连接左表和右表中的匹配行，仅保留左表、右表均匹配的数据，如图 2-56 所示。

	股票代码1	股票名称	股票代码2	净利润
1	000333	美的集团	000333	244.70亿元
2	000651	格力电器	000651	183.04亿元
3	002032	苏泊尔	002032	20.68亿元

图 2-56　内部合并

5. 左反合并

左反合并指合并后，仅保留左表中与右表无匹配数据的行，如图 2-57 所示。

	股票代码1	股票名称	股票代码2	净利润
1	002705	新宝股份	null	null

图 2–57　左反合并

6. 右反合并

右反合并指合并后，仅保留右表中与左表无匹配数据的行，如图 2-58 所示。

	股票代码1	股票名称	股票代码2	净利润
1	null	null	002508	12.34亿元

图 2–58　右反合并

（二）追加查询

追加查询是将两个或多个结构一致的表格纵向合并。需要注意的是，追加数据应保持列名称一致。与合并查询类似，追加查询可以选择在原表上追加数据，也可以选择将追加数据后的表作为新查询来源。

例如，苏泊尔 2020—2022 年关键指标数据按常用指标、财务风险、每股指标、成长能力、收益质量、盈利能力、营运能力等分为 7 个工作表，通过追加查询方式将这些工作表合并成一张表，如图 2-59 所示。

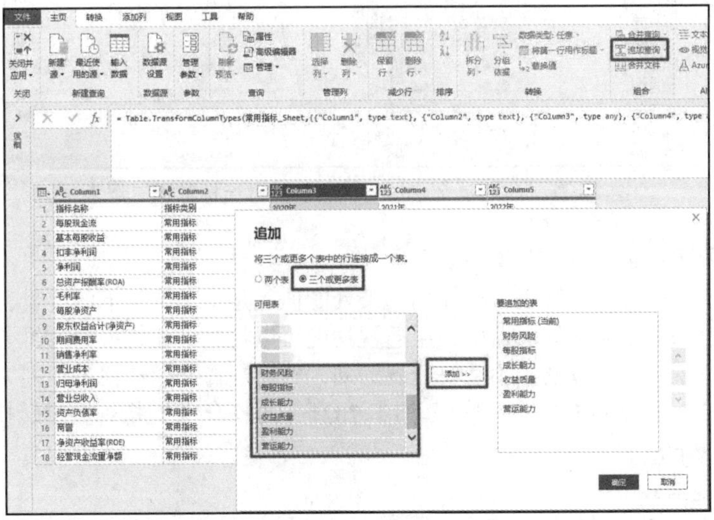

图 2–59　追加查询

三、数据透视与逆透视

Power Query 编辑器中的数据透视和逆透视可以完成一维表与二维表的转换，从而帮助用户快速汇总和分析数据，并以易于理解的方式呈现数据。

（一）数据透视

数据透视是一种将数据按不同维度进行分类和汇总的方法。在 Power Query 编辑器中使用“透视列”进行数据透视，它将使用当前选中列中的名称创建新列。

以苏泊尔 2021—2022 年关键指标数据为例，系统导出的原始数据为一维表数据，即每一行能够读取到全部数据信息，如图 2-60 所示。

	指标分类	报告期	指标名称	1.2 指标值
1	常用指标	2022/12/31	营业总收入	20170527517
2	常用指标	2021/12/31	营业总收入	21585331407
3	常用指标	2022/12/31	每股现金流	3.90767
4	常用指标	2021/12/31	每股现金流	2.534853
5	常用指标	2022/12/31	毛利率	25.786131
6	常用指标	2021/12/31	毛利率	22.995793
7	常用指标	2022/12/31	归母净利润	2067659527
8	常用指标	2021/12/31	归母净利润	1943943609
9	常用指标	2022/12/31	总资产报酬率(ROA)	19.02635
10	常用指标	2021/12/31	总资产报酬率(ROA)	18.294773
11	常用指标	2022/12/31	扣非净利润	1888197965
12	常用指标	2021/12/31	扣非净利润	1858036557
13	常用指标	2022/12/31	经营现金流量净额	3159955246
14	常用指标	2021/12/31	经营现金流量净额	2049881569

图 2-60　苏泊尔 2021—2022 年关键指标数据一维表

假设要对比 2021 年和 2022 年各指标的差异，就可以使用数据透视功能，将其转换为二维表数据，使其更符合人们的阅读习惯，可看到不同指标不同日期的具体数值，如图 2-61 所示。

	指标分类	指标名称	1.2 2022/12/31	1.2 2021/12/31
1	常用指标	净利润	2066176440	1941371528
2	常用指标	净资产收益率(ROE)	27.89	26.81
3	常用指标	商誉	0	0
4	常用指标	基本每股收益	2.565	2.4
5	常用指标	归母净利润	2067659527	1943943609
6	常用指标	总资产报酬率(ROA)	19.02635	18.294773
7	常用指标	扣非净利润	1888197965	1858036557
8	常用指标	期间费用率	12.061828	10.675075
9	常用指标	每股净资产	8.700978	9.426045
10	常用指标	每股现金流	3.90767	2.534853
11	常用指标	毛利率	25.786131	22.995793
12	常用指标	经营现金流量净额	3159955246	2049881569
13	常用指标	股东权益合计(净资产)	7072690188	7658307847
14	常用指标	营业总收入	20170527517	21585331407
15	常用指标	营业成本	17949216148	19469391130

图 2-61　苏泊尔 2021—2022 年关键指标数据二维表

（二）数据逆透视

透视列后的表一般称为二维表，行和列交叉处的值就是指定维度下的度量，但这种表格不利于数据分析。在 Power Query 编辑器中，逆透视功能可以将二维表转换为一维表，可以选择需要透视的列进行逆透视，也可以选择不需要透视的列，然后选择“逆透视其他列”来完成。

例如，选择“逆透视其他列”可以将苏泊尔 2021—2022 年关键指标数据转换为一维表，即将图 2-61 转换为图 2-60。

四、数据分类汇总

在 Power Query 编辑器中可以对数据进行聚合计算。利用“分组依据”功能，可以根据当前选中列中的值，对表中的行进行分组。可以在 Power Query 编辑器中通过“转换”选项卡中的“分组依据”分类汇总数据，也可以选中需要分组的列，单击鼠标右键，在弹出的快捷菜单中选择“分组依据”。

例如，在各分店每日收入明细表中，要分析每天总收入和单店平均销售收入，可以使用“分组依据”功能，使用后的效果如图 2-62 所示。

	日期	1.2 总收入	1.2 单店平均销售收入
1	2023/1/1	747689	62307.41667
2	2023/1/2	749246	62437.16667
3	2023/1/3	759073	63256.08333

图 2-62　使用“分组依据”功能后的效果

任务实施

子任务一：处理行列数据

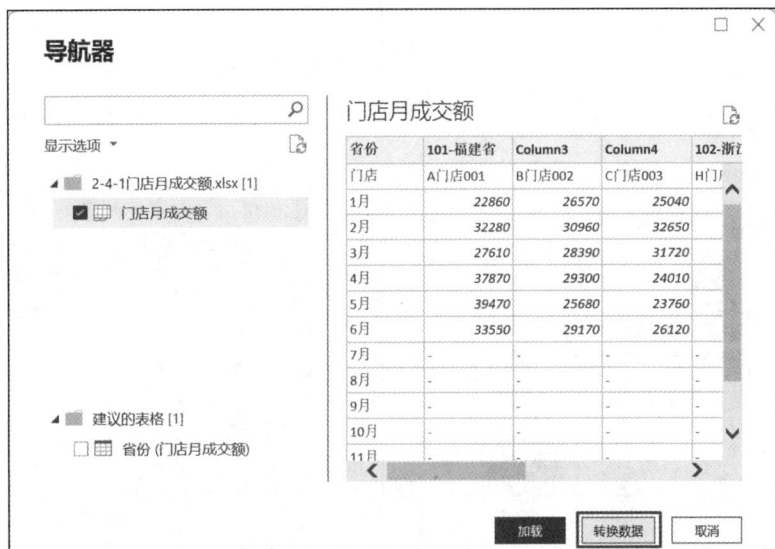

步骤一：导入数据。

打开 Power BI Desktop，单击"主页"选项卡中的"Excel 工作簿"按钮，导入任务数据"2-4-1 门店月成交额"。在"导航器"窗口，勾选"门店月成交额"，单击"转换数据"按钮，如图 2-63 所示。

操作演示

处理行列数据

图 2-63 选择数据并转换

步骤二：删除空行。

单击"主页"选项卡中的"删除行"下拉按钮，在弹出的下拉列表中选择"删除空行"，如图 2-64 所示。

图 2-64 删除空行

步骤三：筛选数据。

单击第二列右侧下拉按钮，在弹出的下拉列表中取消勾选"-"，单击"确定"按钮，如图 2-65 所示。

步骤四：转置数据。

（1）选中第一列，单击"转换"选项卡中的"转置"按钮，转置门店月成交额表，如图 2-66 所示。

图 2-65　筛选数据

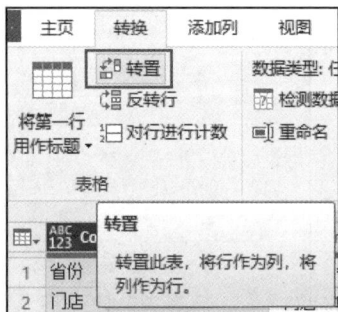

图 2-66　转置数据

（2）观察转置后的数据，单击"转换"选项卡中的"将第一行用作标题"按钮，将第一行用作标题，如图 2-67 所示。

（3）单击"转换"选项卡中的"填充"下拉按钮，在弹出的下拉列表中选择"向下"，如图 2-68 所示，完成"省份"列的填充。

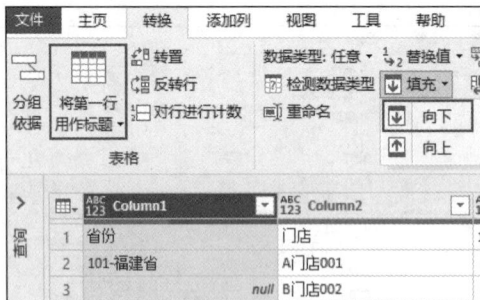

图 2-67　将第一行用作标题

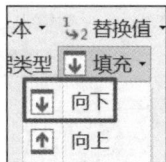

图 2-68　选择"向下"

步骤五：拆分列、合并列。

（1）拆分列。单击"转换"选项卡中的"拆分列"下拉按钮，在弹出的下拉列表中选择"按分隔符"。在打开的"按分隔符拆分列"对话框中输入"-"分隔符，选中"最左侧的分隔符"，单击"确定"按钮，将"省份"列拆分为两列，如图 2-69 所示。

单击"转换"选项卡中的"拆分列"下拉按钮，在弹出的下拉列表中选择"按照从非数字到数字的转换"，得到"门店 1"列和"门店 2"列。拆分后的数据如图 2-70 所示。

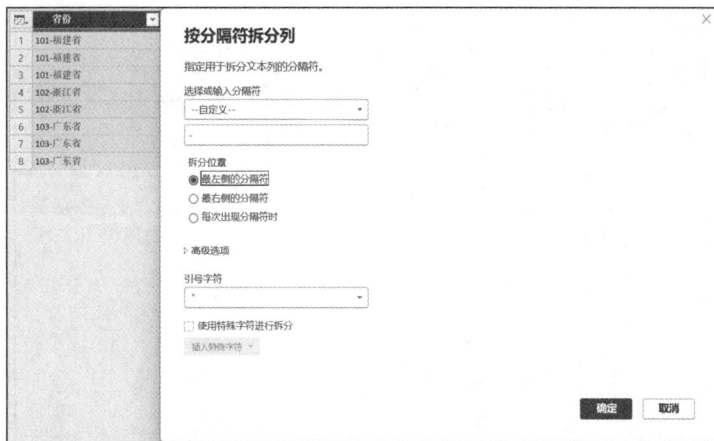

图 2-69　按分隔符拆分列

图 2-70　拆分后的数据

（2）合并列。将"省份 1"列的数据类型更改为文本，按住"Ctrl"键，同时选中"省份 1"列和"门店 2"列，单击"添加列"选项卡中的"合并列"按钮，打开"合并列"对话框，将合并后的新列命名为"门店编码"，单击"确定"按钮，如图 2-71 所示。

步骤六：提取文本。

单击"添加列"选项卡中的"提取"下拉按钮，在弹出的下拉列表中，选择提取方式为"长度"，提取门店名称，如图 2-72 所示。

图 2-71　合并列

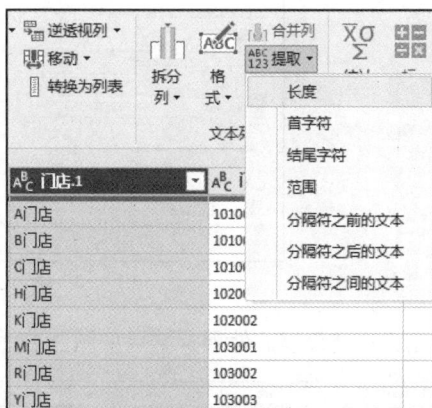

图 2-72　提取文本

步骤七：汇总各门店成交额。

添加自定义列，命名为"合计"，用于汇总 1—6 月各门店成交额。单击"添加列"选项卡中的"自定义列"按钮，在打开的"自定义列"对话框的"自定义列公式"框中输入"[1 月]+[2 月]+[3月]+[4 月]+[5 月]+[6 月]"，单击"确定"按钮，如图 2-73 所示。更改"合计"列数据类型为整数。

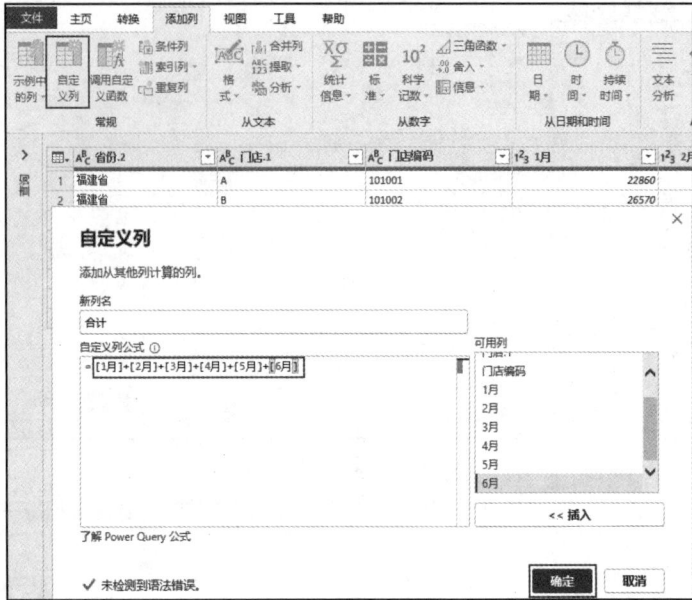

图 2-73 添加自定义列

步骤八：添加条件列。

添加条件列，命名为"评价"，若合计成交额大于 180 000 元，则为"良好"，否则为"一般"。单击"添加列"选项卡中的"条件列"按钮，输入添加列的条件，如图 2-74 所示。

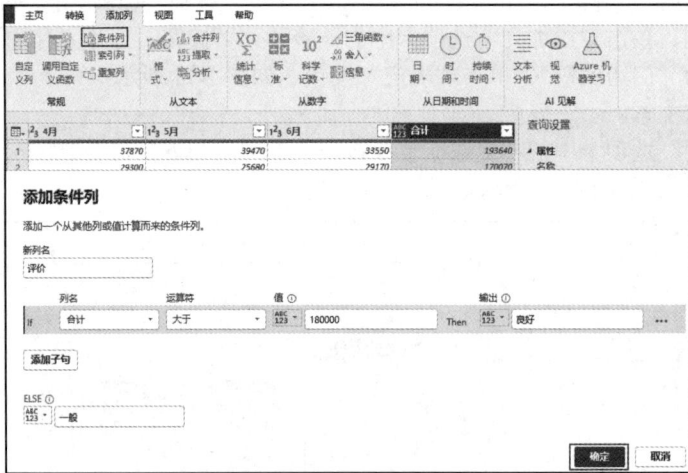

图 2-74 添加条件列

完成行列数据的处理，结果如图 2-75 所示。

	^{ABC} 门店编码	^{ABC} 省份	^{ABC} 门店名称	^{123} 合计	^{ABC} 评价	^{123} 1月	^{123} 2月
1	001101	福建省	A	193640	良好	22860	32280
2	002101	福建省	B	170070	一般	26570	30960
3	003101	福建省	C	163300	一般	25040	32650
4	001102	浙江省	H	185120	良好	20230	33530
5	002102	浙江省	K	202880	良好	34550	29890
6	001103	广东省	M	152000	一般	20040	24090
7	002103	广东省	R	170100	一般	38460	31360
8	003103	广东省	Y	170740	一般	28490	33400

图 2-75 行列数据的处理结果

子任务二：合并查询

步骤一：导入数据。

打开 Power BI Desktop，单击"主页"选项卡中的"Excel 工作簿"按钮，导入任务数据"2-4-2 销售订单与产品信息表"。打开"导航器"窗口，勾选"产品信息"和"销售订单"，单击"转换数据"按钮，如图 2-76 所示。

步骤二：单击"主页"选项卡中的"合并查询"下拉按钮，在弹出的下拉列表中选择"合并查询"，如图 2-77 所示。

操作演示

合并查询

图 2-76　转换数据

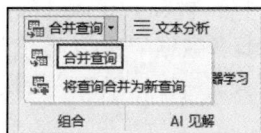

图 2-77　合并查询

步骤三：在弹出的"合并"对话框中，选择销售订单表中"产品编号"列与产品信息表中"产品编号"列，"联接种类"选择"左外部（第一个中的所有行，第二个中的匹配行）"，单击"确定"按钮，如图 2-78 所示。

图 2-78　选择字段和联接种类

步骤四：单击"产品信息"右侧展开按钮，取消勾选"产品编号""产品描述""使用原始列名作为前缀"，单击"确定"按钮，如图 2-79 所示。

合并查询后的数据如图 2-80 所示。

1.2 总金额 ▼	订单日期 ▼	ABC 一级类目 ▼	ABC 二级类目 ▼
83064.96	2023/1/1	厨卫大电	集成烹饪中心
13096.2	2023/1/1	厨房小电	多功能锅
31096	2023/1/1	厨房小电	电压力锅
11167.88	2023/1/1	厨房小电	豆浆机
24652.32	2023/1/1	厨房小电	电饭煲

图 2-79　展开合并表　　　　　　图 2-80　合并查询后的数据

子任务三：追加查询

操作演示

追加查询

步骤一：导入数据。

打开 Power BI Desktop，单击"主页"选项卡中的"Excel 工作簿"按钮，导入任务数据"2-4-3 苏泊尔关键指标追加查询"。打开"导航器"窗口，勾选所有关键指标，单击"转换数据"按钮，如图 2-81 所示。

图 2-81　导入关键指标并转换数据

步骤二：进入 Power Query 编辑器，选中一个表格，单击"转换"选项卡中的"将第一行用作标题"按钮，如图 2-82 所示。

步骤三：单击"主页"选项卡中的"追加查询"下拉按钮，在弹出的下拉列表中选择"追加查询"，如图 2-83 所示。

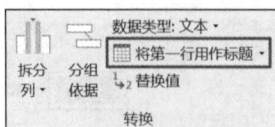
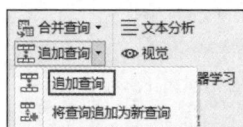

图 2-82　将第一行用作标题　　　图 2-83　选择"追加查询"

步骤四：在打开的"追加"对话框中选中"三个或更多表"，添加营运能力、财务风险、常用指标、每股指标、成长能力、收益质量、盈利能力等表格，单击"确定"按钮，如图 2-84 所示。

图 2-84　选择要追加的表

追加查询后的数据表如图 2-85 所示。

图 2-85　追加查询后的数据表

子任务四：数据透视与逆透视

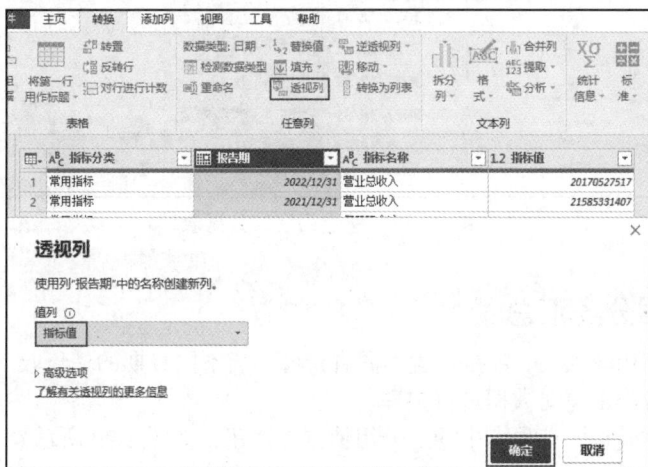

步骤一：数据透视。

导入任务数据"2-4-4 苏泊尔 2021—2022 年关键指标"。经观察，该数据为一维表数据，需进行数据透视操作，将其转换为二维表以方便阅读。选中"报告期"列，再单击"转换"选项卡中的"透视列"按钮，打开"透视列"对话框，在"值列"中选择"指标值"，单击"确定"按钮，如图 2-86 所示。

操作演示

数据透视与逆透视

图 2-86　数据透视

数据透视后的结果如图 2-87 所示。

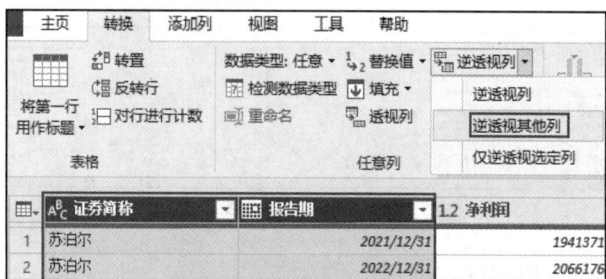

图 2-87　数据透视后的结果

步骤二：数据逆透视。

导入任务数据"2-4-4 苏泊尔 2021—2022 年关键指标-二维表"。经观察，该数据为二维表数据，需进行数据逆透视操作，将其转换为一维表以方便进行数据分析。按住"Ctrl"键，选中"证券简称"列与"报告期"列，单击"转换"选项卡中的"逆透视列"下拉按钮，在弹出的下拉列表中选择"逆透视其他列"，如图 2-88 所示。

图 2-88　逆透视其他列

逆透视后的数据表如图 2-89 所示，可根据实际需求修改逆透视后的列字段名称。

证券简称	报告期	属性	值
苏泊尔	2021/12/31	净利润	1941371528
苏泊尔	2021/12/31	净资产收益率(ROE)	26.81
苏泊尔	2021/12/31	商誉	0
苏泊尔	2021/12/31	基本每股收益	2.4
苏泊尔	2021/12/31	归母净利润	1943943609
苏泊尔	2021/12/31	总资产报酬率(ROA)	18.294773
苏泊尔	2021/12/31	扣非净利润	1858036557
苏泊尔	2021/12/31	期间费用率	10.675075

图 2-89　逆透视后的数据表

子任务五：数据分类汇总

步骤一：获取门店收入表。数据包含不同省份各门店不同日期的销售收入数据，可采用数据分类汇总对数据进行整理。

步骤二：单击"转换"选项卡中的"分组依据"按钮，如图 2-90 所示。

操作演示

数据分类汇总

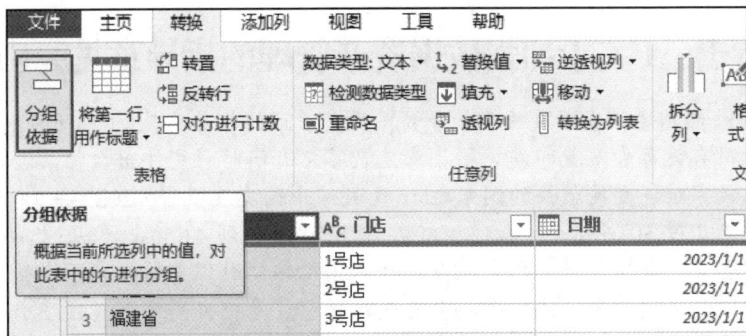

图 2-90　单击"分组依据"按钮

如需根据日期计算销售收入合计数及销售收入平均值，可选择按"日期"进行分组，在"新列名"中输入"销售收入汇总"，在"操作"下拉列表中选择"求和"，在"柱"下拉列表中选择"销售收入"。选中"高级"，单击"添加聚合"按钮，可添加新的分组，其余操作类似。设置好的分组依据如图 2-91 所示，单击"确定"按钮。

图 2-91　设置分组依据

步骤三：数据分组汇总后，可以根据"日期"列进行汇总分析。数据汇总后的结果如图 2-92 所示。

	日期	1.2 销售收入汇总	1.2 销售收入平均
1	2023/1/1	747689	62307.41667
2	2023/1/2	749246	62437.16667
3	2023/1/3	759073	63256.08333

图 2-92　数据汇总后的结果

📖 任务拓展

导入任务拓展数据"项目二\任务拓展\万科利润表"，使用"分组依据"功能得出 2020—2021 年万科利润表各项目的平均值。

素养提升：《关于加强数据资产管理的指导意见》出台的背景

2023年，财政部制定印发了《关于加强数据资产管理的指导意见》（以下简称《指导意见》）。财政部资产管理司有关负责人就印发《指导意见》答记者问时对文件出台背景进行了阐释。

中国是全球数字经济发展最快的国家之一。《数字中国发展报告（2022年）》显示，2022年我国数字经济规模已超过50万亿元，数字经济占GDP比重达到41.5%，位居世界第二位。数据已成为第五大生产要素。数据资产，作为经济社会数字化转型进程中的新兴资产类型，正日益成为推动数字中国建设和加快数字经济发展的重要战略资源。党中央高度重视数字中国建设和数字经济发展，做出一系列重要决策部署。2022年，中共中央、国务院印发《关于构建数据基础制度更好发挥数据要素作用的意见》，对构建数据基础制度做了全面部署，明确提出推进数据资产合规化、标准化、增值化，有序培育数据资产评估等第三方专业服务机构，依法依规维护数据资源资产权益，探索数据资产入表新模式等要求。2023年，中共中央、国务院印发《数字中国建设整体布局规划》，进一步指出要加快建立数据产权制度，开展数据资产计价研究等。党中央、国务院的部署要求，为数据资产管理研究工作的开展指明了方向、提供了依据。

财政部高度重视数据资产管理，认真贯彻落实党中央、国务院决策部署，积极推进数据资产管理工作，印发了《企业数据资源相关会计处理暂行规定》，出台了《数据资产评估指导意见》，数据资产作为经济社会数字化转型中的新兴资产类型，已在社会上形成广泛共识。但数据资产仍面临高质量供给明显不足、合规化使用路径不清晰、应用赋能增值不充分等难点，亟须进一步完善制度体系，通过出台指导性文件对数据资产管理进行引导规范。

为促进数据合规高效流通使用，财政部制定《指导意见》，明确了数据的资产属性，提出依法合规推动数据资产化，平等保护各类主体数据资产合法权益，鼓励公共服务机构将依法合规持有或控制的、具有资产属性的公共数据资源纳入资产管理范畴，进一步创新数据资产管理方式方法，加强数据资产全流程管理，严防数据资产应用风险等，更好促进数字经济高质量发展。可以说，制定《指导意见》既是促进数字经济发展的客观需要，也是加强数据资产管理的现实要求。

资料来源：财政部网站，有删改。

行业观察	练一练

北京建院完成建筑数据资产模拟入表	

数据建模与分析

学习目标

1. 具备数据建模能力，能够建立数据关联模型；
2. 具备数据分析思维，能够利用 DAX 函数进行指标计算；
3. 具备职业判断力，能够选择恰当的方法分析数据；
4. 具备商业汇报能力，能够进行数据可视化报表设计。

知识导图

本项目主要包括管理数据关系、新建列与新建度量值、DAX 语言的具体应用、数据可视化等内容，如图 3-1 所示。

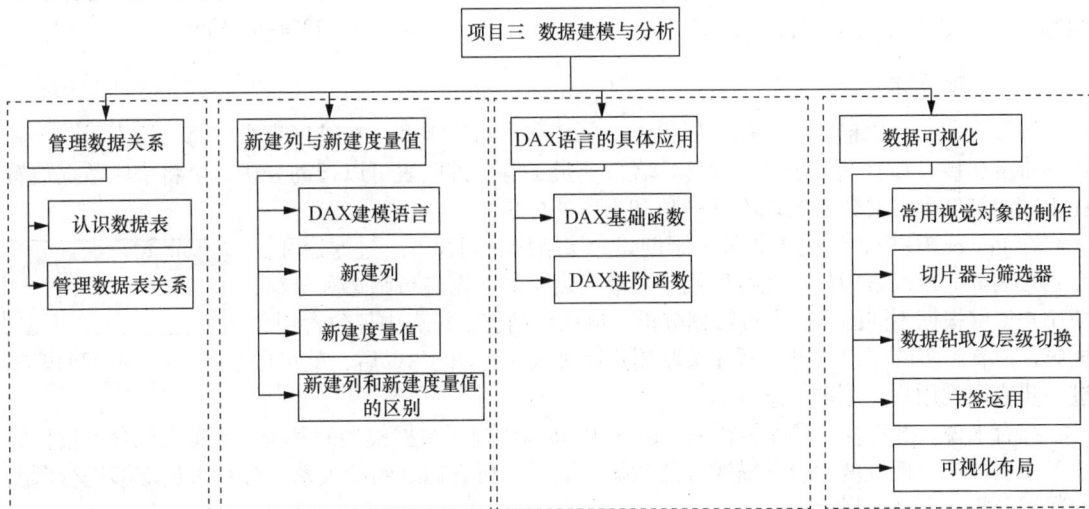

图 3-1　数据建模与分析

任务一　管理数据关系

情境案例

在企业运营过程中，不同业务会产生不同数据，B 公司现在需要依据产品明细表、区域明细表、销售明细表、用户明细表进行业务决策分析。首先，各表间存在相互关联关系，需要对这些表进行关联关系管理，进行数据模型的搭建。然后，通过数据模型搭建求得相关的指标，对业务进行分析，提供决策依据。请根据相关任务资料，利用 Power BI 工具分析与管理表格之间的数据关系。

知识准备

一、认识数据表

在 Power BI 中，事实表和维度表是构建数据模型的核心组件，用于存储和分析数据。它们在数据建模和可视化中扮演着重要角色。

（一）事实表

事实表用于存储数值型数据，记录业务的事实、事件或度量指标。事实表中的每一行表示一个具体的业务事实，通常与业务交易或事件相关。事实表包含了可以进行聚合、分析和计算的数据，如收入、成本、利润等。

在 Power BI 中，事实表通常用于支持分析目标，例如生成报表、图表、仪表盘等。事实表与维度表之间的关系帮助分析人员在不同维度上分析和解释事实数据。例如，在一个销售数据模型中，事实表可以包含每笔销售交易的详细信息，如城市、业务代码、用户代码、结算日期、累计用户数、收入、利润和成本等数据字段，如图 3-2 所示。

城市	业务代码	用户代码	结算日期	累计用户数	收入	利润	成本
北京	CPRJ	E	2019年1月31日	1612	7630827	37330	7324212
北京	CPRJ	E	2019年2月28日	1615	9608617	216186	8129223
北京	CPRJ	E	2019年3月31日	1652	8035245	621818	5388517
成都	CPRJ	E	2019年1月31日	1913	6796715	394343	4799727
成都	CPRJ	E	2019年2月28日	1935	2551091	52314	2760075
成都	CPRJ	E	2019年3月31日	1971	7139793	307381	2029779
福州	CPRJ	E	2019年1月31日	1885	3213793	246508	8166502
福州	CPRJ	E	2019年2月28日	1897	5715441	469190	2493854
福州	CPRJ	E	2019年3月31日	1900	9264294	518666	1763901
广州	CPRJ	E	2019年1月31日	2792	5639307	281855	3841722

图 3-2 销售表（部分）

（二）维度表

维度表用于存储描述性数据，以提供上下文和分组的维度。在维度表中，每一行表示一个特定的维度属性，如日期、产品、地区、客户、员工等。维度表可以帮助分析人员将事实数据放置在不同的维度上，对数据实现不同视角和维度的分析。

在 Power BI 中，维度表通常用于创建分层结构、切片器、过滤器和交互式报表等。维度表中的属性可以用于对事实表中的数据进行筛选和分组，使用户能够根据不同的维度进行数据分析。例如，销售记录表中仅包含用户代码，没有更多的用户信息，而在关联用户明细表（见图 3-3）后，就可以进一步查询到用户的更多信息。

用户代码	用户类型
E	企业
P	个人

图 3-3 用户明细表

综合来说，事实表与维度表在 Power BI 中共同构成了数据模型的基础。事实表包含可量化的业务事实数据，而维度表包含描述性的数据，通过分析它们之间的关系，分析人员能够进行深度的数据分析和可视化展示。

在数据仓库和数据建模中，事实表和维度表的结合可以形成信息更丰富和操作性更强的数据模型，用于支持复杂的数据分析和报表制作。它们的结合能够帮助分析人员提升数据理解能力和洞察力。

二、管理数据表关系

在 Power BI 中，表与表之间的关系是构建数据模型的关键部分，表间关系可以将不同的数据表连接起来，以便在可视化中进行深度分析和交互。这些关系有助于分析人员从多个表中检索数据，并在报表和仪表板中创建有意义的视图。在定义关系时，需要选择相关的表和列，并设置关系的类型和属性，数据表关系的设置会影响后续数据分析中数据的关联和计算方式。

（一）关系类型

在 Power BI 中，可以通过可视化方式定义和管理表之间的关系。合理的数据关系管理可以提升数据分析的性能和效果，可以定期检查和优化数据关系，确保它们正确无误并满足分析需求。在管理数据关系时，注意避免冗余和不必要的关系，以减少数据处理的复杂性和时间。

表和表之间主要的关系类型包括：多对一关系、一对一关系、一对多关系和多对多关系，如图 3-4 所示。

（1）多对一关系是一个表（通常为事实表）中的列具有一个值的多个实例，而与之相关的另一个表（通常为维度表）仅具有一个值的一个实例。

（2）一对一关系用于将一张表中的每行与另一张表中的一行建立连接。这种关系适用于将两张表的主键和外键连接。

图 3-4　表和表之间主要的关系类型

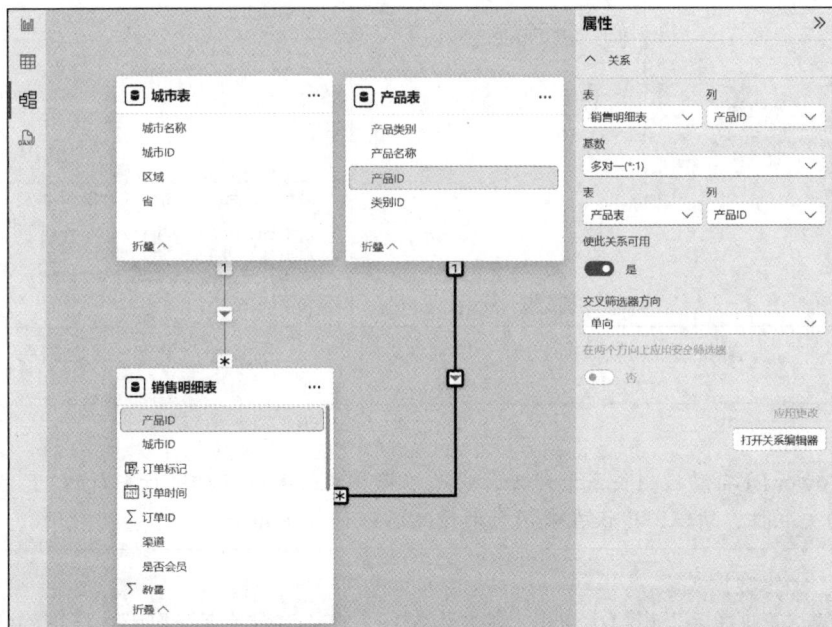

（3）一对多关系是常见的关系类型，这种关系通常用于连接维度表与事实表，其中维度表中的一个值可能对应多个事实表中的值。一对多的关系主要用于将一张表中的每行与另一张表中的多行建立连接。

（4）多对多关系用于连接两张表中的多行，这种情况下每张表都可以关联到其他表中的多行。通常不推荐采用多对多关系进行建模，因为在数据分析过程中容易出现指标计算错误。

（二）管理关系

在模型视图（见图 3-5）中，可以看到所有表和它们之间的关系，通过关系编辑器可以添加、编辑或删除关系。

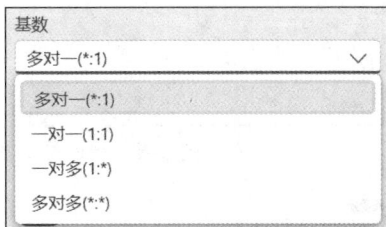

图 3-5　模型视图

在模型视图中，在表与表之间的连接线上单击鼠标右键，在弹出的快捷菜单中选择"删除"，可删除该关系，如图 3-6 所示。

可以通过手动拖曳方式建立连接，重新建立正确的表间关系，如图 3-7 所示。需要注意的是，在手动拖曳时，要特别检查字段是否保持对应。

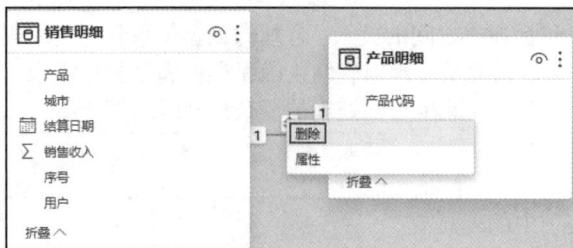

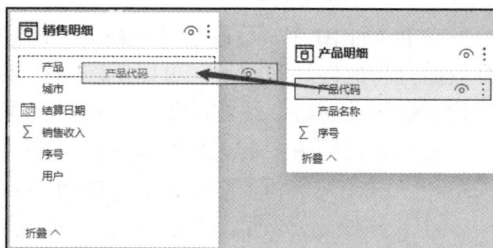

图 3-6　删除数据关系　　　　图 3-7　用手动拖曳方式建立表间连接

任务实施

步骤一：数据准备。

导入任务数据"3-1 管理关系"，在"导航器"窗口中勾选全部表格，单击"加载"按钮，如图 3-8 所示。

步骤二：自动检测关联关系。

表格加载完毕以后，切换到模型视图。单击"建模"选项卡中的"管理关系"按钮，如图 3-9 所示，查看 Power BI 自动检测并建立好的关系。

操作演示

管理数据关系

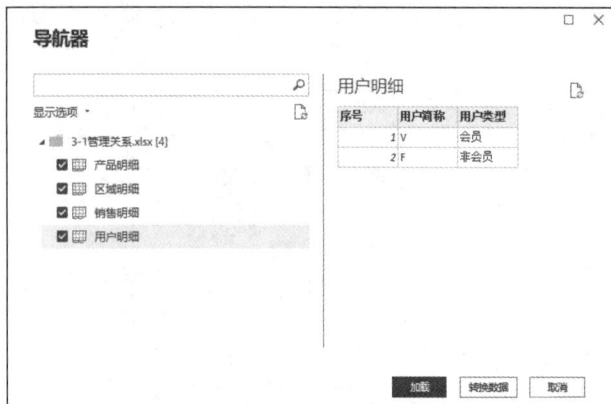

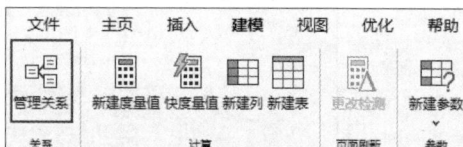

图 3-8　加载数据　　　　图 3-9　单击"管理关系"按钮

> 💡 **提示**
>
> 目前 Power BI 自动检测关系大部分时候是依据相同的字段名称进行判断的，无法深入判断实际内容的关联性，所以，建议在采用自动检测后进行复核和修改。

步骤三：编辑数据关系。

在弹出的"管理关系"窗口中单击"编辑"按钮，在"编辑关系"界面选择正确的表间关系，单击"确定"按钮完成关系编辑，如图 3-10 所示。

这里根据分析目标，建立的关系如图 3-11 所示。其中，将产品明细表的"产品代码"与销售明细表的"产品"建立了一对多的关系，将用户明细表的"用户简称"与销售明细表的"用户"建立了一对多的关系，将区域明细表的"城市"与销售明细表的"城市"建立了一对多的关系。

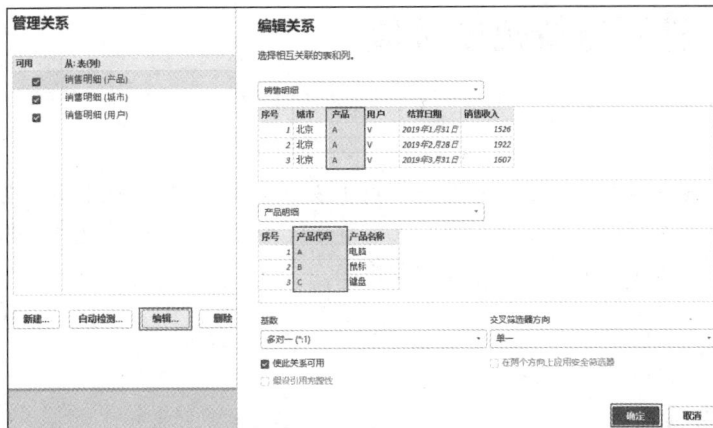

图 3-10　编辑关系

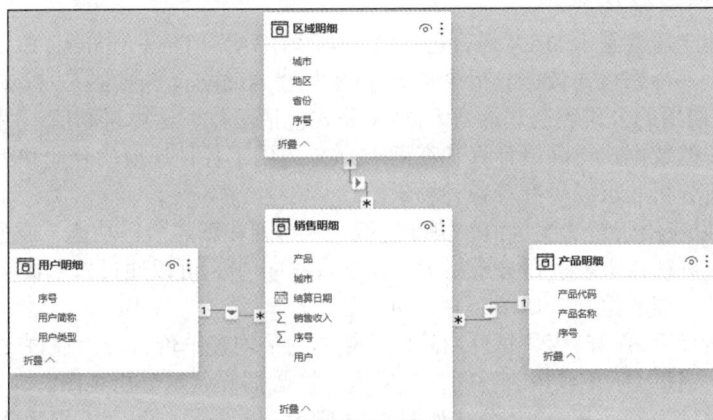

图 3-11　建立完成的模型视图

📖 任务拓展

导入任务拓展数据"项目三\任务拓展\库存管理关系表",进入模型视图,检查自动建立的表间关系,并完成数据可视化。

(1)删除错误的表间关系。

(2)建立正确的表间关系。

(3)在数据视图中,插入表格。选择业务字段"货号""货架楼层""上下装""性别""类别"等,并将其依次插入表格中,如图 3-12 所示。

图 3-12　库存管理关系

任务二　新建列与新建度量值

情境案例

　　B 公司是一家零售企业，拥有多个门店，销售多种商品。为了优化业务运营和提升业绩，分析人员需要通过数据分析来深入了解销售情况。请通过运行 DAX 语言建立数据指标体系，对企业不同区域的不同产品类别的销售数据进行分析。

知识准备

一、DAX 建模语言

（一）DAX 语言应用场景

　　数据指标的建立需要基于 DAX 语言进行公式运算。DAX（Data Analysis Expressions，数据分析表达式）语言是一种编程式数据分析语言。DAX 是在 Analysis Services、Power BI 以及 Excel 的 Power Pivot 中使用的公式表达式语言。DAX 公式包括函数、运算符和值，用于对表格数据模型中相关表和列中的数据执行高级计算和查询。DAX 适用于各种规模的企业和组织，可以用于财务报表分析、销售分析、市场研究等各种场景。

　　DAX 语言可以应用于新建度量值、快度量值、新建列和新建表等功能，通过 DAX 语言实现指标的运算，结合可视化报表进行分析展示。在 Power BI 中，可以通过"主页"选项卡中的"计算"模块进行相关功能的建立，如图 3-13 所示。

　　例如，要分析计算每个门店、每件商品以及整体的平均客单价，可以通过 DAX 语言建立平均客单价指标，再通过 DAX 或报表视图，分维度计算数据并展示分析视图。

　　以销售收入总计为例，其 DAX 公式如图 3-14 所示。单击"√"完成相关公式计算。

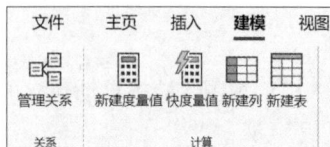

图 3-13　"计算"模块

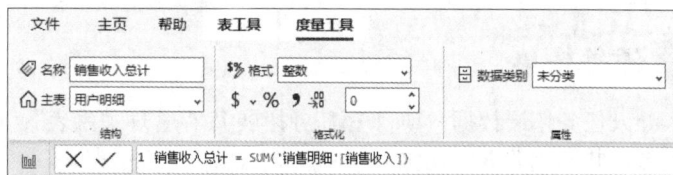

图 3-14　输入 DAX 公式

（二）DAX 语言基本规则

　　DAX 语言包含大量预定义函数，为数据指标建立提供了巨大的灵活性，几乎可以计算任何数据分析所需的结果。

　　DAX 公式以等号开头，等号后可以是任何计算为标量的表达式，或者能转换为标量的表达式。标量可以是一个常数，或者通过标量运算符（+、-、*、/、>=等）计算得出的结果。DAX 使用表或列作为函数的输入，不直接使用值、数组或任意的值集。

　　DAX 公式样例如图 3-15 所示。

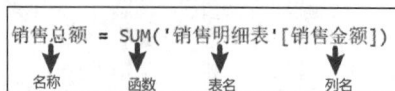

图 3-15　DAX 公式样例

DAX 公式生成的基本步骤如下。

（1）每个公式必须以等号开头。

（2）输入或选择一个函数名称，也可以输入一个表达式。输入所需函数或名称的前几个字母，系统将显示可用函数、表和列。按“Tab”键可以自动将列表中的项添加到公式中，还可以单击 *fx* 按钮，从下拉列表中选择一个函数，然后单击“确定”按钮，将该函数添加到公式中。此外，可以通过从可能的表和列下拉列表中选择参数，或者通过输入值，为函数提供参数。

（3）检查语法错误，确保所有括号都成对，并且正确引用了列、表和值。

（4）按“Enter”键确认公式。

提示

在计算度量值时，按“Enter”键会将度量值定义与表一起保存。如果公式无效，系统将提示错误。

二、新建列

新建列通常是基于现有列的数据创建新的计算字段，新建列可以与其他表建立关系。

例如，导入本任务数据，切换到数据视图，选择销售明细表，单击“表工具”选项卡中的“新建列”按钮，在公式编辑栏中输入公式，按“Enter”键或单击“√”，即可新建列，如图 3-16 所示。

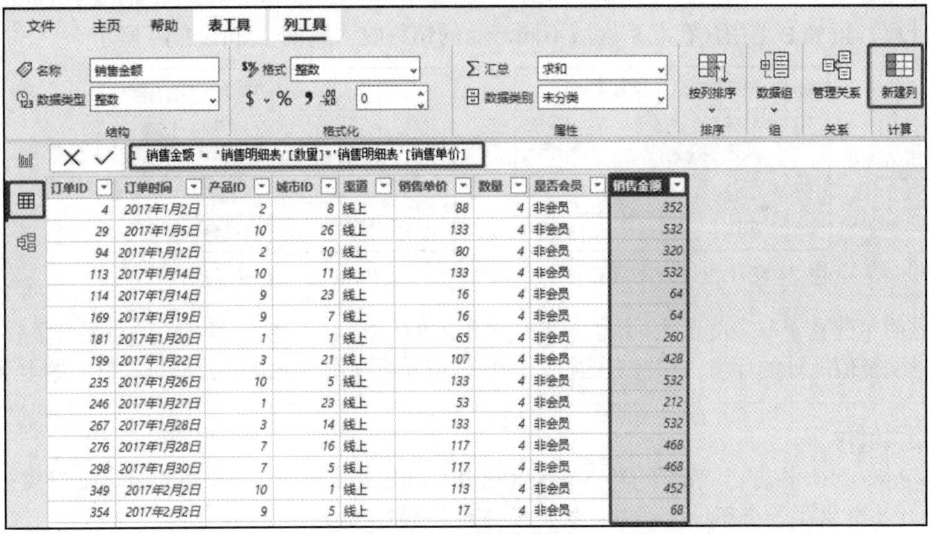

订单ID	订单时间	产品ID	城市ID	渠道	销售单价	数量	是否会员	销售金额
4	2017年1月2日	2	8	线上	88	4	非会员	352
29	2017年1月5日	10	26	线上	133	4	非会员	532
94	2017年1月12日	2	10	线上	80	4	非会员	320
113	2017年1月14日	10	11	线上	133	4	非会员	532
114	2017年1月14日	9	23	线上	16	4	非会员	64
169	2017年1月19日	9	7	线上	16	4	非会员	64
181	2017年1月20日	1	1	线上	65	4	非会员	260
199	2017年1月22日	3	21	线上	107	4	非会员	428
235	2017年1月26日	10	5	线上	133	4	非会员	532
246	2017年1月27日	1	23	线上	53	4	非会员	212
267	2017年1月28日	3	14	线上	133	4	非会员	532
276	2017年1月28日	7	16	线上	117	4	非会员	468
298	2017年1月30日	7	5	线上	117	4	非会员	468
349	2017年2月2日	10	1	线上	113	4	非会员	452
354	2017年2月2日	9	5	线上	17	4	非会员	68

图 3-16 新建列

三、新建度量值

度量值是数据建模的核心内容之一，度量值本身是动态计算公式，其结果会根据上下文的变化而变化。度量值支持多个属性组合，通常是用 DAX 函数构建的一个只显示名称而无实际数据的虚拟字段。其不仅能完成简单的数据统计工作，还能使用复杂的嵌套公式完成高级的指标计算。

度量值不改变原始数据和数据模型，由于是虚拟字段，也不占用报表内存，只有在报表视图创建可视化组件时才会参与计算。度量值一般在报表交互时使用，被称为“移动的公式”。

在 Power BI 中，可以在报表视图、数据视图或模型视图中创建和显示度量值。新建的度量值将显示在带有计算器图标的字段列表中。度量值命名没有特殊要求，但应尽量使分析人员能够通过名称了解和区分不同度量值的指标定义。

財务大数据分析与决策（微课版）

构建多维度客户分析指标体系，可以通过新建度量值实现不同指标的计算。以计算北京区域销售收入情况为例，先选择度量值放置的表格，再在"表工具"选项卡中单击"新建度量值"按钮，输入公式并按"Enter"键或单击"√"确认，如图3-17所示。

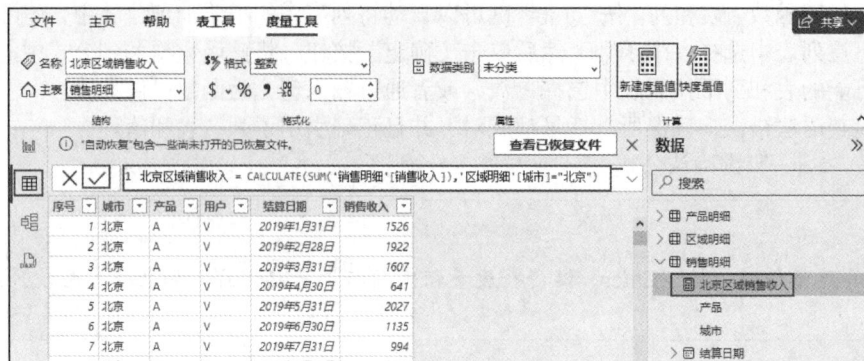

图 3-17　新建度量值

新建度量值后，在右侧"数据"窗格中，能够看到带有计算器图标的字段。而这个字段信息并不在数据视图中体现，其不改变和影响原始数据。如果需要对该值进行分析使用，需切换至报表视图，插入表格，选择"城市""产品""北京区域销售收入"进行度量，如图3-18所示。

添加切片器，将"用户"拖动至"字段"，选择用户类型后，如图3-18所示的数据将进行新的切片计算，得到F类用户在北京区域不同产品的销售收入数据，如图3-19所示。

图 3-18　报表视图展示度量值

图 3-19　度量值应用

只是简单建立了一个度量值，就能够实现多维度的分析，这归功于度量值的重要特征：上下文。上下文是度量值所处的环境，筛选表的行列标签、切片器中所选的维度，都是度量值的上下文。

> **知识链接**
>
> 在 Power BI 中，"上下文"是一个核心概念，特别是在处理 DAX 公式时。上下文为 DAX 公式的计算提供了一个环境或框架，决定了公式如何对数据进行操作。
>
> Power BI 中的上下文主要分为两种类型。
>
> （1）行上下文（Row Context）。在 Power BI 中编写一个 DAX 公式时，该公式通常是对表中的某一行或某几行数据进行操作，这种针对特定行的上下文就是行上下文。行上下文决定了公式在某一行上的计算方式。
>
> 例如，如果计算每个销售订单的总金额，并且分别有一个订单数量和单价列，那么 DAX 公式可能会将这两列的值相乘。这个乘法操作就是在行上下文中进行的，因为它是对每一行数据分别进行计算的。
>
> （2）筛选上下文（Filter Context）。筛选上下文是由报表页面上的切片器、过滤器或其他筛选条件创建的，它决定了哪些数据应该被包含在 DAX 公式的计算中。筛选上下文可以影响整个表或特定列的数据。如果在一个报表页面上设置了一个切片器来选择特定的年份，那么这个切片器就会创建一个筛选上下文，使得所有DAX公式的计算都只包含该年份的数据。

度量值具备以下三方面特征。第一，度量值不占用内存。度量值只有被拖动至图表上才执行运算，适用于数据量非常大的数据模型。第二，度量值可以随切片器的筛选而得出不同的度量结果。第三，度量值可以循环嵌套使用。可以直接调用之前建立好的度量值，所以在新建度量值时，要从最简单的度量值开始创建。

四、新建列和新建度量值的区别

"新建列"功能只能利用当前行上下文进行运算，而新建"度量值"功能更灵活，可以根据给出的行上下文、筛选上下文执行运算。在 DAX 公式的写法上二者并没有本质不同，形式上的不同只是由于上下文环境的差异引起的。

新建列与新建度量值的区别在于：新建列是在原始表中新增数据列，改变原始数据，并占用系统内存；度量值是不改变原始数据，不占用系统内存，根据不同的报表字段展示数据。

操作演示

新建列与新建度量值

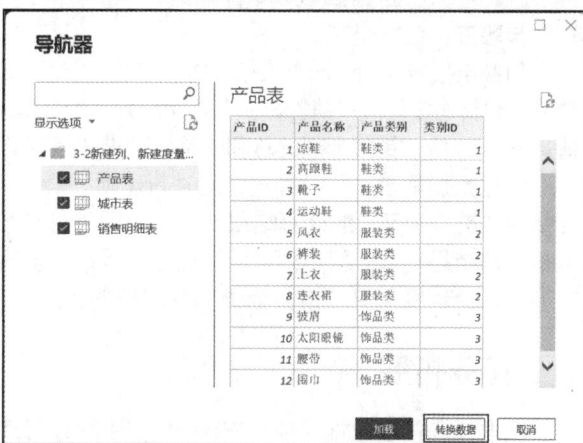

任务实施

步骤一：数据准备。

（1）导入任务数据"3-2 新建列、新建度量值"，在"导航器"窗口中，勾选"产品表""城市表""销售明细表"，单击"转换数据"按钮进行数据整理，如图 3-20 所示。

（2）选择"销售明细表"，将销售单价转换为定点小数，订单时间转换为日期格式，单击"关闭并应用"按钮，整理后的销售明细表数据如图 3-21 所示。

步骤二：管理数据关系。

切换至模型视图，检查并建立数据表间关系。销售明细表是事实表，城市表、产品表是维度表。将销售明细表中"城市 ID"字段与城市表中"城市 ID"字段关联，销售明细表中"产品 ID"字段与产品表中"产品 ID"字段关联，形成多对一的关系，如图 3-22 所示。

图 3-20　选择并转换数据

图 3-21　整理后的销售明细表

图 3-22 建立表间关系

步骤三：新建列。

切换至数据视图，选择"销售明细表"，单击"表工具"选项卡中的"新建列"按钮，新建列"销售金额"，在公式编辑栏输入如下公式。

销售金额 ='销售明细表'[数量]*'销售明细表'[销售单价]

步骤四：新建度量值。

单击"表工具"选项卡中的"新建度量值"按钮，利用 SUM 函数求销售金额，输入如下公式。

销售金额 =SUM('销售明细表'[销售金额])

步骤五：数据呈现。

切换至报表视图，插入表格，将"渠道"字段、新建列"销售金额"和新建度量值"销售金额"拖至"列"中，呈现销售金额数值。图 3-23 中"销售金额的总和"是自动求和运算的结果。

经过数据呈现，可以看到，此时新建列"销售金额"和新建度量值"销售金额"的计算结果一致，证明外部环境不变时，二者得到的结果一致。新建列"销售金额"是在数据表中新建的数据列，而新建度量值"销售金额"为虚拟的，并不在数据表中。

渠道	销售金额 的总和	销售金额
线上	¥65,121	¥65,121
线下	¥52,512	¥52,512
总计	¥117,633	¥117,633

图 3-23 数据指标可视化

任务拓展

获取任务拓展数据"项目三\任务拓展\库存管理分析"，打开 Power BI 完成下述操作。

（1）在库存明细表中，新建列"库存金额"，库存金额=采购价×库存数量。

（2）新建度量值"库存成本"，计算库存金额的总和。

（3）新建度量值"平均零售价"，计算平均零售价。

（4）新建度量值"上装库存成本"，计算所有上装的库存成本。

（5）新建度量值"所有库存成本"，计算所有货品的库存成本。

（6）插入三张卡片图，分别展示"平均零售价""上装库存成本""所有库存成本"。

任务三 DAX 语言的具体应用

情境案例

B 公司的财务分析师接到分析空调行业财务报表的任务，需要对格力电器、美的集团、依米康、春兰股份等以空调为主要销售产品的企业进行财务指标年度对比分析。

![知识准备]

一、DAX 基础函数

（一）聚合函数

聚合函数是对一组值执行计算并返回单一的值的函数。在进行数据分析时，分析人员经常会用聚合函数进行数据统计分析。常用的聚合函数包括 SUM、AVERAGE、MIN、MAX、COUNT 等，如表 3-1 所示。

表 3-1　　　　　　　　　　常用的聚合函数

函数名称	函数说明
SUM（求和）函数	SUM 函数是 Power BI 中最常用的聚合函数之一，它可以对数值型数据进行求和
AVERAGE（均值）函数	AVERAGE 函数可以计算数值型数据的平均值
MIN（最小）函数	MIN 函数可以计算某个列或表达式中的最小值
MAX（最大）函数	MAX 函数可以计算某个列或表达式中的最大值
COUNT（计数）函数	COUNT 函数用于计算列中包含的非空单元格的数量

例如，单击"表工具"选项卡中的"新建度量值"按钮，选择 SUM、AVERAGE、MAX、MIN 等聚合函数，分别创建销售额相关数据指标，可输入表 3-2 所示的公式。

表 3-2　　　　　　　　　　数据指标度量值

度量值名称	公式
销售总额	SUM('销售明细表'[销售金额])
平均销售额	AVERAGE('销售明细表'[销售金额])
最高销售额	MAX('销售明细表'[销售金额])
最低销售额	MIN('销售明细表'[销售金额])

插入矩阵，将销售明细表中的"季度"拖动至"行"中，将度量值"销售总额""平均销售额""最高销售额""最低销售额"拖动至"值"中，结果如图 3-24 所示。

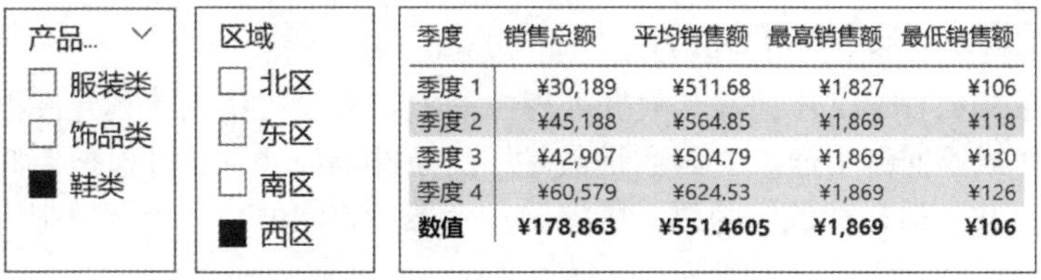

图 3-24　销售度量值矩阵

（二）CALCULATE 函数

CALCULATE 函数主要用于在指定的上下文数据中计算表达式，执行复杂的计算和数据分析工作。

1. CALCULATE 函数的基本语法

CALCULATE 函数的语法为 CALCULATE(<expression>[,<filter1>[,<filter2>[,…]]])。

其中第一个参数是计算表达式，可以执行各种聚合运算。第二个参数往后是一系列筛选条件，可以为空；如果有多个筛选条件，用逗号分隔。所有筛选条件的交集形成最终的筛选数据集合。

根据筛选出的数据集合执行第一个参数的聚合运算并返回运算结果。

例如，通过CALCULATE函数计算销售总额1的公式如下。

```
销售总额1 = CALCULATE (SUM('销售明细表'[销售金额]))
```

切换至报表视图，插入矩阵，将"产品名称""销售总额""销售总额1"添加至图3-24的矩阵中，得到的结果如图3-25所示。

此时，由于筛选条件为空，不影响外部上下文，所以得到的数据值与销售总额一致。

2. 缩小上下文范围

如果需要对数据进行筛选，可以为CALCULATE函数添加限制条件，并进行计算。例如，想要求鞋类产品的销售总额，可用CALCULATE函数创建销售总额2，输入如下公式。

```
销售总额2 = CALCULATE([销售总额],'产品表'[产品类别]="鞋类")
```

观察图3-26发现，只有鞋类产品的数据显示出来，而其他产品类别的数据没有显示出来。这是因为CALCULATE函数中第二个参数对产品类别进行了限制，只筛选产品类别为鞋类的数据进行计算，不计算非鞋类的产品数据。

产品名称	销售总额	销售总额1
风衣	218046	218046
高跟鞋	231895	231895
裤装	455602	455602
连衣裙	160554	160554
凉鞋	151039	151039
披肩	46373	46373
上衣	279980	279980
太阳眼镜	298498	298498
围巾	613255	613255
靴子	304899	304899
腰带	1060305	1060305
运动鞋	650515	650515
总计	**4470961**	**4470961**

图3-25　销售总额1

产品名称 ▲	销售总额	销售总额1	销售总额2
风衣	218046	218046	
高跟鞋	231895	231895	231895
裤装	455602	455602	
连衣裙	160554	160554	
凉鞋	151039	151039	151039
披肩	46373	46373	
上衣	279980	279980	
太阳眼镜	298498	298498	
围巾	613255	613255	
靴子	304899	304899	304899
腰带	1060305	1060305	
运动鞋	650515	650515	650515
总计	**4470961**	**4470961**	**1338348**

图3-26　销售总额2

（三）条件函数（IF/SWITCH）

条件函数（IF/SWITCH）在编程和数据处理中扮演着重要的角色，其允许根据特定的条件来决定执行哪个操作或返回哪个值。IF函数是最常用的条件函数之一，可根据条件的结果返回不同的值。SWITCH函数是另一种条件函数，可根据一个表达式的值在多个选项中进行选择。

1. IF函数

IF函数会根据一个逻辑条件的真假返回两种不同的值，一般用于基本的条件判断。它的语法如下：IF(<logical_test>,<value_if_true>[,value_if_false])。

- logical_test：表示要进行判断的逻辑条件。
- value_if_true：表示如果逻辑条件为真返回的值。
- value_if_false：表示如果逻辑条件为假返回的值。

例如，基于销售明细表，如果销售金额大于1 000，标记为"好"，否则标记为"一般"。操作步骤为单击"表工具"选项卡中的"新建列"按钮，输入如下公式。

```
订单标记 = IF('销售明细表'[销售金额]>1000, "好","一般")
```

新建"订单标记"列后，查询到IF函数的应用结果，如图3-27所示。

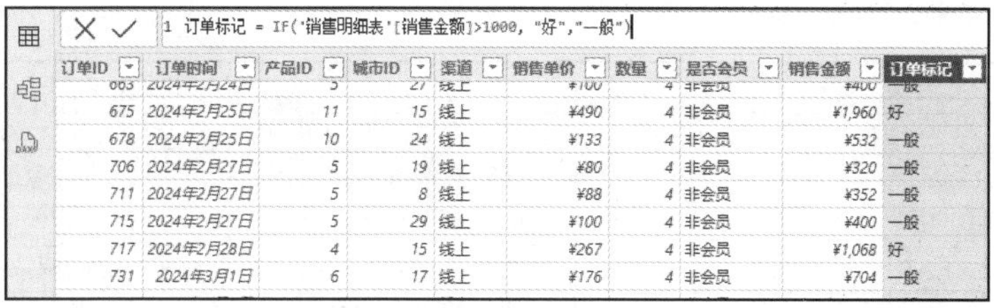

1 订单标记 = IF('销售明细表'[销售金额]>1000, "好","一般")

订单ID	订单时间	产品ID	城市ID	渠道	销售单价	数量	是否会员	销售金额	订单标记
663	2024年2月24日	5	27	线上	¥100	4	非会员	¥400	一般
675	2024年2月25日	11	15	线上	¥490	4	非会员	¥1,960	好
678	2024年2月25日	10	24	线上	¥133	4	非会员	¥532	一般
706	2024年2月27日	5	19	线上	¥80	4	非会员	¥320	一般
711	2024年2月27日	5	8	线上	¥88	4	非会员	¥352	一般
715	2024年2月27日	5	29	线上	¥100	4	非会员	¥400	一般
717	2024年2月28日	4	15	线上	¥267	4	非会员	¥1,068	好
731	2024年3月1日	6	17	线上	¥176	4	非会员	¥704	一般

图 3-27 IF 函数应用结果

2. SWITCH 函数

SWITCH 函数用于在多个可能的选项之间进行选择，并返回与满足条件的选项相关联的值。它的语法如下：SWITCH(<expression>,<value>,<result>[,<value>,<result>]…[,<else>])。

- expression：表示要进行判断的表达式，可使用 TRUE()作为判断条件。
- value：代表选项。
- result：代表结果。
- else：表示不满足前述所有参数选项时返回的值。

例如，基于销售明细表，如果销售金额大于 1 000 标记为“A”；销售金额大于 800，标记为“B”；销售金额大于 500 标记为“C”；否则标记为“D”。单击“表工具”选项卡中的“新建列”按钮，在输入框中输入如下公式。

```
SWITCH 标记 = SWITCH(TRUE(),
'销售明细表'[销售金额]>1000,"A",
'销售明细表'[销售金额]>800,"B",
'销售明细表'[销售金额]>500,"C",
"D"
)
```

按“Enter”键确认后，观察数据，系统根据不同条件标记了数据，如图 3-28 所示。

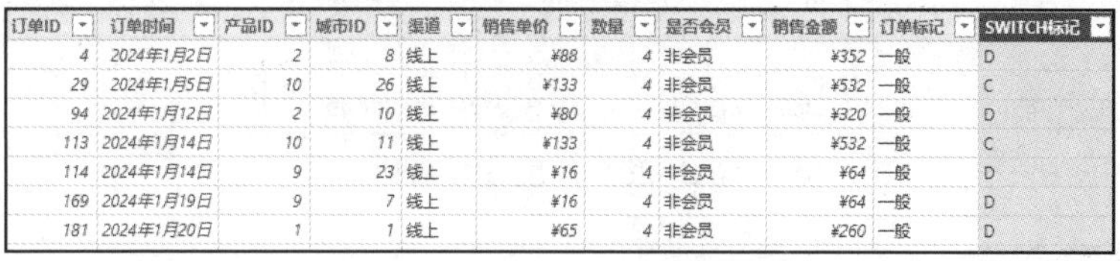

订单ID	订单时间	产品ID	城市ID	渠道	销售单价	数量	是否会员	销售金额	订单标记	SWITCH标记
4	2024年1月2日	2	8	线上	¥88	4	非会员	¥352	一般	D
29	2024年1月5日	10	26	线上	¥133	4	非会员	¥532	一般	C
94	2024年1月12日	2	10	线上	¥80	4	非会员	¥320	一般	D
113	2024年1月14日	10	11	线上	¥133	4	非会员	¥532	一般	C
114	2024年1月14日	9	23	线上	¥16	4	非会员	¥64	一般	D
169	2024年1月19日	9	7	线上	¥16	4	非会员	¥64	一般	D
181	2024年1月20日	1	1	线上	¥65	4	非会员	¥260	一般	D

图 3-28 SWITCH 函数应用结果

（四）时间智能函数

在 Power BI 中，DAX 函数中共有 30 多个时间智能函数。通过时间智能函数，分析人员可以选取特定的时间维度，快速定位统计区间，满足不同的分析需求。部分时间智能函数如表 3-3 所示。

表 3-3 时间智能函数及说明

函数	说明
DATESMTD/DATESQTD/DATESYTD	本月至今/本季度至今/本年至今
FIRSTDATE/LASTDATE	返回第一个日期/返回最后一个日期
PREVIOUSDAY/PREVIOUSMONTH PREVIOUSQUARTER/PREVIOUSYEAR	返回上一日/返回上一个月 返回上一个季度/返回上一个年度
NEXTDAY/NEXTMONTH NEXTQUARTER/NEXTYEAR	返回次日/返回次月 返回次季度/返回次年
ENDOFMONTH ENDOFQUARTER ENDOFYEAR	返回所属月的最后一天 返回所属季度的最后一天 返回所属年的最后一天

续表

函数	说明
STARTOFMONTH	返回所属月的第一天
STARTOFQUARTER	返回所属季度的第一天
STARTOFYEAR	返回所属年的第一天
SAMEPERIODLASTYEAR	返回一个包含当前日期数据和前一年同期数据的表格
TOTALMTD	返回月初至今的数据
TOTALQTD	返回季度初至今的数据
TOTALYTD	返回年初至今的数据
CLOSINGBALANCEMONTH	返回该月的期末数据
CLOSINGBALANCEQUARTER	返回该季度的期末数据
CLOSINGBALANCEYEAR	返回该年的期末数据
OPENINGBALANCEMONTH	返回该月的期初数据
OPENINGBALANCEQUARTER	返回该季度的期初数据
OPENINGBALANCEYEAR	返回该年的期初数据

以 SAMEPERIODLASTYEAR 函数为例，该函数返回一个表格数据，包含当前日期数据及上年同期数据。通过该表格数据，可比较当前时间段与前一时间段（如上年同期）的数据。

在使用这个函数时，一般需要结合使用 CALCULATE 函数，可以在指定的时间范围内对数据进行聚合和计算。例如上年度金额的计算公式如下。

```
上年度金额 = CALCULATE([本年度金额],SAMEPERIODLASTYEAR('年度表'[报告期]))
```

切换至报表视图，将本年度金额、上年度金额进行对比，如图 3-29 所示。

年	本年度金额	上年度金额
2017	3,451,348,969,466.69	
2018	3,841,860,080,334.33	3,451,348,969,466.69
2019	4,305,336,296,405.91	3,841,860,080,334.33
2020	4,711,263,405,029.40	4,305,336,296,405.91
2021	5,278,243,704,461.58	4,711,263,405,029.40
2022	5,731,937,846,651.33	5,278,243,704,461.58

图 3-29　年度金额对比

二、DAX 进阶函数

（一）迭代函数（SUMX、RANKX）

迭代函数通过逐行处理表中的数据来执行计算。在 Power BI 中，迭代函数通常与行上下文结合使用。例如，SUMX 函数对表中的每一行执行指定的表达式，并返回所有行的结果之和。迭代函数在 Power BI 中广泛应用于跨表计算、数据聚合、条件计算等场景。

1. SUMX 函数

SUMX 函数是一种用于计算表达式的迭代函数。它可以用于创建自定义迭代计算，而不仅仅是简单地计算总和。SUMX 函数可以在计算表中应用某个表达式，依据行数据进行计算，然后将结果相加，最终返回一个值。它的语法如下：SUMX(<table>,<expression>)。

- table：表示一个包含数据的表格，可以是数据模型中的表格或结果集。
- expression：表示在每行上计算的表达式，可以是列引用、数学运算、逻辑表达式等。

例如，基于之前的数据计算销售总额，新建度量值，可通过如下公式直接计算。

```
销售总额 5= SUMX('销售明细表',[销售单价]*[数量])
```

如果没有 SUMX 这样的行上下文函数，若要计算销售额，需要先新建一个列"[销售额]=[销售单价]*[数量]”，再建一个度量值“[销售总额]=SUM([销售额])”。这个方法虽然可以达到与 SUMX 函数同样的效果，但比较烦琐。

创建矩阵，根据不同产品名称查看销售总额 5 的数据，如图 3-30 所示。

产品名称	销售总额 5
风衣	¥218,046
高跟鞋	¥231,895
裤装	¥455,602
连衣裙	¥160,554
凉鞋	¥151,039
披肩	¥46,373
上衣	¥279,980
太阳眼镜	¥298,498
围巾	¥613,255
靴子	¥304,899
腰带	¥1,060,305
运动鞋	¥650,515
总计	¥4,470,961

图 3-30 查看销售总额 5

2. RANKX 函数

RANKX 函数根据指定的表达式和排序规则，对表中的每一行数据进行排名，返回一个数值，表示当前行数据在排名列表中的位置。RANKX 函数在 Power BI 中有广泛的应用场景，可根据产品的销售额对产品进行排名、根据客户的购买金额或购买次数对客户进行排名、根据员工的业绩指标对员工进行排名等。当需要对特定筛选条件下的数据进行排名时，可以结合 FILTER、CALCULATE 等函数来构建符合需求的筛选上下文。

（1）基本语法。

RANKX 函数在 Power BI 中主要用于计算排名，它的语法如下：RANKX(<table>,<expression>[,<value>[,<order>[,<ties>]]])。

- table：表示进行排名的数据表。
- expression：表示对每行计算的表达式，通常是一个计算字段或计算列，也可以是一个数值、日期等，根据这个表达式的值进行排名。
- value：可选参数，表示要排名的特定值。如果省略，默认使用 expression 在每行计算的值。
- order：可选参数，表示排名顺序；1 表示升序，0 表示降序；默认为升序。
- ties：可选参数，定义如何处理并列排名的情况；skip（默认）表示并列后跳过后序名次（如 1、2、2、4），dense 表示并列后不跳过名次（如 1、2、2、3）。

例如，基于销售明细表，对销售金额进行排序，输入如下公式。

销售排名 = RANKX(ALL('产品表'),[销售总额 5])

将“销售排名”添加至矩阵，基于销售总额与进行降序排列，结果如图 3-31 所示。

> **注意**
> 在使用 RANKX 函数时，需要先选择表格，定义是在哪个表格中进行排序。

（2）去除总计排名。

在图 3-31 中，发现在“销售排名”列的最后一行“总计”中出现“1”，但“1”明显不符合业务逻辑，可以借助 HASONEVALUE 和 IF 函数去除总计排名，公式如下。

产品全部排名=IF(HASONEVALUE('产品表'[产品名称]),RANKX(ALL('产品表'),[销售总额 5]))

IF 函数用于逻辑判断，HASONEVALUE 函数用于检查当前上下文中的“产品名称”列是否只有一个值。去除总计排名后的结果如图 3-32 所示。

产品名称	销售总额1	销售总额 5	销售排名
腰带	¥1,060,305	¥1,060,305	1
运动鞋	¥650,515	¥650,515	2
围巾	¥613,255	¥613,255	3
裤装	¥455,602	¥455,602	4
靴子	¥304,899	¥304,899	5
太阳眼镜	¥298,498	¥298,498	6
上衣	¥279,980	¥279,980	7
高跟鞋	¥231,895	¥231,895	8
风衣	¥218,046	¥218,046	9
连衣裙	¥160,554	¥160,554	10
凉鞋	¥151,039	¥151,039	11
披肩	¥46,373	¥46,373	12
总计	¥4,470,961	¥4,470,961	1

图 3-31 销售排名

产品名称	销售总额1	销售总额 5	销售排名	产品全部排名
腰带	¥1,060,305	¥1,060,305	1	1
运动鞋	¥650,515	¥650,515	2	2
围巾	¥613,255	¥613,255	3	3
裤装	¥455,602	¥455,602	4	4
靴子	¥304,899	¥304,899	5	5
太阳眼镜	¥298,498	¥298,498	6	6
上衣	¥279,980	¥279,980	7	7
高跟鞋	¥231,895	¥231,895	8	8
风衣	¥218,046	¥218,046	9	9
连衣裙	¥160,554	¥160,554	10	10
凉鞋	¥151,039	¥151,039	11	11
披肩	¥46,373	¥46,373	12	12
总计	¥4,470,961	¥4,470,961	1	

图 3-32 产品全部排名

（3）相对排名。

前面完成的产品全部排名是绝对排名，无论通过切片器筛选多少产品，每个产品的排名都是固定的。若想要按照所选的产品范围进行动态排序，则需要进行相对排名，可通过 ALLSELECTED 函数来实现，公式如下。

```
产品范围排名 = IF(HASONEVALUE('产品表'[产品名称]),RANKX(ALLSELECTED('产品表'),[销售总额 5]))
```

ALLSELECTED 函数用于返回当前筛选上下文中所选范围的值。与 ALL 函数不同，ALLSELECTED 函数会结合当前视觉对象或报表页面上的筛选器设置。ALLSELECTED 作为表函数使用时，应考虑外部筛选条件（如切片器、过滤器等设置的筛选条件）。

ALLSELECTED 函数在计算个体占特定总体的比例等场景中非常有用，因为它可以确保计算是基于整个数据集进行的，而不是仅基于当前视觉对象中的可见数据。

需要注意的是，ALLSELECTED 函数返回的是一个表，其中包含符合筛选条件的所有行。可以将其与其他聚合函数（如 SUM、AVERAGE 等函数）结合使用并进行聚合计算。

将“产品范围排名”添加到矩阵中，插入产品名称的切片器，选择相应的产品名称，产品范围排名结果如图 3-33 所示。

（4）多维度排名。

产品范围排名是基于切片器进行排名的，如果增加一个维度，比如，按产品在每个城市的销售额进行排名，实际上是按照产品名称和城市的笛卡尔积①进行排名。

新建度量值“产品城市综合排名”，按产品和城市两个维度进行排名，输入如下公式。

```
产品城市综合排名 = IF(HASONEVALUE('产品表'[产品名称]),RANKX(CROSSJOIN(ALL('产品表'[产品名称]),ALL('城市表'[城市名称])),[销售总额 5]))
```

切换至报表视图，创建表格，将“产品名称”“城市名称”“销售总额 5”“产品城市综合排名”等字段拖动至表格中，将“产品城市综合排名”按升序排列，结果如图 3-34 所示。

产品名称
- ☑ 风衣
- ☑ 高跟鞋
- ☐ 裤装
- ☑ 连衣裙
- ☐ 凉鞋
- ☐ 披肩
- ☑ 上衣
- ☐ 太阳眼镜
- ☐ 围巾
- ☐ 靴子
- ☑ 腰带
- ☑ 运动鞋

产品名称	销售总额 5	销售排名	产品全部排名	产品范围排名
腰带	¥1,060,305	1	1	1
运动鞋	¥650,515	2	2	2
上衣	¥279,980	7	7	3
高跟鞋	¥231,895	8	8	4
风衣	¥218,046	9	9	5
连衣裙	¥160,554	10	10	6
总计	¥2,601,295	1		

图 3-33　产品范围排名结果

产品名称	城市名称	销售总额 5	产品城市综合排名
腰带	厦门市	¥50,820	1
腰带	武汉市	¥50,605	2
腰带	长春市	¥49,670	3
腰带	西安市	¥48,200	4
腰带	杭州市	¥46,680	5
腰带	郑州市	¥43,475	6
腰带	南宁市	¥42,445	7
腰带	苏州市	¥39,910	8
腰带	南京市	¥38,760	9
腰带	无锡市	¥38,760	9
腰带	宁波市	¥38,405	11
腰带	昆明市	¥37,895	12
腰带	温州市	¥37,655	13
腰带	东莞市	¥37,590	14
腰带	成都市	¥34,790	15
运动鞋	大连市	¥34,724	16
腰带	济南市	¥33,600	17
腰带	广州市	¥33,505	18
腰带	沈阳市	¥33,295	19
腰带	青岛市	¥32,905	20
腰带	天津市	¥32,280	21

图 3-34　产品城市综合排名结果

（二）ALL 与 FILTER 函数

1. ALL 函数

ALL 函数用于移除或更改特定字段或列的筛选上下文，从而使视觉效果或计算结果不受该字

① 笛卡尔积表示两个或多个集合中所有可能的有序组合。如果集合 A 有 m 个元素，集合 B 有 n 个元素，那么集合 A 和集合 B 的笛卡尔积将包含 $m\times n$ 个元素，每个元素都是一个有序对 (a, b)，其中 a 属于集合 A，b 属于集合 B。

段的筛选影响。它的几种用途如下。

（1）移除筛选上下文。

想要在可视化组件或计算中忽略特定字段的筛选，可使用 ALL 函数。

例如，可以使用 ALL 函数来创建计算公式，其不受用户选择的"日期"筛选条件的影响。ALL 函数可以将某个字段的值与除特定筛选之外的所有值进行比较。

例如，计算销售金额在总金额中的占比，可以新建度量值，输入如下公式。

```
销售金额占比 = DIVIDE(SUM('销售明细表'[销售金额]), CALCULATE(SUM('销售明细表'[销售金额]),
ALL('销售明细表')))
```

切换至报表视图，插入矩阵，将"销售金额占比"拖动至"值"，将"产品类别"拖动至"行"，得到销售金额占比矩阵，如图 3-35 所示。

（2）创建自定义汇总。

ALL 函数可以与其他聚合函数（如 SUM、AVERAGE 等函数）一起使用，以创建自定义的汇总计算。例如，可以使用 ALL 函数来计算产品的总销售额，而不考虑其他筛选条件。

产品类别	销售金额占比
服装类	24.92%
饰品类	45.15%
鞋类	29.93%
总计	**100.00%**

图 3-35 销售金额占比矩阵

（3）结合 CALCULATE 函数扩大上下文。

用 CALCULATE 函数新建度量值"销售总额 3"（公式如下），并将其添加到矩阵中。

```
销售总额 3 = CALCULATE(SUM('销售明细表'[销售金额]),ALL('产品表'))
```

该数据是所有产品的销售总额，这是因为使用了 ALL 函数。"ALL（'产品表'）"的意思是清除产品表里的所有筛选，此时外部筛选器不起作用了，每行统计的都是该表中的所有产品数据，结果如图 3-36 所示。

（4）结合 CALCULATE 函数重置上下文。

用 CALCULATE 函数新建度量值"销售总额 4"，利用 ALL 函数重置上下文（公式如下），并将其添加到矩阵中。

```
销售总额 4 = CALCULATE(SUM('销售明细表'[销售金额]),ALL('产品表'),'产品表'[产品类别]="上衣")
```

观察图 3-37 中的"销售总额 4"列，每一行产品的销售总额均为 279 980，都是上衣的销售总额，正好符合建立这个度量值的逻辑，被 ALL 函数清除行标签的外部筛选后，从全部产品数据中统计产品为"上衣"的销售总额，所以，每行得到的数据值均为 279 980。

产品名称	销售总额	销售总额1	销售总额2	销售总额3
风衣	218046	218046		4470961
高跟鞋	231895	231895	231895	4470961
裤装	455602	455602		4470961
连衣裙	160554	160554		4470961
凉鞋	151039	151039	151039	4470961
披肩	46373	46373		4470961
上衣	279980	279980		4470961
太阳眼镜	298498	298498		4470961
围巾	613255	613255		4470961
靴子	304899	304899	304899	4470961
腰带	1060305	1060305		4470961
运动鞋	650515	650515	650515	4470961
总计	4470961	4470961	1338348	4470961

图 3-36 销售总额 3

产品名称	销售总额	销售总额1	销售总额2	销售总额3	销售总额4
风衣	218046	218046		4470961	279980
高跟鞋	231895	231895	231895	4470961	279980
裤装	455602	455602		4470961	279980
连衣裙	160554	160554		4470961	279980
凉鞋	151039	151039	151039	4470961	279980
披肩	46373	46373		4470961	279980
上衣	279980	279980		4470961	279980
太阳眼镜	298498	298498		4470961	279980
围巾	613255	613255		4470961	279980
靴子	304899	304899	304899	4470961	279980
腰带	1060305	1060305		4470961	279980
运动鞋	650515	650515	650515	4470961	279980
总计	4470961	4470961	1338348	4470961	279980

图 3-37 销售总额 4

2. FILTER 函数

FILTER 函数可根据指定的条件筛选数据表中的行，基本用法如下。

（1）应用自定义筛选。使用 FILTER 函数，可以根据特定条件筛选出数据表中符合条件的行，然后将这些行数据用于创建可视化组件或计算。

（2）创建动态汇总。FILTER 函数可以与其他聚合函数结合使用，以在特定条件下计算动态汇总。例如，可以使用 FILTER 函数来计算特定区域或时间范围内的销售总额。

（3）创建动态可视化组件。通过将 FILTER 函数与可视化组件（如图表）结合使用，分析人员可以创建根据用户选择或其他条件动态变化的可视化组件。

例如，可以利用 FILTER 函数筛选计算销售数量大于 2 500 的城市的销售额，输入如下公式。

```
销售数量大于 2 500 的城市的销售额 =CALCULATE([销售总额 5],FILTER(ALL('城市表'[城市名称]),
SUM('销售明细表'[数量])>2 500))
```

切换至报表视图，创建矩阵，将"产品名称"拖动至"行"，将"销售总额 5""数量的总和""销售数量大于 2 500 的城市的销售额"拖动至"值"，单击"可视化"窗口中的"视觉对象"，关闭"行小计"，得到的结果如图 3-38 所示。

通过图 3-38 的"销售数量大于 2 500 的城市的销售额"列可以看到，只有销售数量大于 2 500 的城市销售额能够被显示出来，而销售数量小于 2 500 的城市的销售额不会显示。

产品名称	销售总额 5	数量 的总和	销售数量大于2500的城市的销售额
披肩	¥46,373	2441	
凉鞋	¥151,039	2407	
连衣裙	¥160,554	2564	160554
风衣	¥218,046	2309	
高跟鞋	¥231,895	2470	
上衣	¥279,980	2556	279980
太阳眼镜	¥298,498	2386	
靴子	¥304,899	2441	
裤装	¥455,602	2422	
围巾	¥613,255	2445	
运动鞋	¥650,515	2611	650515
腰带	¥1,060,305	2253	

图 3-38　销售数量大于 2 500 的城市的销售额

（三）VAR 与 RETURN 函数

VAR 是 VARIABLE 的缩写，意思为变量。变量是一个非常重要的基础概念。VAR 的语法很简单，即把一个表达式定义为一个变量。变量名不可以与模型中现有的表名、字段名相同，也不能使用数字作为第一个字符，不能使用空格。定义变量并完成计算后，需要返回结果，这个操作由 RETURN 函数来完成。

例如，新建度量值"销售金额占比"，计算销售金额在销售总金额中的占比，可以分别定义销售总金额和销售金额指标，输入如下公式。

```
销售金额占比 =
VAR salesAmount=SUM('销售明细表'[销售金额])
VAR TotalSalesAmount=CALCULATE(SUM('销售明细表'[销售金额]),ALL('销售明细表'))
RETURN DIVIDE(salesAmount, TotalSalesAmount)
```

📝 **注意**

VAR 和 RETURN 函数需要配合使用。

🔍 任务实施

子任务一：指标分析

步骤一：数据准备。

（1）导入任务数据"3-3 空调行业财报"并进行数据整理，如图 3-39 所示。

	证券代码	证券简称	报表项目	报告期	金额	
	600854	春兰股份	一、营业总收入	2020年12月31日	255424660.86	🔍 搜索
	600854	春兰股份	一、营业总收入	2019年12月31日	198317286.82	> 利润表
	600854	春兰股份	一、营业总收入	2018年12月31日	659772689.74	> 年度表
	600854	春兰股份	一、营业总收入	2017年12月31日	818590991.97	> 现金流量表
	600854	春兰股份	营业收入	2022年12月31日	281827121.13	> 证券表
	600854	春兰股份	营业收入	2021年12月31日	235858311.87	> 资产负债表
	600854	春兰股份	营业收入	2020年12月31日	255424660.86	

图 3-39　空调行业财报数据

操作演示

运用 DAX 函数进行指标分析

在导入过程中，"000"开头的证券代码容易被系统识别为数字类型并舍掉，需要将"证券代码"列调整为文本格式。整理后的证券代码如图 3-40 所示。

	A^B_C 证券代码	A^B_C 证券简称
1	000333	美的集团
2	000651	格力电器
3	300249	依米康
4	600854	春兰股份

图 3-40　整理后的证券代码

（2）建立表间关系。将证券表中的"证券简称"分别与资产负债表、利润表及现金流量表中的"证券简称"字段进行关联。将年度表中的"报告期"分别与资产负债表、利润表及现金流量表中的"报告期"字段进行关联，得到的财务报表模型视图如图 3-41 所示。

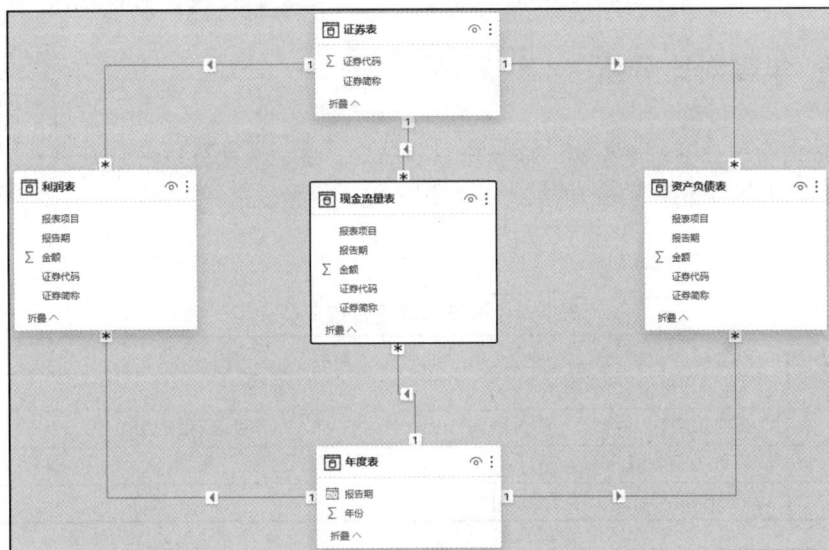

图 3-41　财务报表模型视图

步骤二：新建度量值。

设定分析指标为"资产总计""负债合计""营业总收入""资产负债率"，根据分析指标和数据关系，输入度量值公式，如表 3-4 所示。

表 3-4　　　　　　　　　　　　　财务报表分析指标度量值及公式

度量值	公式
资产总计	CALCULATE(SUM('资产负债表'[金额]),'资产负债表'[报表项目]="资产总计")
负债合计	CALCULATE(SUM('资产负债表'[金额]),'资产负债表'[报表项目]="负债合计")
营业总收入	CALCULATE(SUM('利润表'[金额]),'利润表'[报表项目]="一、营业总收入")
资产负债率	DIVIDE([负债合计],[资产总计])

步骤三：可视化呈现。

将证券表中的"证券简称"和年度表中的"报告期"拖动至"行"。将度量值"资产总计""负债合计""营业总收入""资产负债率"拖动至"值"，得到结果如图 3-42 所示。

图 3-42　财务报表矩阵

子任务二：年度对比分析

步骤一： 新建度量值。

计算本年度金额、上年度金额、变动额、变动率，设定数据分析指标为"本年度金额""上年度金额""变动额""变动率"，输入度量值公式，如表 3-5 所示。

操作演示

运用 DAX 函数进行年度对比分析

表 3-5　　　　　　　　　　年度对比分析指标度量值及公式

度量值	公式
本年度金额	SUM('资产负债表'[金额])
上年度金额	CALCULATE([本年度金额],SAMEPERIODLASTYEAR('年度表'[报告期]))
变动额	[本年度金额]-[上年度金额]
变动率	DIVIDE([变动额],[上年度金额])

步骤二： 数据呈现。

（1）插入两个切片器，分别将年度表中的"年份"和证券表中的"证券简称"拖动至"字段"。

（2）插入矩阵，进行资产负债表科目金额的可视化呈现，具体方法如下。

将资产负债表中的"报表项目"拖动至"行"，将度量值"本年度金额""上年度金额""变动额""变动率"拖动至"值"，得到结果如图 3-43 所示。

图 3-43　年度对比分析矩阵

子任务三：行业内企业能力对比分析

步骤一： 新建度量值。

计算行业内企业能力对比分析指标，设定数据分析指标为"上年度资产总计""平均总资产""总资产周转率"，输入度量值公式，如表3-6所示。

操作演示

运用 DAX 函数进行行业内企业能力对比分析

表3-6　行业内企业能力对比分析指标度量值及公式

度量值	公式
上年度资产总计	CALCULATE([资产总计],SAMEPERIODLASTYEAR('资产负债表'[报告期]))
平均总资产	DIVIDE([资产总计]+[上年度资产总计],2)
总资产周转率	DIVIDE([营业总收入],[平均总资产])

步骤二： 数据呈现。

（1）插入切片器，将证券表中的"证券简称"拖动至"字段"。

（2）插入矩阵，进行行业内企业能力对比分析。将年度表中的"年份"拖动至"行"，将"证券简称"拖动至"列"，将度量值"总资产周转率"拖动至"值"。行业内企业能力对比分析如图3-44所示。

年份	春兰股份	格力电器	美的集团	依米康
2017	0.65	1.40	1.95	1.00
2018	0.59	1.59	1.99	0.93
2019	0.19	1.42	1.85	0.84
2020	0.23	1.22	1.59	0.93
2021	0.19	1.19	1.77	1.01
2022	0.23	1.07	1.64	0.77

图3-44　行业内企业能力对比分析

任务拓展

导入任务拓展数据"项目三\任务拓展\小家电行业财报数据"，计算并完成下列操作。

（1）使用 CALCULATE 函数，新建度量值"股东权益合计"。

（2）使用 CALCULATE 函数，新建度量值"净利润"。

（3）使用 SUM 函数，新建度量值"本年度金额"，并计算本年度金额。

（4）使用 CALCULATE 函数和时间智能函数 SAMEPERIODLASTYEAR，新建度量值"上年度金额"，并计算上年度金额。

（5）新建度量值"变动额"，并计算变动额。

（6）使用 DIVIDE 函数，新建度量值"变动率"，并计算变动率。

（7）插入矩阵，设置年份切片器（涵盖 2018—2022 年）和企业切片器，展示各企业本年度金额、上年度金额、变动额和变动率。

（8）使用 CALCULATE 函数和时间智能函数 SAMEPERIODLASTYEAR，新建度量值"上年股东权益合计"。

（9）使用 DIVIDE 函数，新建度量值"平均股东权益"。

（10）使用 DIVIDE 函数，新建度量值"净资产收益率"。

（11）新建页，插入折线和簇状柱形图，设置企业切片器（涵盖 2018—2022 年），展示行业内各企业总资产周转率的对比结果。

任务四　数据可视化

情境案例

A 集团希望利用 Power BI 可视化功能，设计展示产品销售及客户的数据分析报告，并传达给相关人员。请你利用 Power BI 进行数据可视化操作，并提交相关的任务结果。

知识准备

一、常用视觉对象的制作

视觉可视化是数据可视化过程中展现模型分析结果的工具。在 Power BI 中制图的基本步骤和制作数据透视图是一样的，拖放字段到图表中，数据将自动汇总，最后将以图表的形式展现结果。Power BI 不仅制图机制更便捷，可视化图形选择也更多样。数据清洗、数据建模的最终目标是将数据及其反映的业务通过可视化图形展现出来。

（一）视觉对象分类

1. 比较类图表

柱形图、条形图、表、矩阵等是比较类图表，主要用于展示值，并进行比较。其中柱形图和条形图是常见的图表，可以直观地显示高低点。

以某销售总额数据为例，将销售总额按不同省份维度进行可视化展示，形成柱形图和条形图，以比较不同省份的销售总额数据，如图 3-45 所示。

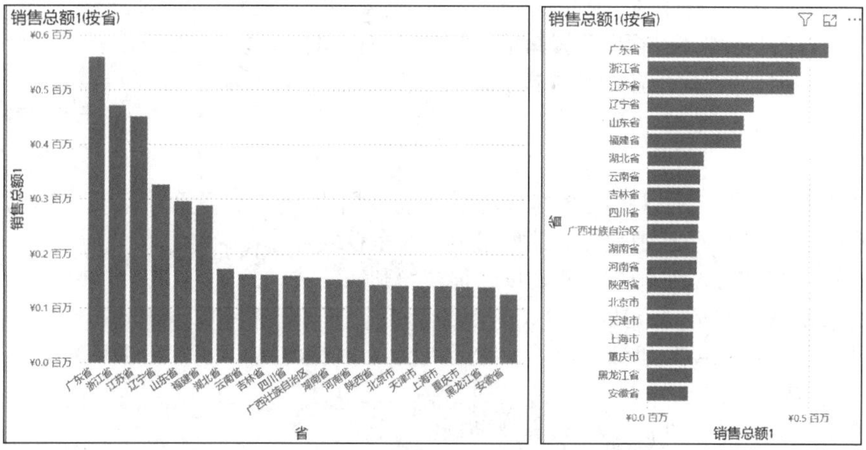

图 3-45　柱形图和条形图数据展示

表和矩阵更适用于展示详细数据，可以清晰准确地展示数据信息。例如，将销量总额依照不同产品名称以一维表的形式进行展示，如图 3-46 所示。

还可以通过创建矩阵，将销售总额依照不同区域和产品名称进行二维数据展示，如图 3-47所示。

产品名称	销售总额1
风衣	¥218,046
高跟鞋	¥231,895
裤装	¥455,602
连衣裙	¥160,554
凉鞋	¥151,039
披肩	¥46,373
上衣	¥279,980
太阳眼镜	¥298,498
围巾	¥613,255
靴子	¥304,899
腰带	¥1,060,305
运动鞋	¥650,515
总计	¥4,470,961

图 3-46　一维表数据展示

产品名称	北区	东区	南区	西区	总计
风衣	¥59,069	¥66,997	¥68,117	¥23,863	¥218,046
高跟鞋	¥57,305	¥73,826	¥69,729	¥31,035	¥231,895
裤装	¥111,520	¥146,720	¥138,950	¥58,412	¥455,602
连衣裙	¥35,872	¥50,397	¥51,884	¥22,401	¥160,554
凉鞋	¥33,746	¥49,686	¥47,512	¥20,095	¥151,039
披肩	¥10,304	¥15,939	¥12,653	¥7,477	¥46,373
上衣	¥64,641	¥86,570	¥91,165	¥37,604	¥279,980
太阳眼镜	¥63,640	¥93,956	¥102,151	¥38,751	¥298,498
围巾	¥164,319	¥195,719	¥166,346	¥86,871	¥613,255
靴子	¥68,316	¥103,903	¥91,545	¥41,135	¥304,899
腰带	¥231,840	¥365,855	¥315,180	¥147,430	¥1,060,305
运动鞋	¥157,595	¥233,860	¥172,462	¥86,598	¥650,515
总计	¥1,058,167	¥1,483,428	¥1,327,694	¥601,672	¥4,470,961

图 3-47　矩阵数据展示

2. 时间类图表

折线图、组合图、分区图等是时间类图表，主要用于展示数据随时间变化的趋势。折线图是最常见的时间类图表，其能够简单清晰地展现数据变化趋势。例如，用折线图展示销售总额随不同月份的变化趋势，如图 3-48 所示。

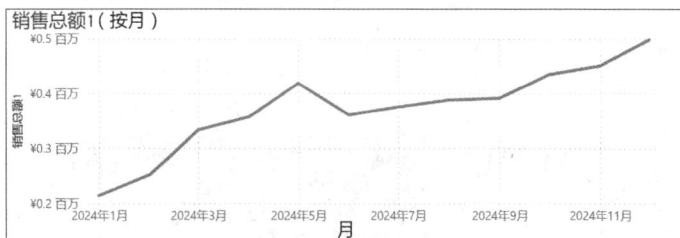

图 3-48　折线图

3. 构成类图表

饼图、环形图、树状图等是构成类图表，主要用于展示部分占总体的比例。各个部分之间比例差别越大，越适合使用饼图。树状图通过矩形大小和颜色区分各数据权重关系，适用于数据量多且存在层级关系的结构展现和钻取。

例如，按不同区域分析销售总额的占比情况，可选用饼图进行展示，如图 3-49 所示。

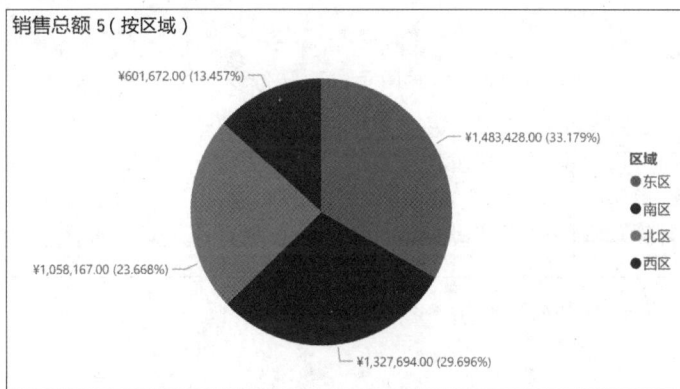

图 3-49　饼图

如果希望对各个区域和不同省份做进一步的细分分析，可以选用树状图进行呈现，如图 3-50 所示。树状图可以用于细分分析，将不同层级的维度进行细分展示。

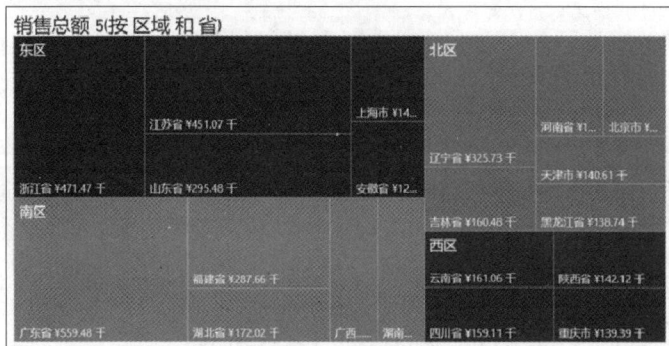

图 3-50　树状图

4. 流向类图表

瀑布图、漏斗图等是流向类图表，主要用于展示数据流向或数据的动态关系。瀑布图用于展示数据的演变过程，直观呈现数据的变化细节，揭示数据变化过程中的影响因素。漏斗图适用于有序、多阶段的流程分析，通过对比各流程的数据变化，以及初始阶段和最终目标的差距，快速发现问题所在。

例如，进行电商购物分析时，根据每个环节的客户量进行购买转化分析，可以通过漏斗图看到每个环节的客户购买转化情况，如图 3-51 所示。

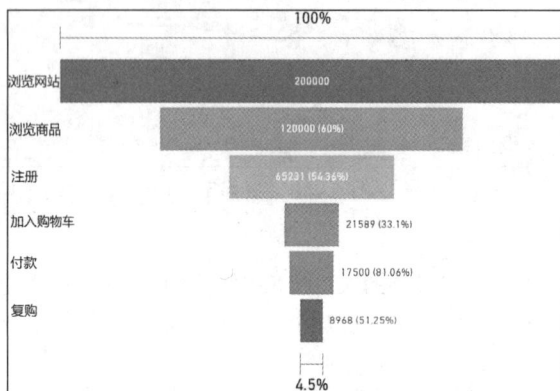

图 3-51　漏斗图

5. 相关类图表

散点图、气泡图等是相关类图表，主要用于展示数据之间的关系。如果要探索数据间的关系，利用散点图更有利于了解数据的变化趋势、集中度和极端值，其也是回归分析常用的图表。如果数据有三个数据系列，每个系列分别包含一组值，可以使用气泡图，不同气泡大小有助于增强特定值的视觉效果。

例如，按产品名称和省份分析销售总额，采用散点图进行展示，如图 3-52 所示。

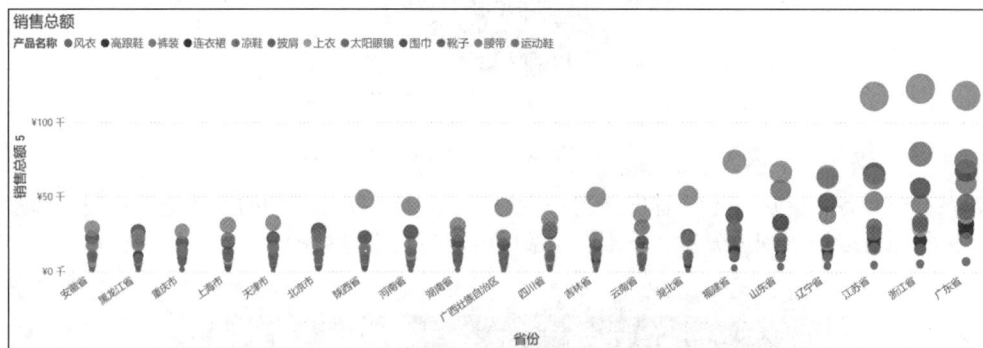

图 3-52　散点图

6. 单值类图表

卡片图、KPI 图、仪表盘等是单值类图表，主要用于展示单个数据。卡片图适合用于展示用户关注的重要指标，KPI 图可用于衡量绩效目标的实现情况，仪表盘可用于跟踪某个数据的变动以及展示与目标间的差距。

在实际的可视化报表中，卡片图、KPI 图、仪表盘通常放置于标题下方。例如，展示某公司全年的销售总金额，可选择卡片图进行展示，如图 3-53 所示。

在进行目标值分析时（例如分析绩效、达标情况），可以采用仪表盘，如图 3-54 所示。

图 3-53 销售总金额卡片图

图 3-54 仪表盘

7. 自定义图表

应用商店提供了很多视觉对象供用户选择，如词云图就属于自定义图表。单击"可视化"窗格下方的更多按钮，如图 3-55 所示，可以登录 Power BI 网站获取更多视觉对象，也可以从文件导入视觉对象。

可通过微软官方网站安装更多视觉对象，如有 Power BI 账号可以进行免费安装，如图 3-56 所示。

图 3-55 单击更多按钮

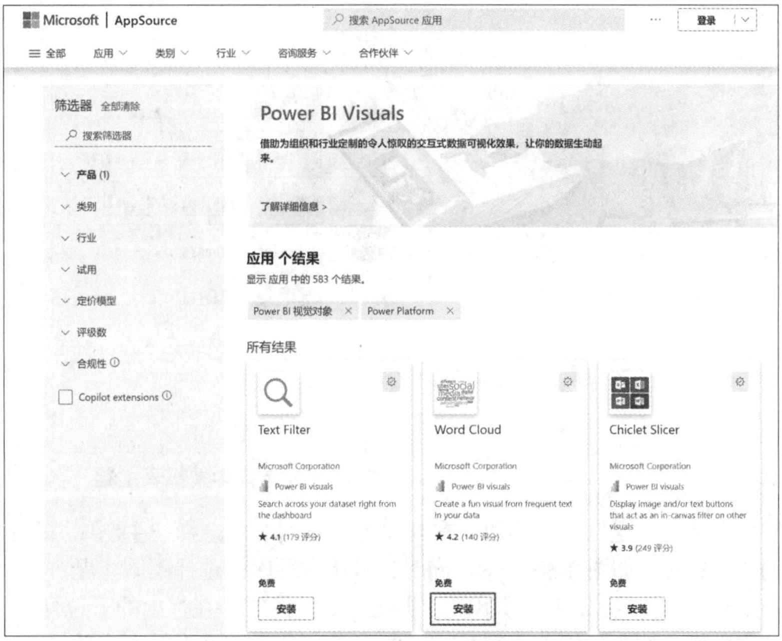

图 3-56 安装 Power BI 视觉对象

如本地有相关的".pbiviz"文件，可直接以文件形式导入视觉对象。单击"可视化"窗格中的"更多"按钮，选择"从文件导入视觉对象"，再将已经保存在本地的视觉对象文件打开即可，如图 3-57 所示。

导入成功后，系统会显示"已成功导入"，如图 3-58 所示。

图 3-57 导入自定义视觉对象

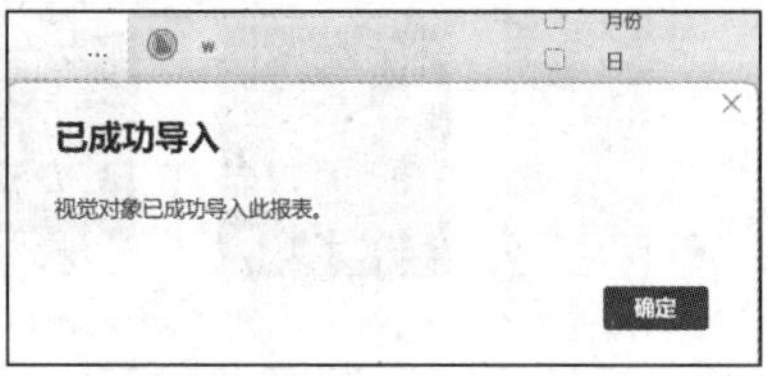

图 3-58 导入成功提示

（二）主题应用

内置报表主题提供各种预定义的配色方案。分析人员可直接在 Power BI Desktop 中选择内置报表主题。在"视图"选项卡中单击"主题"下拉按钮，在弹出的下拉列表中选择内置报表主题，如图 3-59 所示。

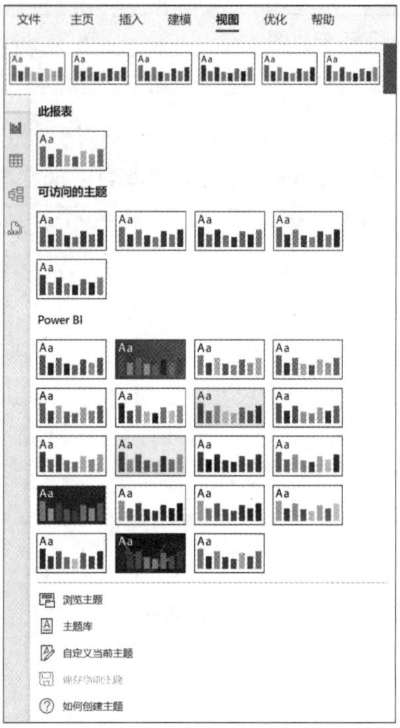

图 3-59　选择内置报表主题

单击"主题"下拉按钮，在弹出的下拉列表中选择"主题库"，可浏览 Power BI 社区成员创建的主题集合，如图 3-60 所示。同时，可从主题库中选择不同主题，并下载相关 JSON 文件。若要安装下载的 JSON 文件，可单击"主题"下拉按钮，在弹出的下拉列表中选择"浏览主题"，再选择该文件作为新主题导入 Power BI。Power BI 会提示是否导入成功。

图 3-60　Power BI 社区

自定义主题提供对报表主题诸多方面的精细控制。可通过调整当前主题并将其另存为新的自定义主题，或使用 JSON 文件创建自己的自定义主题。自定义报表主题可以让用户精细地控制报表的外观。

在"视图"选项卡中单击"主题"下拉按钮，在弹出的下拉列表中选择"自定义当前主题"。此时将弹出"自定义主题"对话框，如图 3-61 所示，可以在其中对当前主题进行更改和应用。

可以在名称和颜色、文本、视觉对象、页码、筛选器窗格等类别中找到可自定义的主题设置，并反映在"自定义主题"对话框中。

图 3-61 "自定义主题"对话框

- 名称和颜色：主题名称和颜色设置包括名称、主题颜色、情绪颜色、不同颜色和结构化颜色（高级）。
- 文本：文本设置包括字体系列、字号和颜色。
- 视觉对象：视觉对象设置包括背景、边框、页眉和工具提示。
- 页码：页面元素设置包括壁纸和背景。
- 筛选器窗格：筛选器窗格设置包括背景色、透明度、字体和图标颜色、标题字号、标题字体大小、筛选器卡等。

进行更改后，选择"应用"以保存主题。

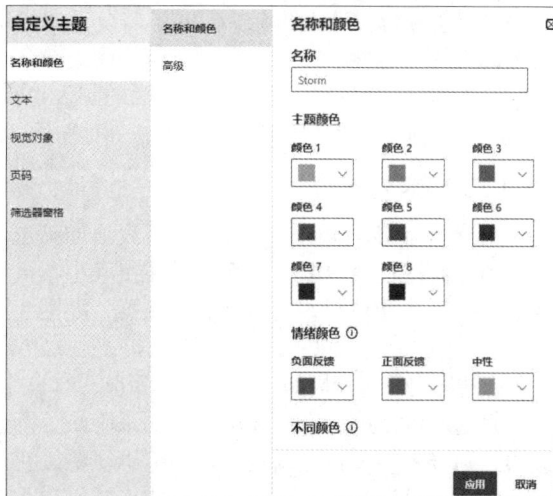

二、切片器与筛选器

（一）切片器

切片器是 Power BI 交互式分析的基础，是 Power BI 自带的基础视觉对象之一。切片器在仪表板设计中经常用于增加数据分析的维度和信息量，用来动态切换数据范围，使相应图表发生改变。将切片器置于重要视觉对象旁边，可以创建重点突出的报表。切片器作为常用的控件，拖入一个字段即可使用，根据不同数据类型的字段，切片器的样式分为文本类型切片器、日期类型切片器和数值类型切片器。

当报表中出现多个切片器时，报表呈现的是多个切片器共同筛选的结果。单击"可视化"窗格中的"视觉对象"，可进行切片器设置，可选择垂直列表、磁贴、下拉等不同样式，如图 3-62 所示。

如果所选择字段的数据较多，不便在列表中详细查找，可以打开切片器的搜索功能，即单击右上角"更多"按钮，在弹出的列表中选择"搜索"，如图 3-63 所示，即可快速定位所需要的选项。

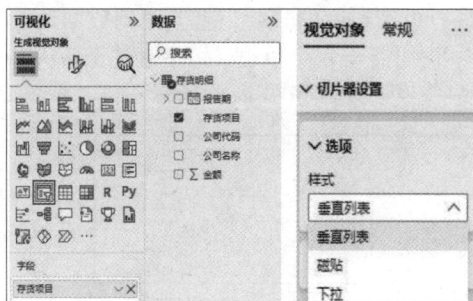

图 3-62 切片器设置

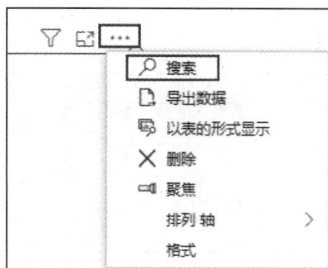

图 3-63 切片器搜索设置

同步切片器的设置可以增强多页面间的联动，"同步切片器"窗格显示在"筛选器"和"可视化"窗格之间，可以单独选择在页面中是否同步、是否可见。

若只想在部分范围可见，但并不需要其同步切片器功能，则勾选相应页码后的"可见"即可，如图3-64所示。

（1）勾选"同步"，则在其他页面的图表也会被筛选数据。

（2）勾选"可见"，则该切片器在其他页可以独立存在。

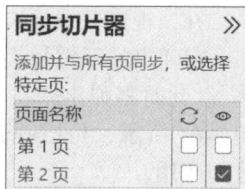

图3-64 同步切片器设置

（二）筛选器

筛选器与切片器同样都可以为报表增加筛选效果，两者的不同点在于，切片器在报表中可见，筛选器在报表中不可见。筛选器分三种，即此视觉对象上的筛选器、此页上的筛选器和所有页面上的筛选器，如图3-65所示。

根据不同数据类型的字段，筛选器分为文本类型筛选器、日期类型筛选器和数值类型筛选器三种。筛选器可以进行高级筛选、基本筛选、前N个筛选，以及比较类型的筛选，如图3-66所示。

筛选器可以进行隐藏和锁定。如果隐藏了筛选器，报表使用者无法看到它；如果锁定某个筛选器，则报表使用者可以查看它，但不能更改它。

同时，可以将"筛选器"窗格的格式设置为与报表外观匹配的形式，还可以根据实际需求，为每个报表页设置不同格式的"筛选器"窗格。

筛选器默认按照字母顺序排列，同时也提供自定义排序功能。双击筛选字段标题可进行筛选器编辑，可通过重命名让用户更容易理解该筛选器的作用，如图3-67所示。

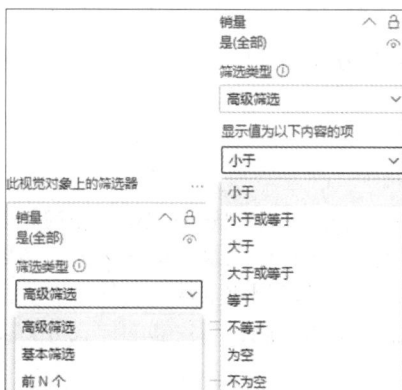

图3-65 筛选器　　　　图3-66 筛选器类型　　　　图3-67 修改筛选器标题

三、数据钻取及层级切换

数据钻取是通过层级的切换进一步聚焦和分析问题的工具和方法。在查看可视化图表时，如想深入了解某个视觉对象的详细信息，或者进行更细粒度的分析，就会用到数据钻取。

比如看到某公司2024年的总体财务数据，同时想看每个季度、每个月甚至每天的数据，可利用报表视图中"数据/钻取"的选项卡进行钻取操作实现，如图3-68所示。

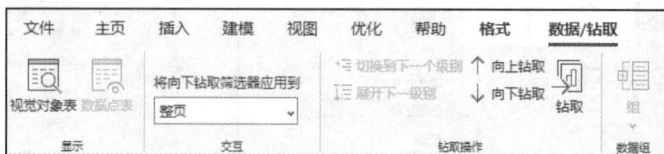

图3-68 "数据/钻取"选项卡

在进行数据可视化设计的过程中，如已设置数据层级，还可通过可视化视图上的图标进行钻取操作，如图 3-69 所示。

单击单箭头图标，可直接单击需要钻取的数据对象实现数据钻取。单击双箭头图标，可以不断向下钻取数据。单击最右侧箭头图标，可以同时显示所有层级的数据。

图 3-69　数据钻取图标

四、书签运用

书签作为常用功能之一，可以用于记录报告的各种状态，利用书签可以给可视化报告增添更为丰富的交互效果。

（一）书签的添加

在"视图"选项卡单击"书签"按钮，如图 3-70 所示。

单击"添加"按钮，为当前页面创建书签，如图 3-71 所示。

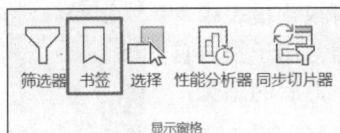

图 3-70　单击"书签"按钮　　图 3-71　单击"添加"按钮

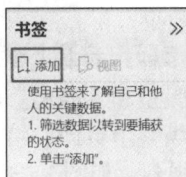

在创建书签时，还需添加按钮。单击"插入"选项卡中的"按钮"下拉按钮，在弹出的下拉列表中选择"空白"，如图 3-72 所示。

选中新建的空白按钮，在右侧的"格式"窗格中，开启"文本"并输入书签内容，如图 3-73 所示。还可以在"可视化"窗格中设计制作的按钮，比如可以设置边框、填充、背景等。

图 3-72　添加按钮　　　　图 3-73　编辑书签

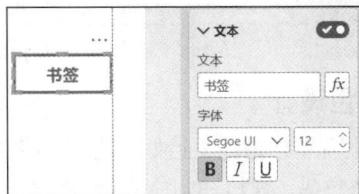

（二）页面跳转

为了实现单击按钮即可进行页面的交互和跳转，打开右侧的"按钮"选项卡，开启"操作"功能，在类型中选择"书签"，在"书签"中选择"书签1"，如图3-74所示，这样按住"Ctrl"键并单击"书签"按钮，就可以实现页面跳转。

五、可视化布局

要设计有效的数据可视化效果，应考虑如何显示信息才能便于用户理解，为需要直观显示的数据选择一个完美匹配的数据区域。因此可视化布局设计不但应追求平衡的布局，还需要考虑画布空间的利用率。

（一）版式设计

版式设计，也称为版面编排设计，是平面设计中的重要组成部分，主要涉及在有限的版面空间中，将文字、图像、色彩等元素进行有组织、有目的的排列组合，以达到最佳的视觉效果和信息传达效果。

版式设计分为很多种，本书主要讲解在可视化报表中常用的两种形式——满版型和骨骼型。满版型通常用于报告首页，以图像为主并充满整个页面，给人大方、舒展的感觉，视觉传达效果直观而强烈，如图3-75所示。

骨骼型是将具有重复性与组合性的画面，运用骨骼划分为不同的区域，每个区域具有不同的功能，使得排版兼具次序化、条理化、规范化等特征，如图3-76所示。

图3-74　页面跳转操作

图3-75　满版型布局

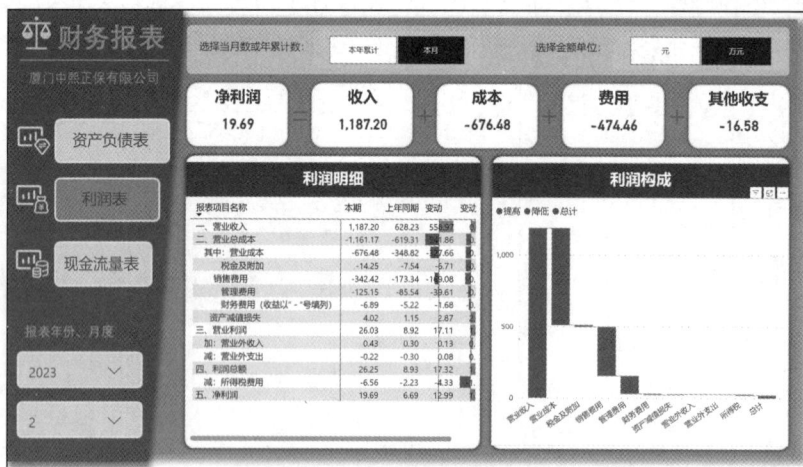

图3-76　骨骼型布局

（二）商业配色设计

常用的配色方案有单色搭配、近似色搭配、互补色搭配、分裂色搭配和原则搭配五种。深度理解配色的原理，熟悉色盘，在后期调色的时候，才能做到思路明确。通常色彩搭配要符合以下规则。

- 颜色一般不超过三种，用色越少越好。

■ 多主色时，明度与纯度要一致。
■ 点缀色在色相、明度、纯度上要突出。
■ 明度高的色彩在上，明度低的色彩在下。
■ 纯度高、暖色调颜色的面积应该小于纯度低、冷色调颜色的面积。

🔍 任务实施

子任务一：制作可视化视觉对象

操作演示

步骤一：创建销量表饼图。

导入任务数据"3-4 数据可视化"，在报表视图中创建视觉对象。插入饼图，将省份表的"简称"拖动至"图例"中，将省份表的"销量"拖动至"值"中，得到销量表饼图，如图 3-77 所示。

制作销售可视化报告

在"可视化"窗格中可以进行详细信息设置，例如位置、标签内容等，如图 3-78 所示。

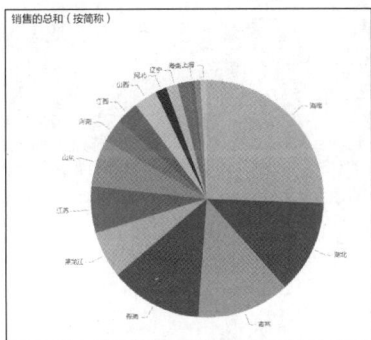

图 3-77 销量表饼图

图 3-78 详细信息标签设置

步骤二：创建销量表漏斗图。

插入漏斗图，将省份表的"简称"拖动至"类别"中，将省份表的"销量"拖动至"值"中，销量表漏斗图如图 3-79 所示。

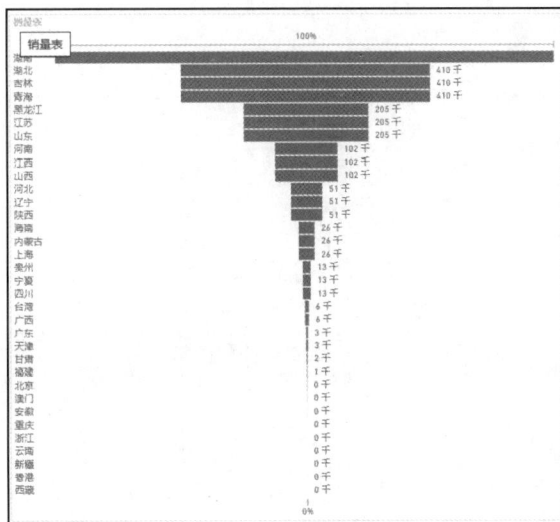

图 3-79 销量表漏斗图

步骤三：制作销量表。

插入矩阵，将省份表的"简称"拖动至"行"中，将省份表的"销量""行业值"拖动至"值"中。销量表矩阵如图 3-80 所示。

步骤四：创建销量表树状图。

插入树状图，将省份表的"简称"拖动至"类别"中，将省份表的"销量"拖动至"值"中，销量表树状图如图 3-81 所示。

简称	销量	行业值
福建	800	4000
甘肃	1600	8000
广东	3200	16000
广西	6400	32000
贵州	12800	64000
海南	25600	128000
河北	51200	102400
河南	102400	204800
黑龙江	204800	409600
湖北	409600	819200
湖南	819200	1638400
吉林	409600	819200
江苏	204800	409600
江西	102400	204800
辽宁	51200	102400
内蒙古	25600	51200
宁夏	12800	25600
青海	409600	819200
山东	204800	409600
山西	102400	204800
陕西	51200	102400
总计	3260861	6675022

图 3-80　销量表矩阵

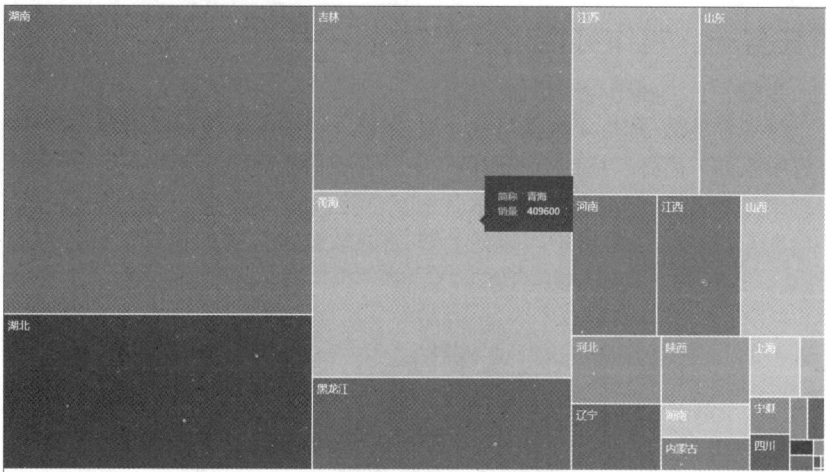

图 3-81　销量表树状图

子任务二：制作销量可视化报表

步骤一：将子任务一已经创建的四个表格排布在同一页面，以骨骼型布局进行排布。

步骤二：插入文本框，输入标题为"销量可视化报表"，设置字体大小为 28 号，居中，颜色设置为黑色，如图 3-82 所示。

销量可视化报表

图 3-82　标题设计

步骤三：插入切片器，将省份表的"简称"拖动至"字段"，切片器设置中的样式选择"磁贴"，如图 3-83 所示。

图 3-83　切片器设置

步骤四：对页面进行合理化布局，对齐不同可视化视觉对象，形成完整的可视化分析页面，如图3-84所示。

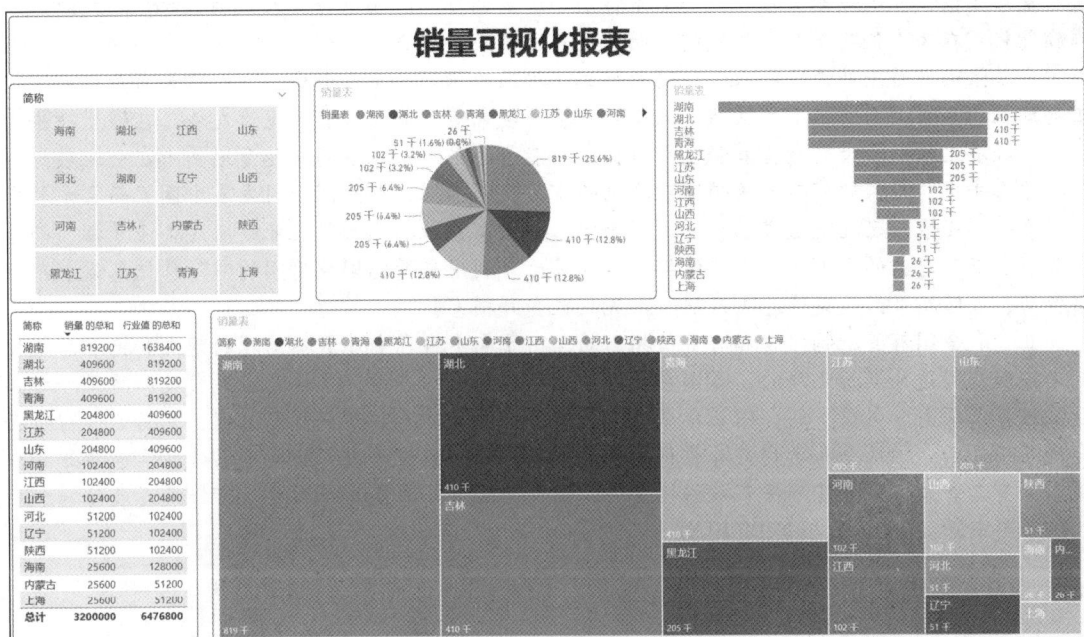

图3-84 销量可视化报表

任务拓展

导入任务拓展数据"项目三\任务拓展\图表钻取与编辑交互"，完成对资料中可视化报表的图表钻取和编辑交互操作，参考图3-84。

（1）取消"订单时间"切片器对产品销售表环形图的编辑交互。

（2）取消产品销售表环形图对日期销售表树状图的编辑交互。

（3）对地区销售表饼图进行钻取：切换数据维度，但保留层级关系。

（4）对日期销售表树状图进行钻取：切换数据维度。

素养提升：数据促发展要兼顾效益与正义

2024年4月，联合国经济及社会理事会下属的科学和技术促进发展委员会在瑞士日内瓦召开第27届会议，会议主题是利用数据加速可持续发展，彰显出联合国对鼓励、引领、规范全球数据经济发展的高度重视。

全球数据治理之所以迫切需要改革，是因为数据经济已经渗透到我们生活的方方面面，其在带来积极效果的同时，也伴随着风险隐忧。微观层面上，人们能充分感受到数据经济给日常生活带来的深刻变化。我们日常在参与数据经济生活时，既享受着"机器知我心"的高效和便利，也不无"自主权丧失"的烦扰和顾虑；宏观层面上，世界各国在制定重大经济决策时对数据赋予的权重也愈发突出。联合国贸易和发展会议2024年3月发布报告《关键矿产——利用数据钥匙打开隐蔽宝藏》，提到了赞比亚利用人工智能和海量数据，通过生成地质地图发现大规模高质量铜矿的成功案例。但报告也指出，有很多发展中国家并不具备有效的数据来吸引国际矿产投资。

　　数据相较于其他经济资源有其特殊性，导致数据的所有权和控制权是数据经济发展中绕不开的关键话题。从个人生活角度来看，搜索引擎、社交媒体、电子商务等数字平台利用数据对用户进行数字画像，能够精确掌握人们的需求特点和决策偏好，进而进行私人定制性的广告投放。这一商业模式在为人们生活带来便利的同时，也随之带来了"数字绑架"的风险。人们发现自己在数据和算法面前越来越像透明人，所思所想都能被准确预判甚至牵引塑造，人作为自身行为掌控者的地位正在遭遇前所未有的挑战。从全球发展角度来看，数据经济的飞速发展正在强烈冲击着各国的经济主权。最大的数据算料，即数据分析能力的根本，正在越来越多地集中在全球数据企业和平台手中，国家政府对有价值商业数据的掌控反而不够，这一问题对发展中国家而言尤其突出。在赞比亚依靠数据赋能成功找矿的案例中，如果有关数据未由赞比亚政府或企业掌握，而是由数据和采矿行业的大型国际企业掌握，再如果后者利用与资源国政府间的不对称信息谋求不正当优势，最终结果只能是资源国政府和人民利益受到损害。

　　正如联合国有关机构报告和官员所指出的，由于尚不存在全球数据治理的范式和标准，数据的治理和使用是分散而无序的，各国在数据治理和应用上的态度，主要是在促发展和防风险之间试探性寻求平衡。当前，联合国正在牵头开展有关标准和规范的研究制定工作，其具体过程势必会漫长而复杂，但从全人类利益和福祉的角度出发，以数据谋发展，既要追求效益，也要维护正义。只有二者兼备，才能确保不被科技发展的副作用反噬，才能真正服务于可持续发展目标。

　　资料来源：《经济日报》，有删改。

行业观察

兰州供电应用数据
可视化技术提升优服
管理水平

练一练

财务报表分析

学习目标

1. 具备战略思维，能够从战略层面了解财务分析框架；
2. 掌握资产负债表的分析方法，能够分析企业规模及资产负债结构；
3. 掌握利润表的分析方法，能够对主营业务及期间费用进行分析；
4. 具备财务报表分析与建模能力，能够利用 Power BI 进行分析。

知识导图

本项目主要包括解财务分析框架、资产负债表分析、利润表分析三部分内容，如图4-1所示。

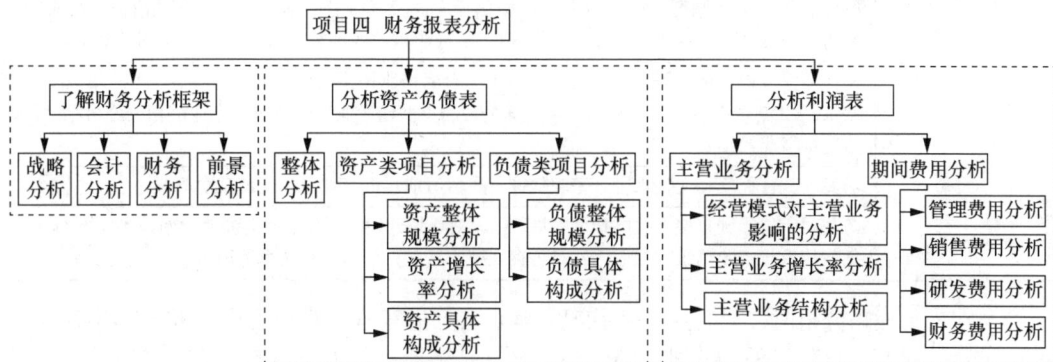

图 4-1 财务报表分析

任务一 了解财务分析框架

情境案例

厦门中熙正保有限公司成立于 2018 年，是一家以新能源汽车为核心产品的乘用车生产制造企业。该公司致力于通过提供高性能的智能电动汽车，为用户创造愉悦的生活方式等。在政策及市场的共同推动下，新能源汽车正处于高速发展阶段。

请为厦门中熙正保有限公司建立财务分析框架，确定其主要分析思路。

知识准备

在进行财务分析时，分析师需要洞察财务报表数据的驱动因素，不仅要关注经营层面的分析，也要关注公司战略层面的分析。哈佛分析框架是目前应用较多的财务分析框架，如图4-2所示。

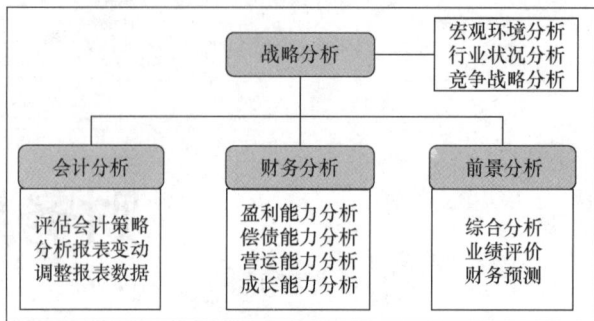

图 4-2　哈佛分析框架

一、战略分析

战略分析是财务分析框架的起点。分析公司所处行业与竞争战略的目的在于确定主要的利润动因和经营风险。战略分析需要对宏观环境、行业状况及公司的竞争战略进行分析。

宏观环境分析主要从政治、经济、社会和技术因素四个方面进行分析，具体分析内容如表 4-1 所示。

表 4-1　　　　　　　　　　　　　宏观环境分析

类别	具体内容
政治因素	行业监管政策及制度、所属行业的市场化程度、所属行业的准入资质条件和门槛、政府节能减排生态保护等相关政策对行业的影响、本行业相关的国家标准或行业标准对公司的影响等
经济因素	所在国家或地区的中长期发展规划，国家出台的产业扶持政策、财政政策、货币政策以及税收政策，GDP 情况，目标市场所在地主体公司的类型和产业集聚情况，产业链相关公司原材料价格变动情况等
社会因素	居民受教育程度和文化水平、宗教信仰、风俗习惯、审美观点、价值观念等
技术因素	与公司所处领域直接相关的技术发展，国家对科技开发的投资和支持重点，新技术发展的动态，创新技术在产业场景中的应用，是否存在技术壁垒，公司专利技术等因素

公司在进行战略分析时，要考虑行业状况，确定自己的竞争战略。战略分析方法有很多种，SWOT 分析法是其中比较简便的一种。SWOT 分析，是指通过分析公司的优势、劣势、机会、威胁，将各种因素进行相互匹配，得出一系列决策性结论。SWOT 分析法示例如表 4-2 所示。

表 4-2　　　　　　　　　　　　SWOT 分析法示例

内部优势（Strength）	外部威胁（Threat）
公司擅长哪方面	竞争对手正在做什么
公司在什么地方比竞争对手做得好	哪些新的竞争对手加入会威胁公司
有哪些资源是公司独有的	行业正在发生哪些不利于公司的变化
公司产品的独特卖点是什么	公司的供应商靠谱吗
公司的员工有哪些优势	有哪些新兴技术正在替代公司的产品
内部劣势（Weakness）	**外部机会（Opportunity）**
公司哪方面做得不够好	行业中有哪些潜在的标准在发生变化
竞争对手哪方面比公司做得好	目前的经济形势会给公司带来积极影响吗
客户通常会抱怨什么	哪些机会正在变得成熟，可以去尝试
团队欠缺哪些能力	哪些机会可以帮助公司获取有用的资源
什么因素让客户不选择公司	

公司所处行业特征、竞争战略等因素最终都会体现在公司的会计数据上。当公司进行重大战略调整时，公司的收入结构也会随之变化。

例如，为进一步推动新能源汽车行业平稳进入高质量的市场化发展新阶段，2020 年 4 月，财政部、工业和信息化部、科技部、发展改革委发布《关于完善新能源汽车推广应用财政补贴政策的通知》。比亚迪由此获得了新能源汽车的补贴收入，如表 4-3 所示。从表 4-3 中可以看到，2020—2022 年，比亚迪获得的汽车补贴收入随着汽车销售数量的增长，呈现快速上升趋势。

表 4-3   比亚迪新能源汽车补贴收入[①]

项目	2020 年	2021 年	2022 年
新能源汽车销售数量/台	162 893	562 871	1 787 838
新能源汽车补贴收入/万元	230 237	586 732.2	1 043 768.8

2022 年，比亚迪新能源汽车总销售收入为 3 134 540.1 万元，新能源汽车补贴收入占比 33.3%（1 043 768.8÷3 134 540.1）。可见，政策对比亚迪新能源汽车销售数量与收入的影响还是比较大的。但是，随着补贴政策平缓退出，比亚迪的收入是否可以持续？这是需要重点关注的问题。

公司与供应商及客户的议价能力也会反映在财务报表数据中。例如，从表 4-4 中可以看出，尽管五粮液与贵州茅台均属于白酒行业，但是由于经销商渠道管理模式及产品特征的不同，五粮液的应收项目小计为 2 905 980.36 万元，占总资产的比例为 19.03%，贵州茅台的应收项目小计为 12 639.03 万元，仅占总资产的 0.05%。这些数据反映的是五粮液与贵州茅台经销商渠道管理模式及议价能力的不同。五粮液应收项目较多，意味着其对经销商的议价能力较弱。

表 4-4   五粮液与贵州茅台相关数据比较

项目	五粮液		贵州茅台	
	2022 年期末数/万元	占总资产的比例/%	2022 年期末数/万元	占总资产的比例/%
应收票据	11 991.83	0.08%	10 545.32	0.04%
应收账款	3 568.69	0.02%	2 093.71	0.01%
应收款项融资	2 890 419.84	18.93%	—	—
小计	2 905 980.36	19.03%	12 639.03	0.05%
总资产	15 271 472.79	—	25 436 480.50	—

二、会计分析

会计分析主要是对会计信息质量做出判断，对所采用的会计政策进行评价，分析报表数据变动有无异常，是否按企业会计准则及制度进行确认、计量、记录与报告。

对上市公司而言，其年报都必须经过会计师事务所审计。分析人员在对不熟悉的公司进行分析时，可以先查看上市公司的审计报告，看看为其出具审计报告的会计师事务所是哪个、声誉如何。在会计师事务所诚信执业的前提下，标准无保留意见审计报告在一定程度上反映了会计信息的质量。但是，如果会计师事务所不能合规执业，则审计意见就会失去原有意义，上市公司造假而会计师事务所未能审计出来的案例也是存在的。

三、财务分析

狭义的财务分析即财务报表分析，以会计核算和报表资料为依据，对公司等经济组织过去和

---

① 本项目所涉及的数据，除另有说明外，均取自公司年报，部分数据基于年报数据计算整理所得。

现在有关的筹资活动、投资活动、经营活动的绩效进行分析与评价。广义的财务分析是指在财务报表分析之外还包括业务经营分析，即借助公司经济活动所提供的资料，对公司各种资源的配备、使用情况和经济效益进行分析和评价，以不断寻求提高经济效益的途径。狭义的财务分析和广义的财务分析均是对公司财务状况与经营成果的评价分析，然而二者的区别比较明显，由于使用者不同，二者依赖的信息也不同。狭义的财务分析主要依据公司的财务报表和对外公开披露的财务信息，并不触及具体经营领域，所以只能展示公司宏观的财务与经营业绩。广义的财务分析则需要以更深入、多元的业务运营信息来辅助分析。

在哈佛分析框架中，财务分析主要是对公司的盈利能力、偿债能力、营运能力和成长能力进行分析。对上述四项能力的驱动因素做进一步分析，就可以找到财务指标的业务动因，进而提高公司的整体价值水平。具体的财务指标会在项目五中进行介绍。

从五粮液与贵州茅台财务报表数据可以看出，贵州茅台在收入规模、盈利能力（毛利率）等方面比五粮液更胜一筹。从营业收入增长率来看，尽管五粮液 2021 年营业收入增速较快，但 2022 年 9.45% 的增长率呈现了营业收入增长变缓的趋势，如表 4-5 所示。可以在财务报表数据分析基础上，进一步分析五粮液营业收入及毛利率较贵州茅台低的业务原因。

表 4-5　　　　　　　　　　五粮液与贵州茅台相关数据比较

公司	酒类产品营业收入/万元			毛利率		酒类产品营业收入增长率	
	2020 年	2021 年	2022 年	2021 年	2022 年	2021 年	2022 年
五粮液	5 243 407.19	6 173 184.00	6 756 264.66	80.29%	81.88%	17.73%	9.45%
贵州茅台	9 482 199.91	10 605 929.03	12 377 233.23	91.62%	92%	11.85%	16.70%

四、前景分析

前景分析侧重于预测公司未来。会计分析与财务分析均是基于公司历史数据做出的分析，反映的只是过去的状况。从投资者的角度来看，其更想知道公司现有的收入与利润是否可以保证公司持续经营，是否可以继续增长。从债权人的角度来看，即使现在公司有充裕的现金流量，但未来债权到期时公司能否按期足额偿债更为重要。

前景分析主要用于分析公司现有的竞争策略能否持续下去，比如贵州茅台的行业竞争优势能否持续下去，现有定价策略能否持续，公司的收入能否持续增长，现金流量在未来是否依旧充裕，等等。前景分析主要是在对公司现状进行综合分析，在做出业绩评价的基础上，对未来进行财务预测，分析公司的增长性及可持续性，判断公司未来的价值。

简而言之，前景分析的目的是分析公司未来的价值与风险，为使用者提供决策支撑信息。

任务实施

步骤一：建立战略分析框架。

厦门中熙正保有限公司为新能源汽车公司，所以需收集与新能源汽车有关的国家政策等信息，对新能源汽车市场宏观环境进行分析，如表 4-6 所示。

表 4-6　　　　　　　　　　宏观环境分析示例

宏观环境分析	项目
政治因素	国务院办公厅印发《新能源汽车产业发展规划（2021—2035 年）》，到 2025 年新能源汽车新车销售量达到汽车新车销售总量的 20% 左右，公共领域用车全面电动化，燃料电池汽车实现商业化应用等

续表

宏观环境分析	项目
经济因素	根据财政部、税务总局、工业和信息化部、科技部发布的相关公告内容，自 2014 年 9 月 1 日至 2022 年 12 月 31 日，对购置的新能源汽车免征车辆购置税
社会因素	消费者对新能源汽车的认可度逐步提升，但对新能源汽车的续航里程及汽车性能有了更高要求
技术因素	新能源汽车电池的技术越来越成熟，使得其续航里程越来越长

通过对宏观环境相关因素进行分析，得知新能源汽车生产制造业是国家支持的行业，行业整体发展前景较好。在对宏观环境因素进行分析的基础上，对新能源汽车行业竞争格局进行分析。2022 年，中国新能源整车与电池行业集中度继续提升，比亚迪、特斯拉新能源汽车销售合计占比接近 40%，其他如上汽通用、奇瑞等主机厂也均有供货，宁德时代、比亚迪、国轩高科合计占有超过 75%的国内电池装机量份额，头部效应明显。比亚迪等新能源汽车行业龙头企业在技术实力、产品质量、品牌声誉、市场认可度方面均有明显优势。

厦门中熙正保有限公司 2018 年进入市场，品牌声誉不高，相比于行业龙头企业，竞争能力不强。所以公司应聚焦中低端新能源汽车市场，进行成本管理，推进成本领先战略。

步骤二：建立会计分析框架。

正信会计师事务所对厦门中熙正保有限公司的财务报表进行了审计，并出具了标准无保留意见审计报告。该公司的收入确认、研发费用资本化等会计政策与行业内公司保持一致，会计信息真实可靠，可以作为财务分析的数据基础。

步骤三：建立财务分析体系。

公司的财务分析应基于盈利能力、偿债能力、营运能力和成长能力四个维度开展，并在每个维度下构建相应的指标进行分析。在构建财务指标分析体系时，第一，公司应遵循系统性原则，不单纯追求某一指标的绝对优化（例如净利润的增长），而应综合考虑公司所处的发展阶段，将各个指标结合起来进行系统分析。第二，注意不同指标计算时口径的一致性，在与同行业公司进行对比时，考虑指标之间的可比性。第三，在计算各类指标时，合理保证指标数据的可采集性，避免出现指标来源复杂、难以采集的问题。第四，建立指标的管理与责任机制，将指标与部门及个人的考核有机结合起来。

步骤四：建立前景分析体系。

公司基于现状分析，在对未来的行业竞争格局进行预测的基础上，建立了基于利润、现金流量增长的企业价值模型。

任务二　分析资产负债表

情境案例

对厦门中熙正保有限公司的资产负债表进行分析，并进行可视化设计，构建资产负债表分析可视化看板。

知识准备

资产负债表是反映企业在某一特定日期财务状况的财务报表。它反映企业在某一特定日期所拥有或控制的经济资源、所承担的现时义务和所有者对净资产的要求权。对资产负债类项目进行分析时，主要是通过计算各类项目所占比重，并通过时间趋势及与同行业对比分析，分析各项目的变动趋势及影响因素。

一、整体分析

在对资产及负债项目具体构成进行分析前，应先对资产负债表进行整体分析，了解资产负债表的整体结构。在进行整体分析时，可以分析负债与所有者权益占总资产的比重，并通过时间趋势及与同行业对比分析，分析各项目的变动趋势及影响因素。

可以计算流动资产、非流动资产、流动负债、非流动负债、所有者权益等各个项目占总资产的比重，如表 4-7 所示。由表 4-7 可知，2022 年贵州茅台流动资产占总资产的比重为 85.16%，而非流动资产占总资产的比重仅为 14.84%。负债占总资产的比重为 19.42%，表明公司的现金流量可能较为充裕，无须通过大量举债维持正常的生产经营。

表 4–7　　　　　　　　2022 年贵州茅台资产负债表项目数据

项目	余额/万元	占总资产比重	项目	余额/万元	占总资产比重
流动资产	21 661 143.57	85.16%	流动负债	4 906 566.88	19.29%
非流动资产	3 775 336.93	14.84%	非流动负债	33 444.79	0.13%
资产总计	25 436 480.50	100.00%	负债合计	4 940 011.67	19.42%
			所有者权益合计	20 496 468.83	80.58%

一般而言，公司整体的资产负债结构带有鲜明的行业特征，同行业公司的资产负债结构通常有类似的特征。如果在进行财务分析时，发现公司与同行业公司的资产负债结构有较大差异，就要进一步分析背后的经营业务动因。

五粮液资产负债表项目数据如表 4-8 所示，2022 年五粮液流动资产占总资产的比重为 90.08%，数值较高，而负债占总资产的比重为 23.59%，占比相对较小。可以看到，五粮液的资产负债结构与贵州茅台有一定的相似性。

表 4–8　　　　　　　　2022 年五粮液资产负债表项目数据

项目	余额/万元	占总资产比重	项目	余额/万元	占总资产比重
流动资产	13 756 577.18	90.08%	流动负债	3 575 914.53	23.42%
非流动资产	1 514 895.61	9.92%	非流动负债	27 139.30	0.18%
资产总计	15 271 472.79	100.00%	负债合计	3 603 053.83	23.59%
			所有者权益合计	11 668 418.96	76.41%

不同行业公司的资产负债结构会有很大的差异。例如，万科资产负债表项目数据如表 4-9 所示，可以看到，作为房地产公司的万科 2022 年负债占总资产的比重为 76.95%，与白酒行业的五粮液及贵州茅台有显著的差异。

表 4–9　　　　　　　　2022 年万科资产负债表项目数据

项目	余额/万元	占总资产比重	项目	余额/万元	占总资产比重
流动资产	141 535 638.00	80.55%	流动负债	107 780 157.20	61.34%
非流动资产	34 176 806.42	19.45%	非流动负债	27 433 136.58	15.61%
资产总计	175 712 444.42	100.00%	负债合计	135 213 293.78	76.95%
			所有者权益合计	40 499 150.64	23.05%

如果公司战略与经营模式、业务规模没有太大改变，资产负债结构就会保持一定的稳定性，可以对公司近五年的资产负债结构变化趋势进行分析。从 2018 年至 2022 年，贵州茅台流动资产、非流动资产、流动负债、非流动负债、所有者权益等各个项目占总资产的比重尽管略有波动，但

整体呈现相对稳定的态势，如表 4-10 所示。这是因为贵州茅台近年来保持相对稳定的战略与经营模式，而且产品本身的特殊性也决定了其大幅扩大经营规模是不太可能的，所以整体资产负债结构保持了相对稳定性。

表 4-10　　　　　　　　　贵州茅台 2018—2022 年资产负债表项目比重数据

项目	2018 年	2019 年	2020 年	2021 年	2022 年
流动资产	86.25%	86.88%	87.00%	86.52%	85.16%
非流动资产	13.75%	13.12%	13.00%	13.48%	14.84%
流动负债	26.55%	22.45%	21.40%	22.70%	19.29%
非流动负债	0.00%	0.04%	0.00%	0.12%	0.13%
负债合计	26.55%	22.49%	21.40%	22.82%	19.42%
所有者权益合计	73.45%	77.51%	78.60%	77.18%	80.58%
资产总计	100.00%	100.00%	100.00%	100.00%	100.00%

二、资产类项目分析

资产是指企业过去的交易或者事项形成的、由企业拥有或者控制的、预期会给企业带来经济利益的资源。

（一）资产整体规模分析

企业资产规模体现了企业的经营规模。一般而言，企业资产规模呈现持续增长趋势时，意味着企业在不断扩大经营规模。当行业发展处于上升态势时，行业内企业也会不断扩大经营规模，所以企业资产规模与行业发展周期紧密相关。比如，近些年来随着经济的发展、居民消费水平的提高，居民对汽车，尤其是新能源汽车的需求处于持续增加态势，这也使得汽车行业呈现扩张趋势。比亚迪和上汽集团 2015—2022 年的资产规模如表 4-11 和图 4-3 所示。

表 4-11　　　　　　　比亚迪和上汽集团 2015—2022 年资产规模　　　　　　　单位：万元

年份	资产规模	
	比亚迪	上汽集团
2015	11 548 575.50	51 163 069.08
2016	14 507 077.80	59 062 813.75
2017	17 809 943.00	72 353 313.13
2018	19 457 107.70	78 276 984.98
2019	19 564 159.30	84 933 327.96
2020	20 101 732.10	91 941 475.58
2021	29 578 014.70	91 692 269.56
2022	49 386 064.60	99 010 738.12

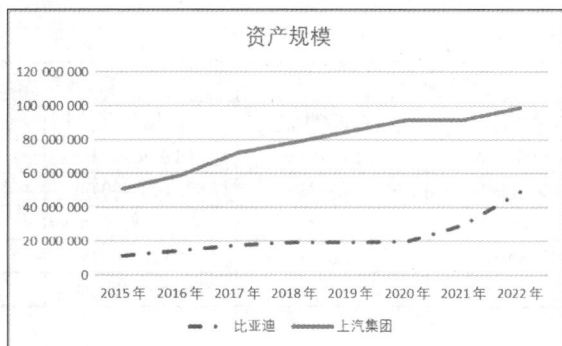

图 4-3　比亚迪与上汽集团 2015—2022 年资产规模

知识讲解

数据资产分析

比亚迪主要生产新能源汽车，上汽集团既生产传统燃油车，也生产新能源汽车。可以看出，2015—2022 年，比亚迪与上汽集团（除 2021 年略降外）资产规模均呈现增长趋势，与汽车行业的扩张态势相符。

（二）资产增长率分析

在分析资产规模时，既要分析某一时点（例如年末）的静态资产规模，也要分析资产规模随时间的变化趋势，比如分析近五年或近十年资产的变化情况等。常用的分析指标是资产增长率，其计算公式如下。

资产增长率＝（期末资产余额－期初资产余额）÷期初资产余额×100%

比亚迪和上汽集团 2015—2022 年资产增长率如表 4-12 和图 4-4 所示。

表 4-12　　　　　　　　比亚迪与上汽集团 2015—2022 年资产增长率[①]

公司	2015 年	2016 年	2017 年	2018 年	2019 年	2020 年	2021 年	2022 年
比亚迪	22.85%	25.62%	22.77%	9.25%	0.55%	2.75%	47.14%	66.97%
上汽集团	23.32%	15.44%	22.50%	8.19%	8.50%	8.25%	−0.27%	7.98%

图 4-4　比亚迪与上汽集团 2015—2022 年资产增长率

可以看出，2015—2022 年，尽管上汽集团资产规模在增长，但资产增长率呈现放缓趋势，而比亚迪在 2020 年前资产增长率有所放缓，但 2020 年后其资产增长率呈现加速趋势，这主要源于新能源汽车需求的持续增长。

（三）资产具体构成分析

资产具体构成分析是指计算资产类各个具体项目占总资产的比重，并通过时间趋势分析、与同行比较分析等方法发现可能存在的问题及背后的经营业务动因。2022 年京东集团与阿里巴巴部分资产构成如表 4-13 所示。

表 4-13　　　　　　　　京东集团与阿里巴巴部分资产构成[②]

2022 年度财报	京东集团		阿里巴巴	
	余额/万元	占总资产比重	余额/万元	占总资产比重
现金及现金等价物	7 886 100.00	13.25%	18 989 800.00	11.20%
短期投资	14 109 500.00	23.70%	25 651 400.00	15.13%
存货	7 794 900.00	13.10%	—	—
无形资产	913 900.00	1.54%	5 923 100.00	3.49%
资产总计	59 525 000.00	—	169 555 300.00	—

① 2014 年 12 月 31 日比亚迪总资产余额为 9 400 885.5 万元，上汽集团总资产余额为 41 487 067.35 万元。
② 数据来自公司 2022 年财报，阿里巴巴的财经年度为每年 4 月 1 日至次年 3 月 31 日。

可以看到，除存货外，两家企业的其他项目占总资产的比重相对接近。阿里巴巴的财报上没有存货，这是由它的经营模式决定的，它只是提供买方与卖方交易的平台，本身并不销售商品。同为电商销售行业的京东集团，由于其有大量的自营商品业务，因而存货占总资产的比重达到13.10%。所以，企业经营模式对资产类项目的具体构成有重要影响。

行业不同，资产的具体构成也会有所不同。一般而言，制造企业会拥有大量的机器设备与生产线，而零售企业可能就不需要太多的生产设备。零售企业一般会采取现销模式，相对而言货币资金规模会大一些，应收账款规模会相对小一些。2022年比亚迪与王府井的主要资产结构如表4-14所示。王府井是百货零售企业，货币资金占总资产的比重为27.62%，而比亚迪这一指标仅为10.42%。王府井的固定资产占总资产的比重为22.68%，虽然这一比重比比亚迪略低，但比意料中偏高。

表 4-14　　　　　　　　　　2022 年比亚迪与王府井的主要资产结构

项目	比亚迪		王府井	
	余额/万元	占总资产比重	余额/万元	占总资产比重
货币资金	5 147 126.30	10.42%	999 659.48	27.62%
应收账款	3 882 849.40	7.86%	38 266.08	1.06%
存货	7 910 719.90	16.02%	165 679.98	4.58%
固定资产	13 188 036.90	26.70%	820 794.82	22.68%
在建工程	4 462 193.50	9.04%	22 043.64	0.61%
无形资产	2 322 349.70	4.70%	114 349.25	3.16%
资产总计	49 386 064.60	—	3 619 210.01	—

进一步分析两家企业的固定资产结构，可以发现在比亚迪的固定资产中，机器设备占62.91%，而在王府井的固定资产中，96.39%为房屋及建筑物，如表4-15所示。所以，虽然两家企业固定资产占总资产的比重均超过20%，但固定资产的构成有很大不同，这与两家企业的经营业务是相匹配的。

表 4-15　　　　　　　　　　2022 年比亚迪与王府井的固定资产结构

项目	比亚迪		王府井	
	余额/万元	占比	余额/万元	占比
房屋及建筑物	3 686 964.50	27.96%	791 171.50	96.39%
机器设备	8 296 915.90	62.91%	11 107.34	1.35%
运输设备	161 441.20	1.22%	763.48	0.09%
办公电子设备	—	—	3 871.71	0.47%
其他设备	1 042 715.30	7.91%	13 880.78	1.69%
固定资产合计	13 188 036.90	100.00%	820 794.82	100.00%

在分析资产结构时，不仅要从整体上分析各类资产在总资产中的比重，还需要分析各类资产的具体构成，这样才能更深入地分析资产结构与业务的匹配度。

具体进行资产结构分析时，部分资产项目的变动可以反映公司对上下游企业的控制能力。公司如果对客户有一定影响力，比如自己的商品供不应求，就可能要求客户尽快支付货款，这就会表现为应收账款及合同资产的减少。比亚迪2018—2022年应收账款及合同资产占总资产的比重如表4-16所示。

表 4-16　　　　　　　　　比亚迪应收账款及合同资产占总资产的比重

项目	2018 年度	2019 年度	2020 年度	2021 年度	2022 年度
应收账款	25.33%	22.46%	20.50%	12.26%	7.86%
合同资产	3.24%	3.57%	2.66%	2.87%	2.74%

可以看出，2018—2022年度比亚迪应收账款与合同资产占总资产的比重大多数呈现下降趋势，这表明比亚迪对客户的议价能力越来越强。

三、负债类项目分析

负债是指企业在某一特定日期承担的、过去的交易或者事项预期会导致经济利益流出企业的现时义务。

（一）负债整体规模分析

一般来说，当企业规模持续扩大时，需要大量的资产，而负债作为获得企业资产的重要来源，也会持续增长。企业的负债按流动性可以分为流动负债和非流动负债，在对负债整体规模进行分析时，可以观察流动负债与非流动负债的规模。由于流动负债需要当期偿还，所以企业的偿债压力较大。

企业的负债还可以按是否需要偿付利息分为无息负债和有息负债。企业的无息负债是由业务或者交易形成的负债，如应付票据、应付账款、合同负债等，这些负债来自企业的供应商或者客户，属于商业信用，取决于企业在产业链上下游的话语权，无须偿付利息。有息负债主要是指短期借款、交易性金融负债、长期借款、应付债券、租赁负债、长期应付款、一年内到期的非流动负债（有息的部分）等。在对负债进行分析时，也可以对有息负债与无息负债的构成进行分析。比亚迪与上汽集团2015—2022年负债规模如表4-17所示。

表4-17　　　　　　　　　比亚迪与上汽集团2015—2022年负债规模　　　　　　　　单位：万元

年份	负债规模	
	比亚迪	上汽集团
2015	7 945 651.40	30 071 340.51
2016	8 966 141.50	35 553 176.35
2017	11 814 194.30	45 142 731.50
2018	13 387 709.80	49 804 962.44
2019	13 304 017.00	54 849 366.00
2020	13 656 341.00	60 937 344.00
2021	19 153 594.00	58 815 197.00
2022	37 247 081.00	65 380 714.00

可以看出，2015—2022年比亚迪负债规模整体呈现扩大趋势，这与其经营规模扩大的趋势是相符的。负债规模的扩大主要源于流动负债规模的扩大。同行业上汽集团负债规模也呈现了同样的扩大趋势。比亚迪2022年部分负债项目构成如表4-18所示。

表4-18　　　　　　　　　　比亚迪2022年部分负债项目构成　　　　　　　　　　单位：万元

项目	金额	是否为有息负债
流动负债：		
短期借款	515 309.80	是
交易性金融负债	5 460.50	是
应付票据	332 841.90	
应付账款	14 043 731.00	
预收款项	—	
合同负债	3 551 657.10	
应付职工薪酬	1 203 701.10	
应交税费	432 639.40	
其他应付款	12 212 384.10	
预计负债	128 745.20	

续表

项目	金额	是否为有息负债
一年内到期的非流动负债	646 482.80[①]	是
其他流动负债	261 503.20	
流动负债合计	33 334 456.10	
非流动负债：		
长期借款	759 359.60	是
应付债券	0.00	是
租赁负债	261 727.40	是
递延所得税负债	201 853.00	
其他非流动负债	2 689 684.80	
非流动负债合计	3 912 624.80	
负债合计	37 247 080.90	

可以看出，比亚迪 2022 年的负债主要为无息负债，共计 35 058 740.80 万元，占总负债的 94.12%；有息负债占比较小，共计 2 188 340.10 万元，占总负债的 5.88%。比亚迪整体偿债压力不大。

（二）负债具体构成分析

负债具体构成分析是指计算负债类各个具体项目占负债总额（或流动负债、非流动负债）的比重，并通过时间趋势分析、与同行比较分析等方法发现可能存在的问题及背后的经营业务动因。在分析时，重点关注占比较大的负债项目。由于无论是比亚迪还是上汽集团，其流动负债占比均较大，所以需重点对流动负债的构成做进一步分析，如表 4-19 所示。

项目占流动负债的比例=各流动负债项目余额÷流动负债合计余额×100%。

表 4-19　　　　　　　　比亚迪与上汽集团部分项目占流动负债的比例

公司	项目	2018 年	2019 年	2020 年	2021 年	2022 年
比亚迪	短期借款	32.42%	37.33%	15.41%	5.96%	1.55%
	应付票据及应付账款	39.70%	33.48%	48.77%	46.99%	43.13%
	合同负债	2.98%	4.17%	7.69%	8.72%	10.65%
	其他应付款	7.40%	6.31%	8.72%	24.14%	36.64%
上汽集团	短期借款	4.04%	5.53%	4.63%	5.80%	7.05%
	吸收存款及同业存放	17.35%	17.12%	12.12%	13.02%	8.26%
	应付票据及应付账款	37.37%	36.74%	40.14%	41.43%	44.91%
	合同负债	—	—	4.86%	5.52%	4.66%
	其他应付款	16.30%	16.66%	15.19%	13.36%	12.24%

通过对比亚迪与上汽集团部分项目占流动负债的比例的分析，可以看到，无论是比亚迪还是上汽集团，应付票据及应付账款占流动负债的比例在 2020 年后均超过 40%，且比 2020 年之前有所提高，这可能表明两家公司对供应商的议价能力有所增强。同时，比亚迪 2020 年之后这一比例略高于上汽集团，表明其有更强的供应商议价能力。流动负债中，合同负债核算的是预收客户的货款，比亚迪合同负债所占比例增长较快，表明在销售市场上，其市场地位不断提升，对客户的议价能力在不断增强。随着比亚迪对供应商、客户的议价能力不断增强，其筹集资金的需求会有所减少，反映在短期借款金额上，就是短期借款在流动负债中所占比例呈现下降趋势。

在实际工作中，还可以参照流动负债的分析方法，对非流动负债的构成进行分析。

---

① 一年内到期的非流动负债主要包括一年内到期的长期借款、一年内到期的应付债券以及一年内到期的租赁负债。

任务实施

操作演示

资产负债表分析

子任务一：数据准备

步骤一：导入财务报表数据。

"财务报表数据"文件夹如图 4-5 所示。

图 4-5　"财务报表数据"文件夹

每个月的财务报表中，包含 3 个 Excel 工作表，分别为"资产负债表""利润表""现金流量表"，如图 4-6 所示。

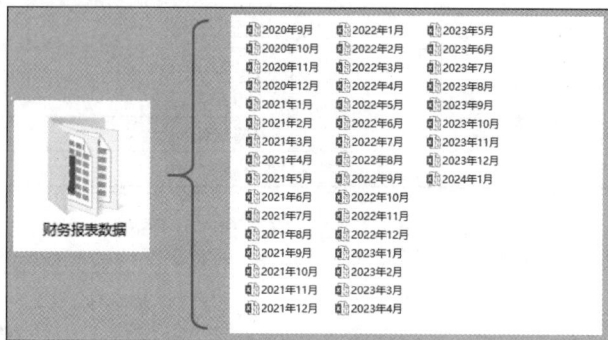

图 4-6　Excel 财务报表

> **说明**
>
> 在本任务中，财务报表的格式是固定的，因此这些 Excel 财务报表中每张表格的样式是一致的。

在 Power BI 中，选择以文件夹方式导入所有报表数据，然后单击"组合"下拉按钮，在弹出的下拉列表中选择"合并并转换数据"，如图 4-7 所示。

图 4-7　合并并转换数据

步骤二：删除多余的列。

进入 Power Query 编辑器，删除多余的列。按住 "Ctrl" 键，选择前 2 列（"Content" 列和 "Name" 列），单击鼠标右键，在弹出的快捷菜单中选择 "删除其他列"，只保留前 2 列。

步骤三：新增自定义列。

（1）单击 "添加列" 选项卡中的 "自定义列"，在弹出的 "自定义列" 对话框的 "自定义列公式" 框输入 "=Excel.Workbook([Content])"，如图 4-8 所示。

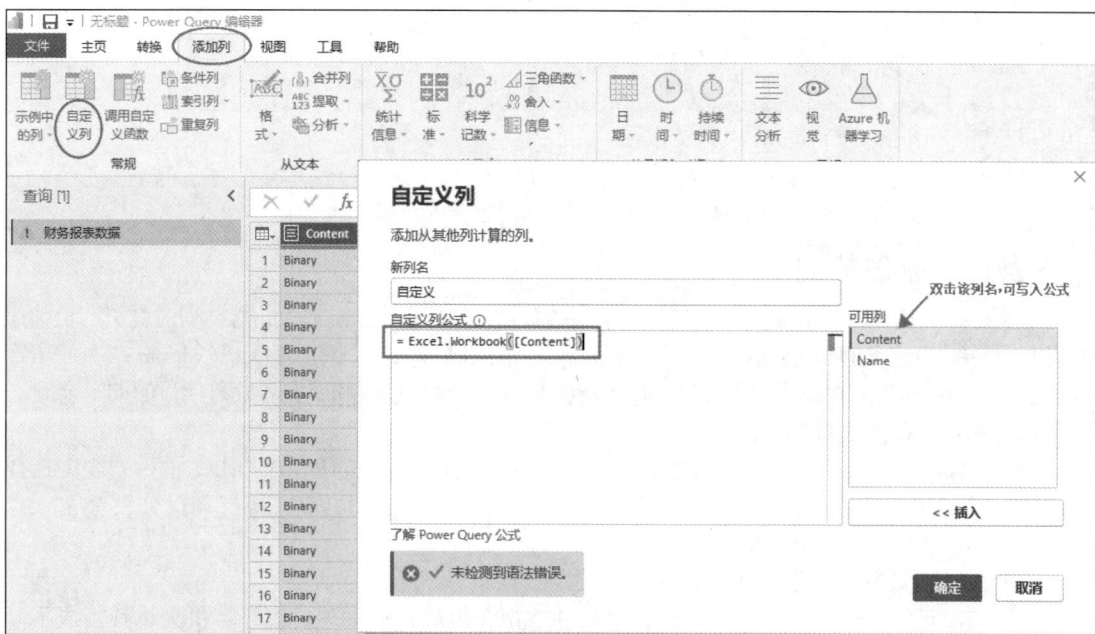

图 4-8　自定义列

> **提示**
>
> 编写公式时一定要区分字母的大小写。

（2）单击新增的 "自定义" 列的展开按钮，勾选 "Name""Data"，单击 "确定" 按钮，如图 4-9 所示。

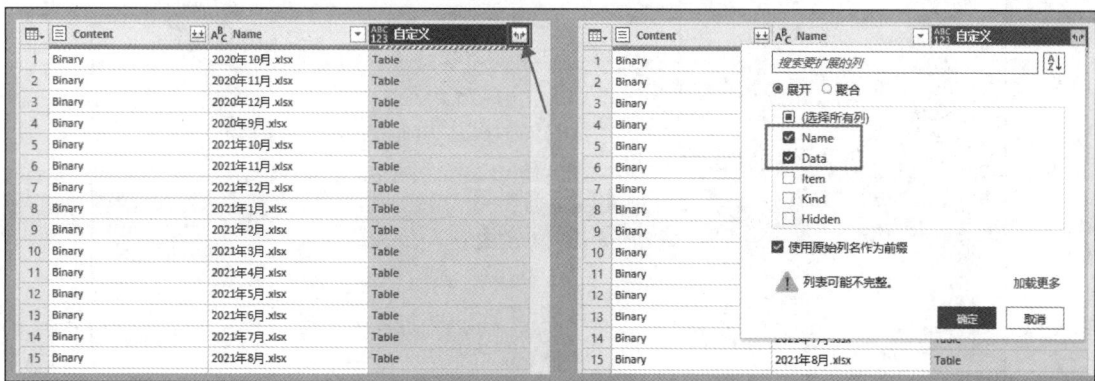

图 4-9　展开数据

步骤四：导入【分类】资产负债表。

导入任务数据"【分类】资产负债表"，结果如图4-10所示。

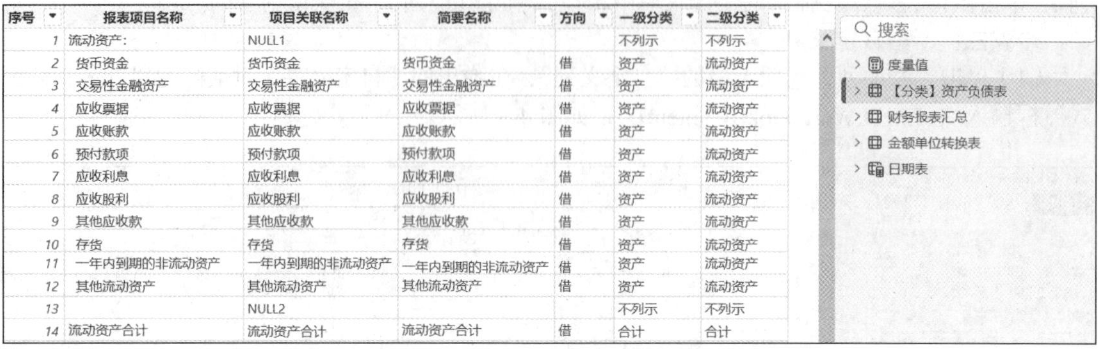

序号	报表项目名称	项目关联名称	简要名称	方向	一级分类	二级分类
1	流动资产：	NULL1			不列示	不列示
2	货币资金	货币资金	货币资金	借	资产	流动资产
3	交易性金融资产	交易性金融资产	交易性金融资产	借	资产	流动资产
4	应收票据	应收票据	应收票据	借	资产	流动资产
5	应收账款	应收账款	应收账款	借	资产	流动资产
6	预付款项	预付款项	预付款项	借	资产	流动资产
7	应收利息	应收利息	应收利息	借	资产	流动资产
8	应收股利	应收股利	应收股利	借	资产	流动资产
9	其他应收款	其他应收款	其他应收款	借	资产	流动资产
10	存货	存货	存货	借	资产	流动资产
11	一年内到期的非流动资产	一年内到期的非流动资产	一年内到期的非流动资产	借	资产	流动资产
12	其他流动资产	其他流动资产	其他流动资产	借	资产	流动资产
13		NULL2			不列示	不列示
14	流动资产合计	流动资产合计	流动资产合计	借	合计	合计

搜索
- 度量值
- 【分类】资产负债表
- 财务报表汇总
- 金额单位转换表
- 日期表

图 4-10　导入"【分类】资产负债表"

子任务二：整理数据

观察资产负债表，"Name"列中包含了报表的日期；"自定义.Data.Column1"列对应资产负债表的资产项目；"自定义.Data.Column3"列对应资产项目的期末余额；"自定义.Data.Column5"列是资产负债表的负债和所有者权益项目；"自定义.Data.Column6"对应负债和所有者权益项目的期末余额。

步骤一：获取报表日期。

选择"Name"列，在"主页"选项卡中单击"拆分列"下拉按钮，在弹出的下拉列表中选择"按分隔符"，在弹出的"按分隔符拆分列"对话框中单击"确定"按钮，将"Name"列拆分成"Name.1"和"Name.2"两列。

步骤二：删除项目名称中多余的空格。

在报表项目的名称中，如果前后存在多余的空格，很难直接发现，但计算机会将其当成不同的值来处理，因此需要对项目名称进行修整操作。

按"Ctrl"键，选中第5列、第9列（即"自定义.Data.Column1"列和"自定义.Data.Column5"列），单击鼠标右键，在弹出的快捷菜单中选择"转换"—"修整"，清除报表项目中多余的空格，如图4-11所示。

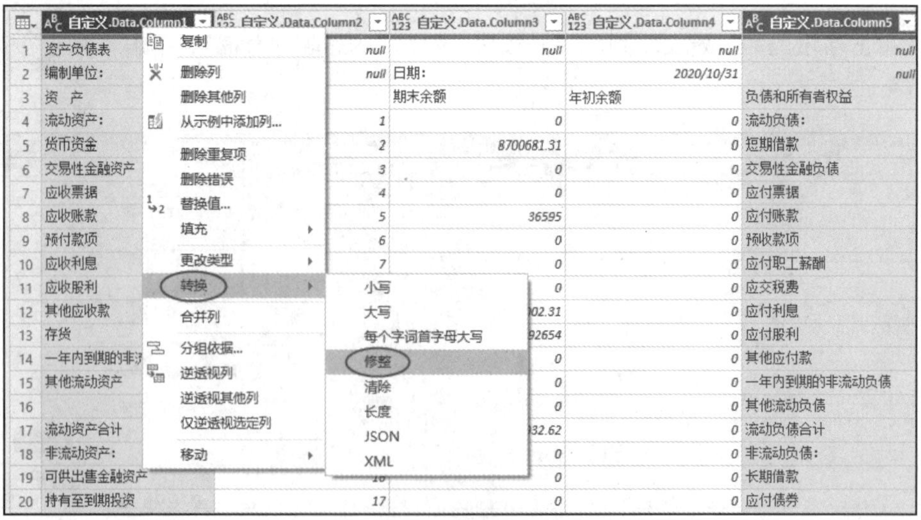

图 4-11　删除多余的空格

步骤三：抽取出资产项目及金额。

（1）在左侧查询区，选中"财务报表数据"并单击鼠标右键，在弹出的快捷菜单中选择"引用"，如图 4-12 所示，将生成的新查询的名称改为"资产项目"。

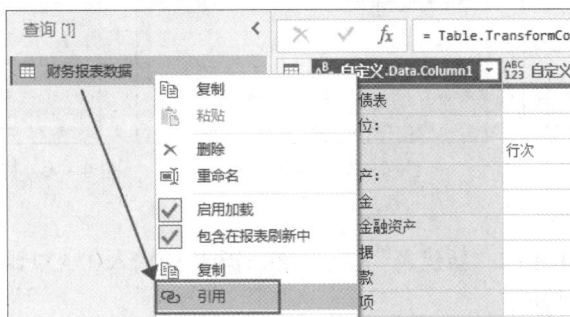

图 4-12 选择"引用"

（2）引用生成的"资产项目"，只保留表 4-20 所示的四列，删除其他列，并重命名各列。

表 4-20 列处理

序号	保留的原列名	重命名
1	Name.1	日期
2	自定义.Name	报表名称
3	自定义.Data.Column1	项目名称
4	自定义.Data.Column3	金额

（3）对"报表名称"列进行内容筛选，单击"筛选"按钮，只勾选"资产负债表"。将"金额"列数据格式修改为小数类型；在"金额"列单击鼠标右键，在弹出的快捷菜单中选择"删除错误"，如图 4-13 所示。

图 4-13 删除错误

步骤四：抽取出负债和所有者权益项目及金额。

参考步骤三，继续抽取出负债和所有者权益项目及金额。

步骤五：追加查询。

（1）单击"主页"选项卡中的"追加查询"下拉按钮，在弹出的下拉列表中选择"将查询追加为新查询"，在弹出的"追加"对话框中，"这一张表"选择"资产项目"，"第二张表"选择"负债及所有者权益项目"，如图 4-14 所示，将追加生成的新查询重命名为"财务报表汇总"。

（2）"财务报表数据""资产项目""负债及所有者权益项目"数据表格汇总完成后，分别在三张表格上单击鼠标右键，在弹出的快捷菜单中取消勾选"启用加载"。禁用加载后，查询名称会以斜体显示，如图 4-15 所示。整理完成后的财务报表汇总如图 4-16 所示。

图 4-14 追加查询

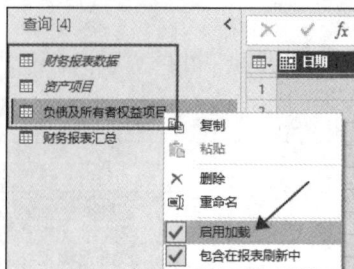

图 4-15 禁用加载

图 4-16 财务报表汇总-资产负债表

步骤六：创建日期表。

单击"建模"选项卡中的"新建表"按钮，在编辑栏中输入 DAX 函数，创建日期表。日期表 DAX 函数如表 4-21 所示。

表 4-21　　　　　　　　　　　　　日期表 DAX 函数设置

函数名称	公式
日期表	日期表= ADDCOLUMNS(CALENDAR("2020,1,1","2024,12,31"), "年",YEAR([Date]), "月",MONTH([Date]), "日",DAY([Date]), "周",WEEKDAY([Date],2), "第几周",WEEKNUM([Date],2), "季度",QUARTER([Date]), "年季",YEAR([Date])&"Q"&QUARTER([Date]), "年月",YEAR([Date])*100+MONTH([Date]))

在表格视图中，查看已生成的日期表，如图 4-17 所示。

图 4-17 日期表

注意

为顺利使用时间智能函数，需要将创建的日期表设置为"标记为日期表"，如图 4-18 所示。

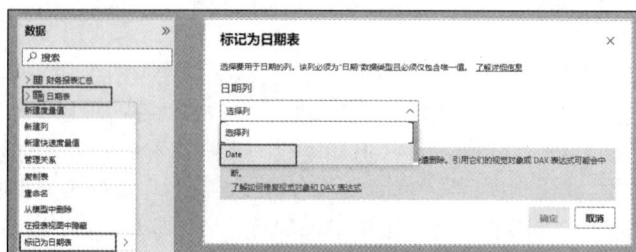

图 4-18 将日期表设置为"标记为日期表"

步骤七：创建金额单位转换表。

在已经整理完成的报表中，金额单位为元，这会使得后续可视化显示的数值比较大。在这种情况下，可通过创建金额单位转换表，来实现在不同单位之间的转换。具体创建方法如下。

（1）单击"主页"选项卡中的"输入数据"按钮，在弹出的"创建表"窗口中添加"单位"列和"倍数"列，并将表命名为"金额单位转换表"，单击"加载"按钮，如图 4-19 所示。

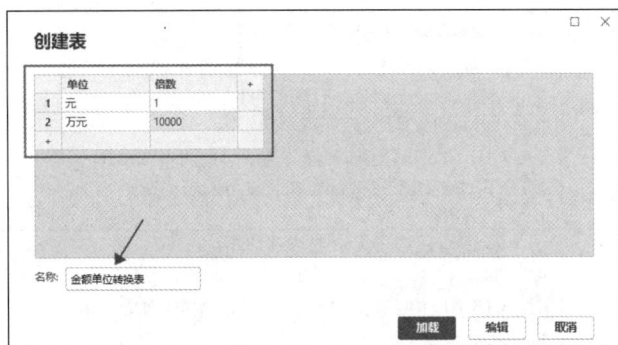

图 4-19 创建金额单位转换表

（2）切换到数据视图，选中"金额单位转换表"的"单位"列，单击"列工具"选项卡中的"按列排序"下拉按钮，在弹出的下拉列表中选择"倍数"，这样可以将金额单位设置成由小到大显示。

子任务三：数据建模

步骤一：创建表间关系。

进入模型视图，将日期表的"Date"列与财务报表汇总的"日期"列进行关联，将【分类】资产负债表的"项目关联名称"列与财务报表汇总中的"项目名称"列建立一对多的关系，如图 4-20 所示。

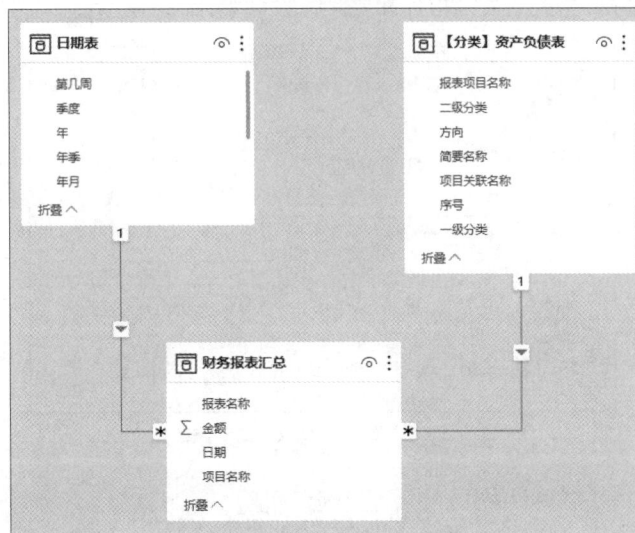

图 4-20 建立表间关系

步骤二：新建度量值表。

进入表格视图，单击"主页"选项卡中的"输入数据"按钮，打开"创建表"窗口，在"名称"中输入"度量值表"，专门用来存储创建的度量值。

步骤三：依次新建度量值，计算资产负债表各项目的变化金额与变化率，以及资产、负债与所有者权益总额，如表 4-22 所示。

表 4-22   资产负债表分析指标度量值

度量值名称	公式
财务报表-基本金额	DIVIDE(SUM('财务报表汇总'[金额]),SELECTEDVALUE('金额单位转换表'[倍数]))
a01 资产负债-期末余额	VAR yearselected=MAX('日期表'[年]) VAR monthselected=MAX('日期表'[月]) VAR dayselected=MAX('日期表'[日]) RETURN CALCULATE([财务报表-基本金额],'日期表'[Date] =DATE(yearselected,monthselected, dayselected))
a02 资产负债-年初余额	VAR yearselected=MAX('日期表'[年]) RETURN CALCULATE([财务报表-基本金额],'日期表'[Date]=DATE(yearselected-1,12,1))
a03 资产负债-金额变化	[a01 资产负债-期末余额]-[a02 资产负债-年初余额]
a04 资产负债-金额变化%	DIVIDE([a03 资产负债-金额变化],[a02 资产负债-年初余额])
a05 资产负债-资产总额	CALCULATE([a01 资产负债-期末余额],'【分类】资产负债表'[项目关联名称]="资产总计")
a06 资产负债-负债总额	CALCULATE([a01 资产负债-期末余额],'【分类】资产负债表'[项目关联名称]="负债合计")
a07 资产负债-所有者权益总额	CALCULATE([a01 资产负债-期末余额],'【分类】资产负债表'[项目关联名称]="所有者权益合计")

子任务四：可视化设计

步骤一：设计可视化报表视图框架。

根据资产负债表分析相关的关键指标和要素，设计整体视图框架，如图 4-21 所示。

图 4-21　资产负债表可视化框架

步骤二：设计可视化视觉对象。

（1）插入三个卡片图，分别将度量值"a05 资产负债-资产总额""a06 资产负债-负债总额""a07 资产负债-所有者权益总额"拖动至"字段"中。设置字体、标题等可视化对象属性，设置完成后的效果如图 4-22 所示。

（2）插入一个树状图，用来呈现资产负债表的项目结构，具体方法如下。

插入树状图，将度量值"a01 资产负债-期末余额"拖动至"值"，将【分类】资产负债表中的"二级分类"拖动至"类别"，设置筛选器，选择"流动资产"和"非流动资产"，开启数字标签，如图 4-23 所示。

图 4-22 卡片图

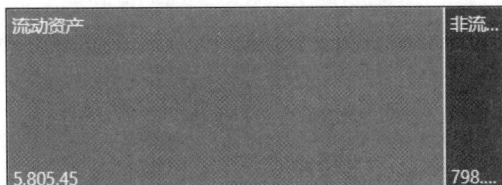

图 4-23 资产树状图

插入树状图，将度量值"a01 资产负债-期末余额"拖动至"值"，将【分类】资产负债表中的"二级分类"拖动至"类别"，设置筛选器，选择"非流动负债""流动负债"和"所有者权益"，如图 4-24 所示。

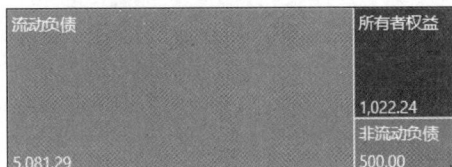

（3）插入表格，用于呈现资产类项目的数值，具体方法如下。

图 4-24 负债、所有者权益树状图

将【分类】资产负债表中的"序号""简要名称"拖动至"行"中，将度量值"a01 资产负债-期末余额""a02 资产负债-年初余额""a04 资产负债-金额变化%"拖动至"值"中；在可视化编辑区中"值"的下方，双击度量值名称进行修改，分别改为"期末余额""年初余额""变化%"，如图 4-25 所示。

开启单元格格式中的"数据条"功能，分别设置不同字段正值和负值的颜色。设置筛选器，将"序号"设置为"小于或等于 33"，筛选类型选择"高级筛选"，如图 4-26 所示。最终得到的资产类项目期末、年初余额表如图 4-27 所示。

图 4-25 修改"值"名称

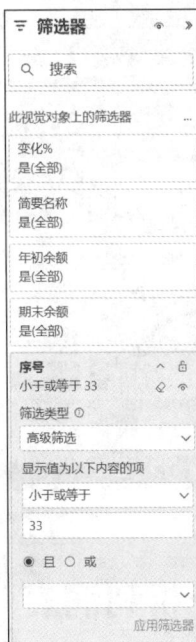

图 4-26 设置"序号"筛选器

（4）插入表格，用于呈现负债和所有者权益类项目的数值。

参考资产类项目数值的可视化操作过程，完成相关设置，结果如图 4-28 所示。

简要名称	期末余额	年初余额	变化%
货币资金	4,681.70	1,853.44	152.60%
应收账款	330.05	147.54	123.70%
其他应收款	25.55	25.55	0.00%
存货	768.16	385.12	99.46%
流动资产合计	5,805.45	2,411.64	140.73%
固定资产	182.00	110.50	64.71%
无形资产	56.04	34.01	64.75%
长期待摊费用	560.04	340.01	64.71%
递延所得税资产		99.47	-100.00%
非流动资产合计	798.08	584.00	36.66%
资产总计	6,603.53	2,995.64	120.44%

简要名称	期末余额	年初余额	变化%
应付账款	2,245.73	815.01	175.55%
应付职工薪酬	407.01	211.09	92.82%
应交税费	683.16	191.46	256.82%
其他应付款	1,745.38	576.48	202.76%
流动负债合计	5,081.29	1,794.04	183.23%
长期借款	500.00	500.00	0.00%
非流动负债合计	500.00	500.00	0.00%
负债合计	5,581.29	2,294.04	143.29%
实收资本（或股本）	1,000.00	1,000.00	0.00%
盈余公积	5.12		
未分配利润	17.11	-298.40	-105.74%
所有者权益合计	1,022.24	701.60	45.70%

图 4-27　资产类项目期末、年初余额表　　　图 4-28　负债和所有者权益类项目期末、年初余额表

步骤三：插入切片器进行交互设计。

插入两个切片器，分别将日期表中的"年""月"及金额单位转换表中的"单位"拖动至"字段"。

步骤四：完成可视化报表页面布局。

（1）插入三个空白按钮，其文本分别设置为"资产负债表""利润表""现金流量表"，并设置字号，关掉按钮的"边框"。

（2）将报表页重命名为"资产负债表"，插入背景图，包含背景颜色以及相关的基本信息，可通过 PPT 或其他绘图软件制作完成。

任务拓展

在前述任务实施成果的基础上，对报表页进行合理布局与美化，形成资产负债表分析可视化看板，如图 4-29 所示。

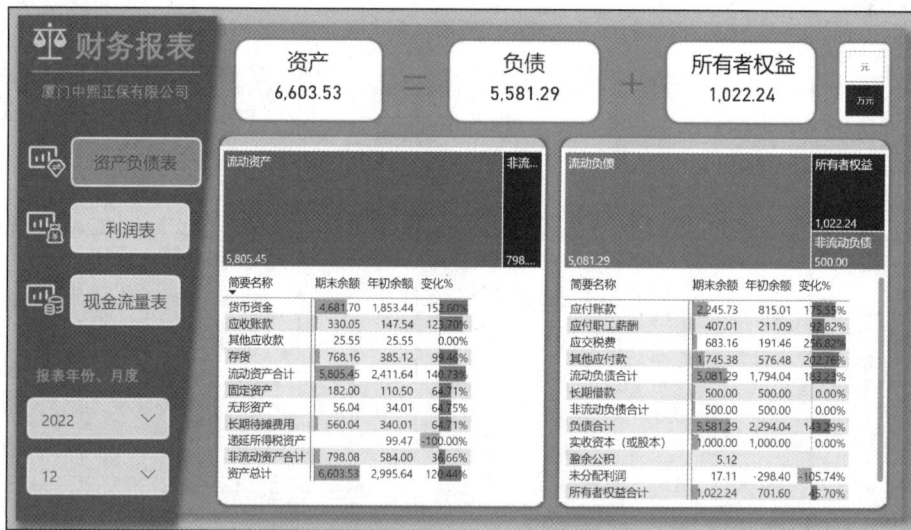

图 4-29　资产负债表分析可视化看板

任务三　分析利润表

情境案例

对厦门中熙正保有限公司的利润表进行分析，并进行可视化设计，构建利润表分析可视化看板。

知识准备

利润表是反映企业在一定会计期间经营成果的报表。对利润表进行分析，有助于解释、评价和预测企业的经营成果和盈利能力。

一、主营业务分析

主营业务分析就是对企业的营业收入与营业成本进行分析。

（一）经营模式对主营业务影响的分析

企业在对营业收入进行分析时，首先要分析经营模式与战略定位对主营业务的影响。不同的经营模式，其主营业务收入的来源不同，成本结构也会有所不同。例如，尽管京东集团与阿里巴巴都是电商企业，但经营模式不同，使其主营业务收入来源与成本结构有所不同，如表4-23所示。

表4-23　　　　　　　　　　　京东集团与阿里巴巴的收入与成本情况

公司	项目	2017年度	2018年度	2019年度	2020年度	2021年度	2022年度
京东集团	营业收入/万元	36 233 175.40	46 201 975.90	57 688 848.40	74 580 188.60	95 159 200.00	104 623 600.00
	营业成本/万元	31 151 683.10	39 606 612.60	49 246 739.10	63 669 355.10	82 252 600.00	89 916 300.00
	毛利/万元	5 081 492.30	6 595 363.30	8 442 109.30	10 910 833.50	12 906 600.00	14 707 300.00
	毛利增长率[①]	—	29.79%	28.00%	29.24%	18.29%	13.95%
	收入增长率	—	27.51%	24.86%	29.28%	27.59%	9.95%
	成本增长率	—	27.14%	24.34%	29.29%	29.19%	9.32%
阿里巴巴	营业收入/万元	15 827 300.00	25 026 600.00	37 684 400.00	50 971 100.00	71 728 900.00	85 306 200.00
	营业成本/万元	5 948 300.00	10 704 400.00	20 692 900.00	28 236 700.00	42 120 500.00	53 945 000.00
	毛利/万元	9 879 000.00	14 322 200.00	16 991 500.00	22 734 400.00	29 608 400.00	31 361 200.00
	毛利增长率	—	44.98%	18.64%	33.80%	30.24%	5.92%
	收入增长率	—	58.12%	50.58%	35.26%	40.72%	18.93%
	成本增长率	—	79.96%	93.31%	36.46%	49.17%	28.07%

从表4-23中可以看出，各年度京东集团的收入均高于阿里巴巴，但毛利却低于阿里巴巴，根本原因在于京东集团自营业务比重较大，采用总额法确认收入，而阿里巴巴平台服务收入占比较大，采用净额法确认收入。单就收入而言，京东集团高于阿里巴巴，但扣除成本后，京东集团的毛利反而低于阿里巴巴。所以，在对主营业务进行分析时，除了分析收入规模本身外，还应进一步分析主营业务所带来的利润。

（二）主营业务增长率分析

企业还可以通过时间趋势分析企业主营业务前景。比如，可以分析主营业务收入、成本与毛利的增长率。如果营业收入增长趋势较好，说明企业发展前景较好。在时间趋势分析的过程中，要关注企业所处行业的周期。因为有的企业属于周期性行业，比如畜牧养殖行业，当行业处于供过于求的周期阶段时，企业收入很难增长；反之，当行业处于供不应求的周期阶段时，企业收入则较容易增长。在上述京东集团与阿里巴巴的案例中，两家企业的毛利增长率为正，表明毛利在增长，但毛利增长率逐渐减小，表明毛利增长趋缓，如图4-30所示。进一步对京东集团与阿里巴巴的收入与成本增长率进行分析会发现，京东集团的收入与成本增长率保持较为一致的变化趋势，但阿里巴巴的成本增长率明显高于收入增长率，表明相比于京东集团，阿里巴巴的盈利能力收窄的趋势更为明显。

---

① 毛利增长率=[（本期毛利-上期毛利）÷上期毛利]×100%。

图 4-30　增长率分析

同为汽车生产企业，上汽集团与比亚迪的营业收入的变化趋势也有所不同。可以看到，尽管上汽集团的收入规模比比亚迪大很多，但 2018—2020 年、2021—2022 年却呈现下降趋势，而比亚迪近年来营业收入增长趋势明显，如图 4-31 所示。

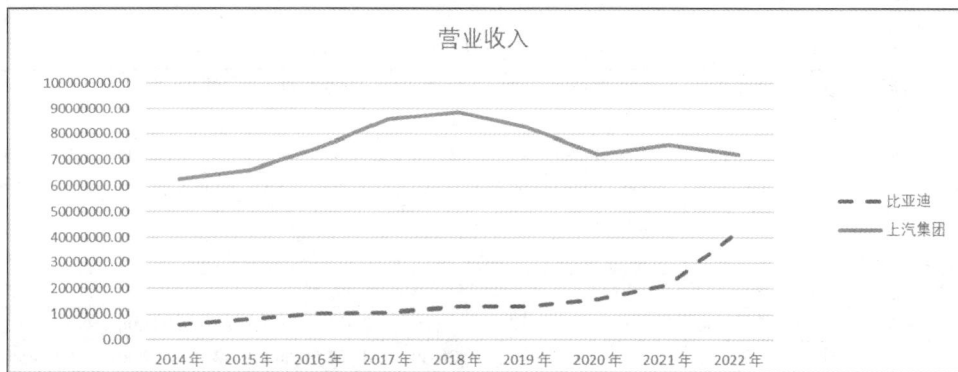

图 4-31　营业收入对比分析

（三）主营业务结构分析

为了进一步对主营业务进行分析，还可以基于业务类别对收入结构进行分析，如表 4-24 所示。

表 4-24　　　　　　　　　　　　　2022 年度主营业务结构分析

公司	项目	销售收入/万元	销售收入占比	销售成本/万元	销售成本占比	毛利/万元	毛利占比
比亚迪	汽车及相关产品	32 469 117.50	76.57%	25 849 893.70	73.48%	6 619 223.80	91.62%
	手机部件及组装等	9 881 505.40	23.30%	9 282 863.10	26.39%	598 642.30	8.29%
	其他	55 440.60	0.13%	48 811.20	0.14%	6 629.40	0.09%
	合计	42 406 063.50	100.00%	35 181 568.00	100.00%①	7 224 495.50	100.00%
上汽集团	整车业务	50 506 648.09	67.88%	48 212 236.13	73.46%	2 294 411.96	26.15%
	零部件业务	16 852 690.81	22.65%	13 032 373.05	19.86%	3 820 317.76	43.53%
	劳务及其他	3 554 728.98	4.78%	2 813 321.04	4.29%	741 407.94	8.45%
	金融业务	2 307 535.50	3.10%	460 741.43	0.70%	1 846 794.07	21.04%
	贸易业务	1 184 684.94	1.59%	1 112 147.49	1.69%	72 537.45	0.83%
	合计	74 406 288.32	100.00%	65 630 819.14	100.00%	8 775 469.18	100.00%

注：毛利=销售收入-销售成本。

---

① 因小数位四舍五入，导致按不同区域分析销售总额的占比总和存在 0.01% 的误差，不影响分析结果，下文同。

比亚迪的汽车及相关产品收入占比 76.57%，贡献了公司 91.62%的毛利，是公司最重要的收入与利润来源。上汽集团整车业务收入占比 67.88%，但只贡献了 26.15%的毛利，相比于零部件业务，整车业务的毛利较低。上汽集团金融业务收入占比 3.10%，但却贡献了 21.04%的毛利。

在对比亚迪的主营业务结构进行分析时，会发现比亚迪还有手机部件及组装业务，而上汽集团除了整车业务外，还有金融业务等。在与同行业企业进行对比分析时，尽可能选择可比业务板块进行分析，这样得出的分析结论会相对可靠一些。在对主营业务结构进行分析时，还可以分地区、客户等从多维度进行分析。

二、期间费用分析

期间费用包括管理费用、销售费用、研发费用、财务费用等费用项目。按企业会计准则的要求，研发费用要单独披露。在对期间费用进行分析时，可以对期间费用绝对金额的变动趋势进行分析，还可以分析期间费用在营业收入中的占比。为了分析某公司相比于其他公司的管理能力以及竞争能力，需要与同行业公司或标杆公司进行对比分析，还需要进一步分析各类费用的构成，深入剖析费用变动的原因。

（一）管理费用分析

管理费用是指公司行政管理部门为管理和组织公司生产经营活动而发生的各项费用支出，包括由公司统一负担的管理人员的薪酬、差旅费、办公费、劳动保险费、业务招待费、董事会会费、工会经费、职工教育经费、咨询费、诉讼费、商标注册费、技术转让费等。

公司的管理费用与公司规模以及管理效率紧密相关，一般而言，公司规模越大，所需要的管理费用越多。公司的组织架构特征、管理水平等也会影响管理费用。公司分支机构越多，管理层级越多，则管理费用也会越多。公司管理效率越低，管理费用也会越多。

1. 管理费用趋势分析

公司可以对历年管理费用的变动趋势进行分析，进而分析费用规模的变动。在分析时，可以分析管理费用绝对金额的变动趋势，也可以分析管理费用占营业收入比例的变动趋势。一般而言，如果公司管理模式与经营规模没有发生重大变化，管理费用会保持相对稳定。当然，管理费用也会随着物价水平与工资水平的上升而呈现稳定的上升态势。在对管理费用的变动趋势进行分析时，还可以与同行业公司进行比较分析。如果管理费用呈现与同行业公司相同的变动趋势，则表明公司管理费用支出相对合理。管理费用分析如表 4-25 所示。

表 4-25　　　　　　　　　　管理费用分析

公司	项目	2018 年度	2019 年度	2020 年度	2021 年度	2022 年度
上汽集团	管理费用/万元	2 133 601.51	2 230 808.67	2 181 840.50	2 410 352.63	2 564 137.88
	管理费用占营业收入的比例	2.40%	2.70%	3.02%	3.17%	3.56%
比亚迪	管理费用/万元	376 041.20	414 099.70	432 149.30	571 019.30	1 000 737.00
	管理费用占营业收入的比例	2.89%	3.24%	2.76%	2.64%	2.36%

可以看出，2018—2022 年度比亚迪的管理费用支出呈上升趋势，但管理费用占营业收入的比例却呈现下降趋势，与同行业公司上汽集团对应数据的变动趋势进行比较，比亚迪的费用管理水平相对更高一些。

2. 管理费用结构分析

从表 4-26 可以看出，2022 年度比亚迪工资及福利占管理费用的 69.19%，是管理费用中占比最大的项目，其次为折旧与摊销，这两个项目在管理费用中的占比均大于上汽集团。

表 4-26 2022 年度管理费用结构

公司	项目	管理费用/万元	占比
比亚迪	工资及福利	692 390.00	69.19%
	办公费	18 002.50	1.80%
	折旧与摊销	174 894.90	17.48%
	股份支付	18 375.20	1.84%
	其他	24 525.10	2.45%
	特殊项目	72 549.30	7.25%
	合计	1 000 737.00	100.00%
上汽集团	工资及福利	1 127 883.06	43.99%
	折旧与摊销	199 628.75	7.79%
	其他	1 228 759.57	47.92%
	特殊项目	7 866.50	0.31%
	合计	2 564 137.88	100.00%

对管理费用的结构进行分析，可以洞察管理费用变动的原因。例如，在前面分析中可以看到，比亚迪 2022 年度管理费用大幅上涨，很大一部分原因在于管理费用中工资及福利增长了。比亚迪 2021 年度行政人员有 14 264 人，2022 年度则增长至 25 751 人，这是其管理费用中工资及福利增长的重要原因。

（二）销售费用分析

公司支出销售费用的主要目的是提升收入水平。销售费用既带有显著的行业特征，也能反映公司本身的销售战略与声誉。例如，近年来制药公司的销售费用居高不下，就有显著的行业特征。对声誉度较高的公司而言，可能不用投入大量的广告费用就可以赢得客户的认可；而对初创公司而言，广告费投入就会相对较多。比如消费者已经习惯了在淘宝和京东等平台上购物，拼多多初创时必然需要投入大量的宣传费用来获得消费者的信任。再如华为在消费者心中已经树立了良好的品牌形象，所以其发售新手机时无需过多的销售费用投入就可实现销售目标。此外，不同公司采用的销售策略不同，销售费用的构成也有所不同。当公司新建大量的直营门店作为品牌形象店时，也会导致销售费用增加。

知识讲解

销售费用影响因素分析

1. 销售费用趋势分析

公司可以对历年销售费用的变动趋势进行分析，进而分析费用规模的变动。在分析时，可以分析销售费用绝对金额的变动趋势，也可以分析销售费用占营业收入比重的变动趋势。当其他条件不变时，如果销售费用占营业收入的比重呈现下降趋势，则表明销售费用的支出效率有所上升。上汽集团、比亚迪 2018—2022 年度销售费用分析如表 4-27 所示。

表 4-27 2018—2022 年度销售费用分析

公司	项目	2018 年度	2019 年度	2020 年度	2021 年度	2022 年度
上汽集团	销售费用/万元	6 342 302.71	5 745 058.62	3 806 686.21	2 950 510.15	3 017 540.29
	销售费用占营业收入的比例	7.15%	6.95%	5.26%	3.88%	4.19%
比亚迪	销售费用/万元	472 948.10	434 589.70	505 561.30	608 167.80	1 506 067.60
	销售费用占营业收入的比例	3.64%	3.40%	3.23%	2.81%	3.55%

可以看到，2019—2022 年度比亚迪销售费用整体呈现上升态势，但其占营业收入的比例除

2022 年度外均呈现下降趋势。这表明比亚迪的销售策略是有效的，销售费用的增长也确实带来了营业收入的有效增长。上汽集团整体销售费用规模大于比亚迪，单就这一指标看不出来问题，可能是由较大的经营规模导致的。但是上汽集团销售费用占营业收入的比例高于比亚迪，这表明其销售费用支出的效率可能低于比亚迪。

2. 销售费用结构分析

销售费用体现了公司的营销策略，不同公司采用的销售策略不同，销售费用的构成也有所不同。从销售费用的构成来看，公司的业务规模、销售人员报酬、市场拓展策略等都会影响销售费用。如果公司打算拓展市场，扩大品牌知名度，必然会加大诸如广告费、促销费的投入。从公司管理层角度来看，需要合理把握销售费用与市场拓展之间的关系。在对销售费用进行分析时，还应与同行业公司进行比较。

在比亚迪销售费用的构成中，职工薪酬、广告展览费及售后服务费占比较大，如表 4-28 所示。2020—2022 年度销售费用中广告展览费占比呈现下降趋势，这可能是公司营销渠道改变导致的，比如受自营店增多、品牌影响力上升等多种因素的影响。售后服务费占比却呈现上升的趋势，2022 年高达 43.25%，这是需要高度重视的。

表 4-28　　　　　　　　　　　比亚迪销售费用构成明细

项目	2020 年度		2021 年度		2022 年度	
	金额/万元	占比	金额/万元	占比	金额/万元	占比
职工薪酬	117 558.70	23.25%	172 242.00	28.32%	336 141.60	22.32%
广告展览费	149 021.50	29.48%	135 472.00	22.28%	220 198.50	14.62%
售后服务费	81 280.60	16.08%	122 860.90	20.20%	651 383.20	43.25%
物料消耗	17 972.40	3.55%	24 443.80	4.02%	44 321.40	2.94%
折旧及摊销	27 106.30	5.36%	28 353.40	4.66%	74 901.20	4.97%
差旅费	9 791.40	1.94%	13 158.50	2.16%	19 008.50	1.26%
行政及办公费	11 332.20	2.24%	15 171.00	2.49%	16 817.90	1.12%
其他	91 498.20	18.10%	96 466.20	15.86%	143 295.30	9.51%
合计	505 561.30	100.00%	608 167.80	100.00%	1 506 067.60	100.00%

对比分析上汽集团 2022 年度销售费用构成，会发现其销售费用中占比最大的是广告费，为 43.66%，这表明上汽集团采取了和比亚迪不同的营销策略。

（三）研发费用分析

公司研发费用的投入主要和公司所处行业和采取的战略相关。如果公司所在行业处于技术变革期，为了保持市场份额，公司必须进行大量的技术投入，才能保障持续发展和竞争优势。

1. 研发费用趋势分析

公司可以对历年研发费用的变动趋势进行分析，进而分析费用规模的变动。例如，可以分析研发费用绝对金额的变动趋势，也可以分析研发费用在营业收入中占比的变动趋势。例如，还可以结合公司的专利技术等研发成果分析研发费用。上汽集团、比亚迪 2018—2022 年度研发费用分析如表 4-29 所示。

表 4-29　　　　　　　　　　　研发费用分析

公司	项目	2018 年度	2019 年度	2020 年度	2021 年度	2022 年度
上汽集团	研发费用/万元	1 538 501.26	1 339 415.03	1 339 504.44	1 966 849.75	1 803 091.94
	研发费用占营业收入的比例	1.73%	1.62%	1.85%	2.59%	2.50%

续表

公司	项目	2018 年度	2019 年度	2020 年度	2021 年度	2022 年度
比亚迪	研发费用/万元	498 936.00	562 937.20	746 486.10	799 097.40	1 865 445.30
	研发费用占营业收入的比例	3.84%	4.41%	4.77%	3.70%	4.40%

可以看出，2018—2022 年度比亚迪的研发费用呈现上涨趋势，尤其是 2022 年较 2021 年有大幅上涨，这表明比亚迪研发投入强度较高。相比于上汽集团，比亚迪前些年在研发费用上的投入较少，但 2022 年实现赶超。结合研发费用占营业收入的比例来看，比亚迪的研发投入强度高于上汽集团，这也是比亚迪最近几年专利及新能源电池技术开发的有力支撑。

2. 研发费用结构分析

不同行业和公司，研发费用的构成有所不同。在大部分公司的研发费用构成中，因为人力资本是重要的研发力量，所以工资薪酬占比会相对较高。此外，在分析研发费用时，还需考虑研发费用支出的成果。由于研发投入通常不会在当期产生效益，因此应关注公司盈利的持续性、专利的数量以及产生的效益等。比亚迪 2019—2022 年度研发费用结构分析如表 4-30 所示。

表 4-30　　　　　　　　比亚迪研发费用结构分析

项目	2019 年度 金额/万元	占比	2020 年度 金额/万元	占比	2021 年度 金额/万元	占比	2022 年度 金额/万元	占比
工资薪酬	260 347.30	46.25%	374 198.40	50.13%	371 359.20	46.47%	1 041 682.90	55.84%
材料、燃料和动力费	179 809.90	31.94%	234 835.10	31.46%	263 868.30	33.02%	519 759.20	27.86%
模具制造、样品检测费	10 075.30	1.79%	10 972.60	1.47%	21 951.90	2.75%	26 793.40	1.44%
折旧、摊销	66 816.30	11.87%	70 437.20	9.44%	60 240.90	7.54%	83 384.50	4.47%
其他	45 888.40	8.15%	56 042.80	7.51%	77 526.70	9.70%	171 498.40	9.19%
特殊项目	—	—	—	—	4 150.40	0.52%	22 326.90	1.20%
合计	562 937.20	100.00%	746 486.10	100.00%	799 097.40	100.00%	1 865 445.30	100.00%

可以看出，2019—2022 年度比亚迪研发费用的大部分项目呈现上涨趋势。在各年度研发费用中，工资薪酬占比最大，例如 2022 年度工资薪酬在研发费用中的占比为 55.84%，这也可以从比亚迪逐年增加的研发人员数量中得到体现，比亚迪 2020 年度的研发人员为 35 776 人，但 2022 年度就增长至 69 697 人。

上汽集团、比亚迪 2018—2022 年度研发人员数量如表 4-31 所示。

表 4-31　　　　　　　　研发人员数量　　　　　　　　单位：人

公司	2018 年度	2019 年度	2020 年度	2021 年度	2022 年度
上汽集团	25 541	27 061	28 076	31 748	34 800
比亚迪	31 090	35 788	35 776	40 382	69 697

可以看出，在上汽集团整体经营规模大于比亚迪的前提下，2018—2022 年度比亚迪研发人员数量却多于上汽集团，这体现了比亚迪对研发的重视。

（四）财务费用分析

财务费用主要和公司的资金需求相关。如果公司需要借入大量的资金，则必然付出相应的资金成本。但是按照企业会计准则的处理规定，部分利息支出会被资本化，所以在分析时，应结合资本化的利息支出一并考虑。

1. 财务费用趋势分析

公司可以对历年财务费用的变动趋势进行分析，进而分析费用规模的变动。在分析时，可以分析财务费用绝对金额的变动趋势，也可以分析财务费用在营业收入中占比的变动趋势。从费用管理的角度来看，财务费用越少，则利润越高。但从公司战略的角度来看，财务费用的发生是由公司财务战略决定的，公司扩张时需要筹集大量资金，必然会带来资金成本的提升，进而导致财务费用的增加。上汽集团、比亚迪 2018—2022 年度财务费用分析如表 4-32 所示。

表 4-32　　　　　　　　　　　　财务费用分析

公司	项目	2018 年度	2019 年度	2020 年度	2021 年度	2022 年度
上汽集团	财务费用/万元	19 543.73	2 436.66	51 691.89	56 418.37	-76 440.60
	财务费用占营业收入的比例	0.02%	0.0029%	0.07%	0.07%	-0.11%
比亚迪	财务费用/万元	299 710.10	301 403.20	376 261.00	178 692.70	-161 795.70
	财务费用占营业收入的比例	2.30%	2.36%	2.40%	0.83%	-0.38%

可以看出，2021 年度后，比亚迪的财务费用与财务费用占营业收入的比例均呈现下降趋势，直接原因是公司借款在减少，这可能表明公司有较充裕的经营性资金流，也可能表明公司有较为稳健的财务战略。

2. 财务费用结构分析

一般而言，在财务费用的构成中，利息费用占比较大。按照企业会计准则，利息支出有资本化与费用化两种形式，可以将费用化的利息支出与资本化的利息支出一并分析，判断利息的支出规模以及公司的偿债能力。2021—2022 年度比亚迪的利息费用远大于资本化的利息支出，表明其债务筹资主要是为了满足短期经营性需要，如表 4-33 所示。

表 4-33　　　　　　　　　　　　利息费用分析　　　　　　　　　　　单位：万元

项目	2018 年度	2019 年度	2020 年度	2021 年度	2022 年度
利息费用	31 187.51	34 874.07	31 238.01	19 076.42	13 163.50
利息资本化金额	233 009.00	185 631.00	52 788.00	7 715.00	0

任务实施

子任务一：数据准备

步骤一： 导入并整理利润表数据。

导入"财务报表汇总"并整理数据，将表格重命名为"利润项目"。

步骤二： 导入维度表。

导入"【分类】利润表"并整理数据，整理后的【分类】利润表如图 4-32 所示。

操作演示

利润表分析

图 4-32　整理后的【分类】利润表

步骤三：创建辅助表。

（1）分别创建日期表和金额单位转换表，具体方法参见任务二。

（2）创建"本月和本年累计切换"辅助表，单击"主页"选项卡中的"输入数据"按钮，在弹出的"创建表"窗口中添加"类型"和"序号"列，并将表命名为"本月和本年累计切换"，单击"加载"按钮，如图 4-33 所示。

步骤四：创建表间关系。

进入模型视图，将日期表的"Date"列与利润项目的"日期"列进行关联，将【分类】利润表"项目关联名称"列与利润项目中的"项目名称"列建立一对多的关系，如图 4-34 所示。

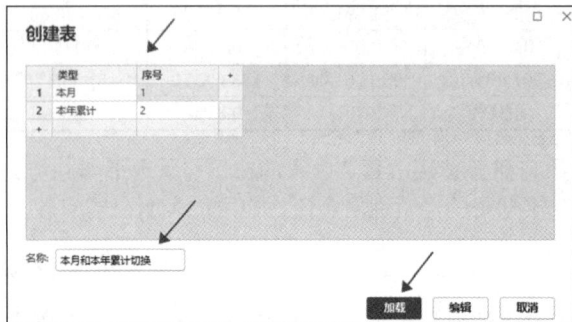

图 4-33　创建"本月和本年累计切换"辅助表

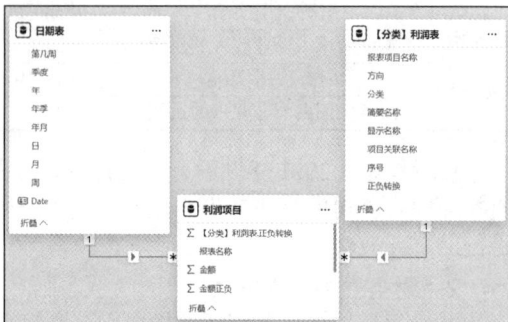

图 4-34　表间关系

步骤五：正负金额转换。

（1）进入 Power Quary 编辑器，在查询区选中"利润项目"，单击"主页"选项卡中的"合并查询"下拉按钮，在弹出的下拉列表中选择"将查询合并为新查询"，在弹出的"合并"对话框中选择要合并的表【分类】利润表，分别选中"项目名称"列和"项目关联名称"列，"联接种类"选择"左外部（第一个中的所有行，第二个中的匹配行）"，单击"确定"按钮，如图 4-35 所示，即可将【分类】利润表合并到利润表中。

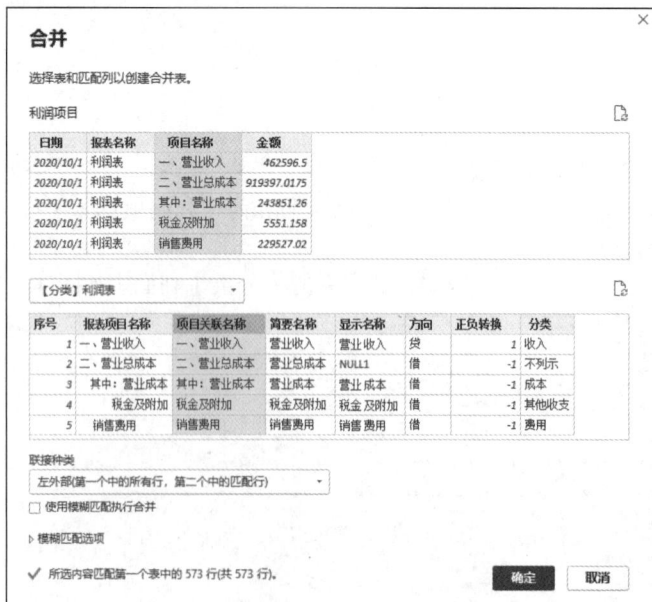

图 4-35　合并查询

（2）单击"展开"按钮，只勾选"正负转换"列，单击"确定"按钮。

（3）单击"添加列"选项卡中的"自定义列"按钮，在弹出的"自定义列"对话框中输入列名"金额正负"，在"自定义列公式"框中输入公式，单击"确定"按钮，如图4-36所示。

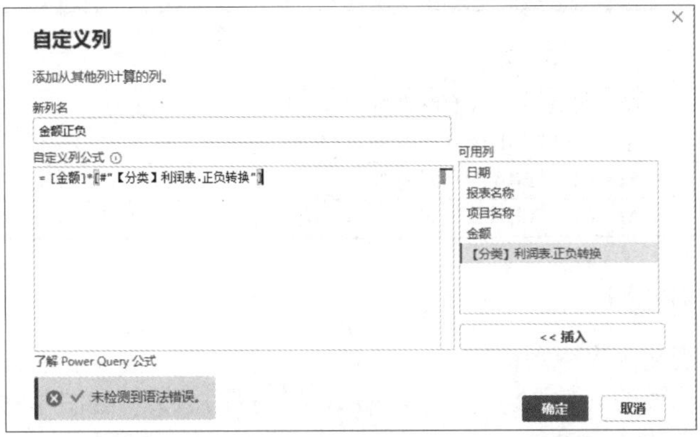

图4-36　添加"金额正负"自定义列

（4）将新增列的数据类型修改为小数格式，然后单击"关闭并应用"按钮，退出 Power Quary 编辑器。

子任务二：创建度量值

步骤一：创建度量值表格。

单击"主页"选项卡中的"输入数据"按钮，打开"创建表"窗口，在"名称"中输入"度量值表"，专门用来存储创建的度量值。

步骤二：依次建立度量值，计算利润表各项目变化金额与变化率，输入 DAX 公式，如表4-34所示。

表 4-34　　　　　　　　　　　利润表项目变化金额与变化率度量值

度量值名称	DAX 公式
b01 利润表-本月	DIVIDE(SUM('利润项目'[金额正负]),SELECTEDVALUE('金额单位转换表'[倍数]))
b02 利润表-本年累计	TOTALYTD([b01 利润表-本月],'日期表'[Date]) 说明：使用时间智能函数 TOTALYTD 直接计算出本年累计
b03 利润表-矩阵-本期	VAR isMory = SELECTEDVALUE('本月和本年累计切换'[类型]) RETURN SWITCH(TRUE, isMory="本月",[b01 利润表-本月], isMory="本年累计",[b02 利润表-本年累计]) 说明：可使用 SWITCH 函数，也可使用 IF 函数，但当判断条件较多时，使用 SWITCH 函数更简洁
b04 利润表-矩阵-上年同期	CALCULATE([b03 利润表-矩阵-本期],SAMEPERIODLASTYEAR('日期表'[Date]))
b05 利润表-矩阵-变动	[b03 利润表-矩阵-本期]-[b04 利润表-矩阵-上年同期]
b06 利润表-矩阵-变动%	DIVIDE([b05 利润表-矩阵-变动],ABS([b04 利润表-矩阵-上年同期])) 说明：计算变动率时，要注意分母为负数的情况，这里使用 ABS 函数取绝对值，将负数转为正数

说明

编写度量值时，将成本费用类项目用负数表示，有利于瀑布图和矩阵的数据展示。

步骤三：分析净利润构成，创建净利润、收入、成本、费用等利润表分析相关度量值，输入公式，如表 4-35 所示。

表 4-35   净利润分析相关度量值

度量值名称	公式
b07 利润表-净利润	CALCULATE([b03 利润表-矩阵-本期],'【分类】利润表'[分类]="净利润")
b08 利润表-收入	CALCULATE([b03 利润表-矩阵-本期],'【分类】利润表'[分类]="收入")
b09 利润表-成本	CALCULATE([b03 利润表-矩阵-本期],'【分类】利润表'[分类]="成本")
b10 利润表-费用	CALCULATE([b03 利润表-矩阵-本期],'【分类】利润表'[分类]="费用")
b11 利润表-其他收支	CALCULATE([b03 利润表-矩阵-本期],'【分类】利润表'[分类]="其他收支")

子任务三：可视化设计

步骤一：设计可视化报表视图框架。

根据利润表分析相关的关键指标和要素，设计整体视图框架，如图 4-37 所示。

步骤二：设计可视化视觉对象。

（1）插入卡片图。

插入五个卡片图，分别将度量值 "b07 利润表-净利润" "b08 利润表-收入" "b09 利润表-成本" "b10 利润表-费用" "b11 利润表-其他收支" 拖动至不同卡片图的 "字段" 中。设置字体、标题等可视化对象属性，标题分别写入 "净利润" "收入" "成本" 等字段。例如，设置其他收支的视觉对象格式时，可勾选标题，将标题文本输入 "其他收支"，如图 4-38 所示。利润表卡片图如图 4-39 所示。

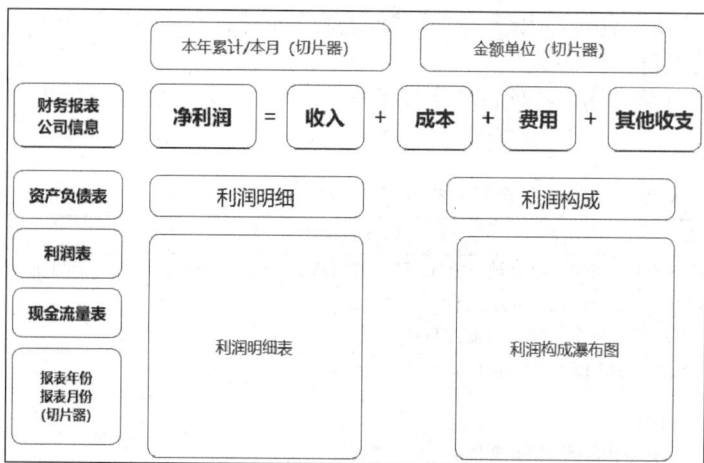

图 4-37   利润表可视化框架

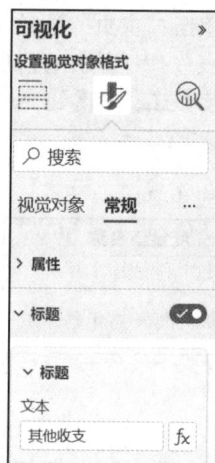

图 4-38   编辑标题

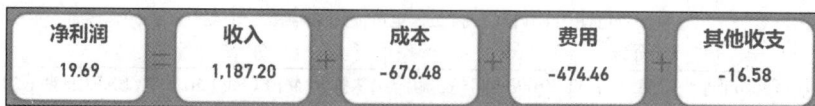

图 4-39   利润表卡片图

（2）插入表格。

插入表格，将【分类】利润表中的 "序号" "报表项目名称" 拖动至 "行"，将度量值 "b03 利润表-矩阵-本期" "b04 利润表-矩阵-上年同期" "b05 利润表-矩阵-变动" "b06 利润表-矩阵-变动%" 拖动至 "值"，设置单元格元素，将 "变动" "变动%" 开启 "数据条"，给正值、负值设定相关颜色，开启 "标题"，并将标题设置为 "利润明细"，结果如图 4-40 所示。

图 4-40　利润明细表

💡 提示

　　当把所有字段拖动至矩阵后，矩阵可能不显示数据或显示很少的数据，此时可以进入模型视图检查建模连接是否正确。在图 4-41 中，系统将这两张表自动建立了关联关系，但是这个自动创建的关系是错误的，需要在模型视图中手动删除。

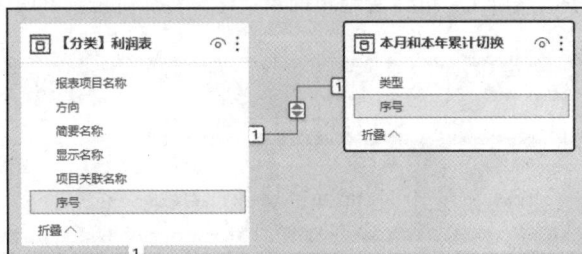

图 4-41　系统自动创建的关联关系

（3）插入瀑布图。

插入瀑布图，将【分类】利润表中的"显示名称"拖动至"类别"，将度量值"b03 利润表-矩阵-本期"拖动至"Y轴"，设置瀑布图的筛选器，取消勾选"显示名称"中的"NULL1""NULL2""NULL3""NULL4"；选中"显示名称"，将它的排序方式设置成按"序号"，这样瀑布图 X 轴显示的利润项目会按正确的顺序排列，关掉 X 轴、Y 轴的"标题"，删除"标题"文本。插入文本框，输入标题"利润构成"，结果如图 4-42 所示。

步骤三：进行交互设计。

（1）插入切片器，将金额单位转换表中的"单位"拖动至"字段"。选中"金额单位转换表"的"单位"列，在"列工具"选项卡中单击"按列排序"下拉按钮，在弹出的下拉列表中选择"倍数"，如图 4-43 所示，这样可以将金额单位设置成由小到大显示。

（2）插入切片器，将本月和本年累计切换表中的"类型"拖动至"字段"。

（3）插入切片器，将日期表中的"年"拖动至"字段"。

（4）插入切片器，将日期表中的"月"拖动至"字段"。

步骤四：可视化报表页面布局。

插入三个空白按钮，分别输入"资产负债表""利润表""现金流量表"，字号设置为"20"，关掉按钮的"边框"，并将报表页重命名为"利润表"；插入背景图，设置背景颜色以及相关的基本信息，可通过 PPT 或其他绘图软件制作完成。

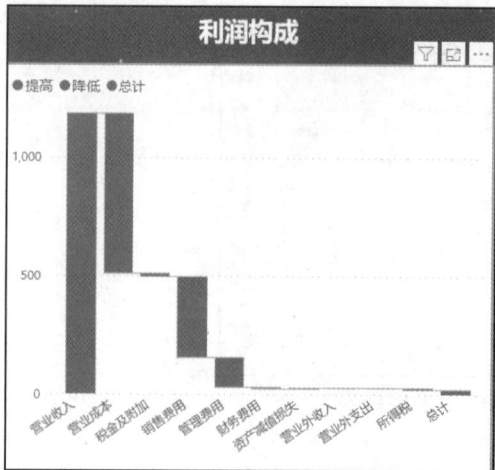

图 4-42　利润构成瀑布图

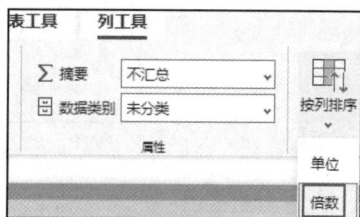

图 4-43　单位排序设置

任务拓展

在前述任务实施成果的基础上，进行合理布局及美化，形成利润表可视化看板，如图 4-44 所示。

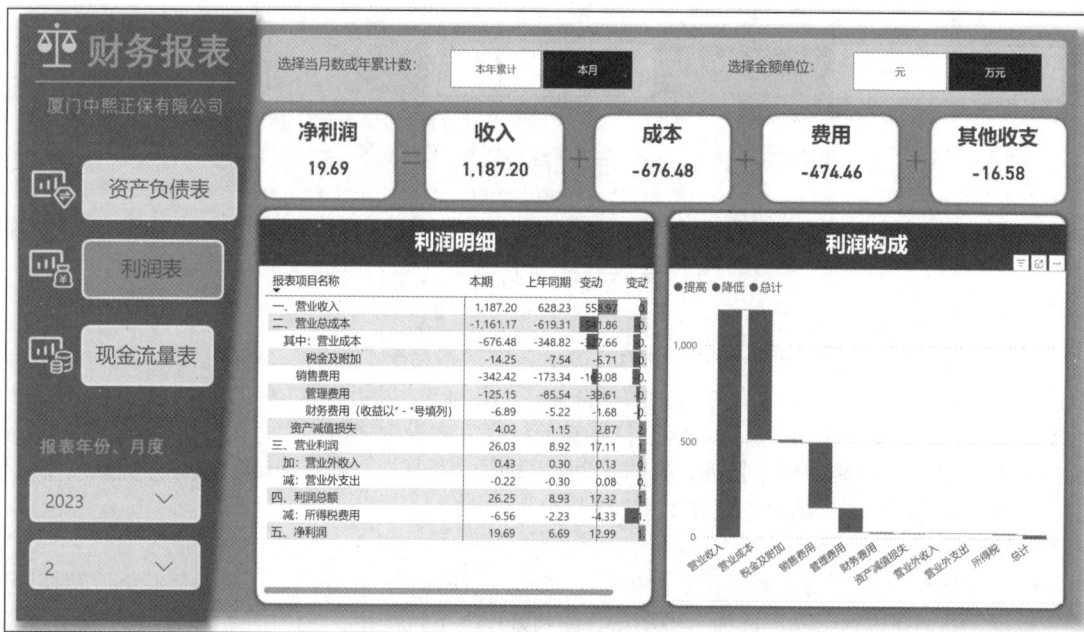

图 4-44　利润表可视化看板

素养提升：上市公司 2022 年年度财务报告会计监管报告

截至 2023 年 4 月 30 日，除 ST 摩登等 6 家公司外，A 股市场共有 5 158 家上市公司披露了 2022 年年度报告，其中主板 3 195 家、创业板 1 255 家、科创板 517 家、北交所 191 家，实现盈利的 4 111 家、发生亏损的 1 047 家。按期披露年报的上市公司中，235 家公司被出具非标准审计意见的审计报告，其中无法表示意见 37 家、保留意见 94 家、带解释性说明段的无保留意见 104 家。

证监会组织专门力量抽样审阅了上市公司 2022 年年度财务报告，在此基础上形成了《上市公司 2022 年年度财务报告会计监管报告》。总体而言，上市公司能够较好地执行企业会计准则和财务信息披露规则，但仍有部分上市公司在收入、长期股权投资与企业合并、金融工具、资产减值、非经常性损益等方面，存在会计处理错误或财务信息披露问题。

针对上述问题，证监会下一步将继续做好以下工作：一是梳理审阅发现的上市公司问题线索，及时跟进并按规定进行后续监管处理；二是就监管工作中发现的典型问题，组织召开年度财务信息披露监管协调会，统一监管口径；三是继续以案例解析等形式加强实践指导，提升企业会计准则、财务信息披露规则执行一致性和有效性；四是密切跟踪市场热点难点会计处理问题，加强调查研究，强化专业技术支持。

上市公司和会计师事务所等中介机构应高度重视会计监管报告中提出的问题，不断提高对企业会计准则和财务信息披露规则的理解和应用水平，及时发现并改正财务报告中存在的错误，稳妥做好上市公司财务信息披露相关工作，不断提升资本市场会计信息披露质量。

资料来源：中国证券监督管理委员会网站。

行业观察

拼多多 2023 年
三季报分析

练一练

项目五

构建财务指标分析体系

学习目标

1. 掌握盈利能力指标的计算方法，能够对公司盈利能力进行分析；
2. 掌握营运能力指标的计算方法，能够对公司营运能力进行分析；
3. 掌握偿债能力指标的计算方法，能够对公司偿债能力进行分析；
4. 掌握成长能力指标的计算方法，能够对公司成长能力进行分析；
5. 能利用 Power BI 工具，对财务指标分析体系进行可视化展现。

知识导图

本项目主要包括盈利能力分析、营运能力分析、偿债能力分析及成长能力分析四部分内容，如图 5-1 所示。

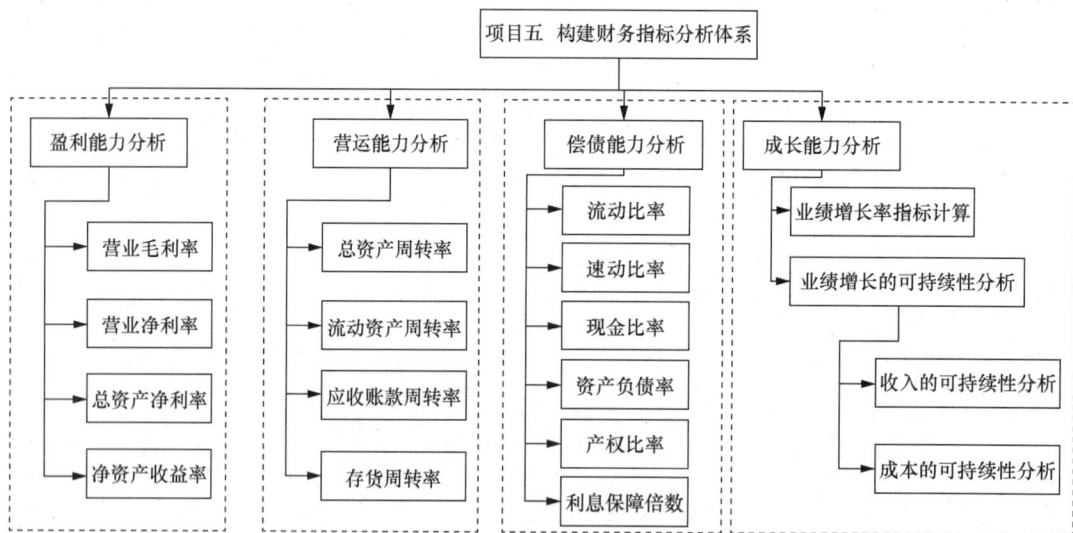

图 5-1　财务指标分析体系

任务一　盈利能力分析

情境案例

宁德时代新能源科技股份有限公司（以下简称"宁德时代"）是全球领先的新能源创新科技公司，动力电池系统使用量连续七年全球第一。宁德时代牵头并联合深蓝汽车等企业和大学科研机构的科研项目《面向大规模产业化的动力电池研发与制造关键技术》荣获 2023 年度国家科学技术进步奖二等奖。

请对宁德时代的盈利能力进行分析，并进行可视化设计，构建盈利能力分析看板。

知识准备

不论是投资人、债权人还是经理人员，都非常重视和关心企业的盈利能力。盈利能力是企业获取利润、实现增值的能力。盈利能力指标主要通过收入与利润之间的关系、资产与利润之间的关系反映。反映企业盈利能力的指标主要有营业毛利率、营业净利率、总资产净利率和净资产收益率。

知识讲解

毛利率影响因素

一、营业毛利率

营业毛利率是测度企业盈利能力的重要指标。一般而言，营业毛利率越高，表明产品的盈利能力越强。

（一）营业毛利率分析

分析公司整体的营业毛利率，可以判断公司整体的盈利水平。

营业毛利率的计算公式如下。

$$营业毛利率=营业毛利÷营业收入×100\%$$
$$营业毛利=营业收入-营业成本$$

一般而言，公司在没有重大变化的前提下，营业毛利率会保持相对的稳定性。表 5-1 列示了比亚迪的营业毛利率。

表 5-1 　　　　　　　　　　　比亚迪营业毛利率[①]

项目	2020 年	2021 年	2022 年	2023 年中期
营业收入/万元	15 659 769.10	21 614 239.50	42 406 063.50	26 012 414.30
营业成本/万元	12 625 138.00	18 799 768.90	35 181 568.00	21 245 155.60
营业毛利/万元	3 034 631.10	2 814 470.60	7 224 495.50	4 767 258.70
营业毛利率	19.38%	13.02%	17.04%	18.33%

可以看到，比亚迪 2021 年营业毛利率较低，2022 年和 2023 年中期财务数据显示营业毛利率有上升趋势。为了分析其营业毛利率变动是受外在环境影响，还是自身经营因素导致的，可以与同行业公司进行比较。

从表 5-2 可以看出，上汽集团 2021 年和 2022 年营业毛利率也略低于 2020 年，表明可能是外部因素对汽车行业产生了影响，进一步分析会发现是原材料成本的上涨使得成本上升，从而降低了营业毛利率。在供应链的各个环节，由于不同环节公司议价能力不同，其营业毛利率也是不同的。

表 5-2 　　　　　　　　　　　上汽集团营业毛利率

项目	2020 年	2021 年	2022 年	2023 年中期
营业收入/万元	72 304 258.92	75 991 463.56	72 098 752.83	31 640.95
营业成本/万元	64 525 001.04	68 674 279.26	65 170 077.72	28 580.58
营业毛利/万元	7 779 257.88	7 317 184.30	6 928 675.12	3 060.38
营业毛利率	10.76%	9.63%	9.61%	9.67%

[①] 除特别说明外，本项目所有数据均取自上市公司公开财务报告，部分数据基于公开财务报告数据计算得到。

如果上游原材料价格上升，价格上涨的压力不能转移到下游环节，则公司的营业毛利率就会下降。例如汽车生产公司面临上游原材料上涨的压力，但如果提高汽车的销售价格会引致销售规模的缩小，公司生产汽车的成本上升而汽车销售价格没有上升，则营业毛利率就会下降。如果公司外部环境没有发生巨大变化，成熟行业的公司的营业毛利率会保持相对的稳定性。整体来看，尽管比亚迪和上汽集团的营业毛利率有所波动，但还是相对稳定的。就营业毛利率指标来看，比亚迪盈利水平高于上汽集团。

要注意的是，营业毛利率具有显著的行业特征，不同行业公司的营业毛利率具有显著的不同。由表 5-1～表 5-3 可知，2020—2023 年中期，五粮液公司的营业毛利率远高于比亚迪和上汽集团，这是由不同行业的市场竞争格局等因素共同决定的。

表 5-3　　　　　　　　　　　五粮液营业毛利率

项目	2020 年	2021 年	2022 年	2023 年中期
营业收入/万元	5 732 105.95	6 620 905.36	7 396 864.07	4 550 638.48
营业成本/万元	1 481 196.15	1 631 877.86	1 817 842.57	1 056 796.03
营业毛利/万元	4 250 909.80	4 989 027.50	5 579 021.50	3 493 842.45
营业毛利率	74.16%	75.35%	75.42%	76.78%

当公司外部经营环境相对稳定，且公司未做重大调整时，营业毛利率相对稳定。由表 5-3 可知，2020—2023 年中期五粮液公司的营业毛利率虽有波动，但整体稳定。

（二）多维度毛利率分析

同一公司可能会经营不同的产品，产品销售会有不同的渠道（直营、经销商等），还会销往不同的地区，销售给不同的客户。所以，可以在公司整体营业毛利率分析的基础上，基于业务类型、产品、渠道、客户等多个维度对毛利率进行分析。

毛利率的计算公式如下。

$$毛利率=毛利÷销售收入×100\%$$
$$毛利=销售收入-销售成本$$

例如，比亚迪同时经营手机类业务与汽车类业务，两种业务的毛利率有所不同，数据分别如表 5-4 和表 5-5 所示。

表 5-4　　　　　　　比亚迪手机部件、组装及其他产品毛利率

项目	2020 年	2021 年	2022 年	2023 年中期
销售收入/万元	6 004 296.70	8 645 445.20	9 881 505.40	5 109 016.50
销售成本/万元	5 331 956.40	7 990 653.20	9 282 863.10	4 660 714.50
毛利/万元	672 340.30	654 792.00	598 642.30	448 302.00
毛利率	11.20%	7.57%	6.06%	8.77%

表 5-5　　　　　　　比亚迪汽车、汽车相关产品及其他产品毛利率

项目	2020 年	2021 年	2022 年	2023 年中期
销售收入/万元	8 399 332.50	11 248 924.40	32 469 117.50	20 882 360.30
销售成本/万元	6 282 922.30	9 292 661.20	25 849 893.70	16 566 289.40
毛利/万元	2 116 410.20	1 956 263.20	6 619 223.80	4 316 070.90
毛利率	25.20%	17.39%	20.39%	20.67%

从表 5-4 和表 5-5 中可以看到，2020—2023 年中期，比亚迪汽车类业务的毛利率显著高于手机类业务的毛利率。由于不同的产品与业务有不同的毛利率，所以如果公司调整产品或业务结构，公司的整体营业毛利率也会有所变化。

公司产品销售的地区不同、渠道不同，毛利率也会有所不同。在表5-6中可以看到，2022年比亚迪直营渠道毛利率低于经销商渠道毛利率，境内毛利率高于境外毛利率。

表5-6　　　　　　　　　　2022年比亚迪分渠道与地区毛利率

项目	直营渠道	经销商渠道	境内	境外
销售收入/万元	18 772 160.90	23 633 902.60	33 260 743.50	9 145 320.00
销售成本/万元	16 422 927.70	18 758 640.30	26 403 563.90	8 778 004.10
毛利/万元	2 349 233.20	4 875 262.30	6 857 179.60	367 315.90
毛利率	12.51%	20.63%	20.62%	4.02%

公司产品的毛利率会受到宏观经济因素及政策的影响。从表5-7可以看出，在房地产调控政策的影响下，2019—2022年万科集团的房地产开发及相关资产经营业务毛利率呈现持续下降的趋势。

表5-7　　　　　　　　万科集团房地产开发及相关资产经营业务毛利率

项目	2019年	2020年	2021年	2022年
销售收入/万元	35 265 353.16	40 044 873.59	42 993 191 269.04	47 044 605.95
销售成本/万元	22 385 715.70	28 286 726.89	33 648 524 735.27	37 739 808.27
毛利/万元	12 879 637.46	11 758 146.70	9 344 666 533.77	9 304 797.68
毛利率	36.52%	29.36%	21.74%	19.78%

公司产品的毛利率与公司的战略也是紧密相关的。有些公司为了提升市场份额，会采取低价竞争战略，反映在公司财务报表数据上就是较低的毛利率，但这并不说明公司整体盈利能力弱。因为公司采取低价竞争战略时，会增加市场销售数量，进而提升公司的利润总额。小米集团智能手机采取的就是低价竞争战略，从表5-8中可以看出，2019—2022年小米手机的毛利率最高只有11.90%，这相对于苹果手机近年来35%以上的毛利率而言明显偏低。

表5-8　　　　　　　　　　　小米集团智能手机毛利率

项目	2019年	2020年	2021年	2022年
销售收入/百万元	122 094.90	152 190.90	208 868.90	167 217.20
销售成本/百万元	113 335.50	138 986.90	184 007.90	152 248.40
毛利/百万元	8 759.4	13 204.0	24 861.0	14 968.8
毛利率	7.17%	8.68%	11.90%	8.95%

小米集团2023年对战略进行调整，提出规模与利润并重的核心经营策略。2023年第三季度，小米集团整体毛利率达到22.7%，智能手机业务毛利率为16.6%[①]。可以看到相比于2022年，小米集团智能手机的毛利率提升幅度较大，这主要源于小米集团推出高端手机的拉动效应。

在对毛利率进行分析时，还应关注产品的品牌特征，因为品牌知名度越高，公司就拥有更大的定价权，从而提高产品的毛利率。从表5-9可以看出，2021—2022年，尽管同属五粮液公司的酒类产品，但五粮液产品的毛利率显著高于其他酒产品，这表明五粮液的品牌效应使得该产品有更大的定价权。

表5-9　　　　　　　　　　　五粮液酒类产品毛利率

项目	2021年		2022年	
	五粮液产品	其他酒产品	五粮液产品	其他酒产品
销售收入/万元	4 911 201.32	1 261 982.68	5 533 517.81	1 222 746.86
销售成本/万元	707 600.73	508 978.36	743 439.34	480 845.67
毛利/万元	4 203 600.58	753 004.33	4 790 078.47	741 901.19
毛利率	85.59%	59.67%	86.56%	60.67%

① 资料来源：小米集团业绩公告。

二、营业净利率

营业净利率，也可称为销售净利率，是净利润与营业收入之比，其计算公式如下。

$$营业净利率=净利润÷营业收入×100\%$$

营业净利率反映每 1 元营业收入赚取了多少利润，用于反映产品最终的盈利能力。在利润表上，从营业收入到净利润要扣除营业成本、期间费用、税金等项目。因此，将营业净利率按利润的扣除项目进行分解可以识别影响营业净利率的主要因素。五粮液与贵州茅台营业净利率如表 5-10 所示。

表 5-10　　　　　　　　　　　五粮液与贵州茅台营业净利率

公司	项目	2020 年	2021 年	2022 年
五粮液	营业收入/万元	5 732 105.95	6 620 905.36	7 396 864.07
	净利润/万元	2 091 334.04	2 450 745.03	2 797 063.19
	营业净利率	36.48%	37.02%	37.81%
贵州茅台	营业收入/万元	9 491 538.09	10 619 015.48	12 409 984.38
	净利润/万元	4 952 332.99	5 572 053.00	6 537 513.68
	营业净利率	52.18%	52.47%	52.68%

从表 5-10 中可以看出，2020—2022 年五粮液营业净利率不到 40%，均低于贵州茅台的营业净利率，这表明贵州茅台的盈利能力更强。但相比于其他行业的公司而言，五粮液的盈利水平已算较高。比亚迪营业净利率如表 5-11 所示。

表 5-11　　　　　　　　　　　　比亚迪营业净利率

项目	2020 年	2021 年	2022 年
营业收入/万元	15 659 769.10	21 614 239.50	42 406 063.50
净利润/万元	601 396.30	396 726.60	1 771 310.40
营业净利率	3.84%	1.84%	4.18%

对比表 5-10 和表 5-11 可以看出，2020—2022 年，比亚迪的营业净利率显著低于五粮液和贵州茅台的营业净利率。同行业上汽集团 2020—2022 年的营业净利率分别为 4.04%、4.47% 和 3.17%[①]。行业之间的营业净利率具有显著差异。就同行业公司而言，较高的营业净利率意味着较强的盈利能力。要提高营业净利率，一方面要提高收入，另一方面要降低成本，管理好销售费用、管理费用等费用，提高生产效率，这样公司的营业净利率才能相对较高。

比较营业毛利率与营业净利率，可以看出一般公司的营业净利率会小于营业毛利率，因为营业毛利率反映的是公司核心业务的盈利能力，但是也有个别公司会存在营业净利率大于营业毛利率的异常现象。此时，最大的可能是公司的"投资收益""营业外收入""资产处置收益"等项目金额较大，超过了期间费用、营业外支出的发生额，比如公司本年度处置了大额资产，或公司获得了较大金额的投资收益。

三、总资产净利率

总资产净利率指净利润与平均总资产的比率，反映每 1 元资产创造的净利润。其计算公式如下。

$$总资产净利率=净利润÷平均总资产×100\%$$
$$平均总资产=（期初总资产+期末总资产）÷2$$

---

① 资料来源：新浪财经网，也可通过上汽集团年报数据进行计算。

总资产净利率衡量的是公司资产的盈利能力。总资产净利率越高，表明公司资产的利用效果越好，运营效率越高。五粮液与贵州茅台总资产净利率如表 5-12 所示。

表 5-12　　　　　　　　　　五粮液与贵州茅台总资产净利率

公司	项目	2020 年	2021 年	2022 年
五粮液	总资产/万元	11 389 313.90	13 562 081.22	15 271 472.79
	平均总资产/万元	11 014 505.57	12 475 697.56	14 416 777.01
	净利润/万元	2 091 334.04	2 450 745.03	2 797 063.19
	总资产净利率	18.99%	19.64%	19.40%
贵州茅台	总资产/万元	21 339 581.05	25 516 819.52	25 436 480.50
	平均总资产/万元	19 821 909.13	23 428 200.28	25 476 650.01
	净利润/万元	4 952 332.99	5 572 053.00	6 537 513.68
	总资产净利率	24.98%	23.78%	25.66%

注：2019 年资产负债表日五粮液资产余额为 10 639 697.23 万元，贵州茅台资产余额为 18 304 237.20 万元。

由表 5-12 可知，2020—2022 年五粮液总资产净利率低于同行业贵州茅台，表明从资产运营效率来看，贵州茅台更好。总资产净利率也带有显著的行业特点，比如 2020—2022 年比亚迪的总资产净利率显著低于白酒行业公司五粮液和贵州茅台的总资产净利率。比亚迪总资产净利率如表 5-13 所示。

表 5-13　　　　　　　　　　比亚迪总资产净利率

项目	2020 年	2021 年	2022 年
总资产/万元	20 101 732.10	29 578 014.70	49 386 064.60
平均总资产/万元	19 832 945.70	24 839 873.40	39 482 039.65
净利润/万元	601 396.30	396 726.60	1 771 310.40
所得税费用/万元	86 862.40	55 073.70	336 662.50
利息费用/万元	312 380.10	190 764.20	131 635.00
总资产净利率	3.03%	1.60%	4.49%
总资产报酬率	5.05%	2.59%	5.67%

注：2019 年资产负债表日比亚迪资产余额为 19 564 159.30 万元。

为了更好地分析公司资产运营的效率，还有另外一个常用的指标，就是总资产报酬率。

总资产报酬率=（净利润+所得税费用+利息费用）÷平均总资产×100%

可以看到，总资产报酬率与总资产净利率的区别在于，分子将所得税费用与利息费用加回，这是因为分母中包含了股东与债权人投入的所有资产，所以债权人获得的收益（利息费用）也应该视为资产运营获得的收益，在分子中予以加回。表 5-13 列示了 2020—2022 年比亚迪的总资产报酬率，其各年度总资产报酬率大于总资产净利率。

四、净资产收益率

净资产收益率是净利润与平均所有者权益的比值。净资产收益率又称权益净利率，通常表示每 1 元权益资本赚取的净利润，反映权益资本经营的盈利能力。较高的净资产收益率意味着公司能够以较少的资本投入取得较高的利润，代表了公司在运营过程中有效利用股东投入资本的能力。一般来说，净资产收益率越高，所有者的利益保障程度就越高。如果公司的净资产收益率在一段时期内持续增长，说明权益资本盈利能力稳定增强。净资产收益率计算公式如下。

净资产收益率 1=净利润÷平均所有者权益×100%

一般在对上市公司净资产收益率进行分析时，上述公式中的净利润通常用归属于母公司所有者的净利润与归属于母公司的所有者权益计算，计算公式如下。

净资产收益率2=归属于母公司所有者的净利润÷平均归属于母公司的所有者权益×100%

比亚迪净资产收益率如表5-14所示。

表5-14　　　　　　　　　　　　　比亚迪净资产收益率

项目	2020 年	2021 年	2022 年
所有者权益/万元	6 445 391.20	10 424 420.90	12 138 983.70
平均所有者权益/万元	6 352 766.60	8 434 906.05	11 281 702.30
净利润/万元	601 396.30	396 726.60	1 771 310.40
净资产收益率 1	9.47%	4.70%	15.70%
归属于母公司的所有者权益合计/万元	5 687 427.40	9 506 967.10	11 102 929.90
平均归属于母公司的所有者权益/万元	5 681 828.15	7 597 197.25	10 304 948.50
归属于母公司所有者的净利润/万元	423 426.70	304 518.80	1 662 244.80
净资产收益率 2	7.45%	4.01%	16.13%

注：2019 年资产负债表日比亚迪所有者权益余额为 626 0142 万元，归属于母公司的所有者权益合计为 5 676 228.9 万元。

从表5-14可以看出，按两种方法算出的净资产收益率略有差异，但差异不是很大。这是因为对一般的公司而言，归属于母公司所有者的净利润与归属于母公司的所有者权益均占了公司合并报表中净利润与所有者权益的大部分。按照证监会相关披露规定，公司一般会按照第二种方法计算净资产收益率。但从分析各个指标之间的关系来看，一般会采用第一种方法计算。以下是净资产收益率与总资产净利率之间的关系。

净资产收益率=净利润÷平均所有者权益×100%

=（净利润÷平均总资产）÷（平均所有者权益÷平均总资产）

=总资产净利率÷（平均所有者权益÷平均总资产）

可以看到，净资产收益率会受到公司资本结构的影响。当公司增加负债时，所有者权益占总资产的比重就会下降，从而净资产收益率会提升。所以，总资产净利率相近的公司，负债占比较大的公司的净资产收益率相对越高。此时，需要关注举债带来的财务风险。

不同行业的公司之间的净资产收益率也会有所不同。从表5-15 中可以看出，2020—2022 年白酒行业五粮液与贵州茅台的净资产收益率高于汽车制造行业的比亚迪。

表5-15　　　　　　　　　　　五粮液与贵州茅台净资产收益率

公司	项目	2020 年	2021 年	2022 年
五粮液	所有者权益/万元	8 775 824.66	10 139 188.36	11 668 418.96
	平均所有者权益/万元	8 192 714.72	9 457 506.51	10 903 803.66
	净利润/万元	2 091 334.04	2 450 745.03	2 797 063.19
	净资产收益率 1	25.53%	25.91%	25.65%
	净资产收益率 2	24.94%	25.30%	25.28%
贵州茅台	所有者权益/万元	16 772 068.31	19 695 750.67	20 496 468.83
	平均所有者权益/万元	15 479 853.17	18 233 909.49	20 096 109.75
	净利润/万元	4 952 332.99	5 572 053.00	6 537 513.68
	净资产收益率 1	31.99%	30.56%	32.53%
	净资产收益率 2	31.41%	29.90%	30.26%

注：2019 年资产负债表日五粮液所有者权益余额为 7 609 604.77 万元，贵州茅台所有者权益余额为 14 187 638.02 万元，净资产收益率 2 指标数值来自新浪财经网，也可通过年报数据进行计算。

任务实施

子任务一：数据准备

步骤一：导入数据。

打开 Power BI Desktop，单击"主页"选项卡中的"Excel 工作簿"按钮，分别导入宁德时代资产负债表和宁德时代利润表，并单击"转换数据"按钮，进入 Power Query 编辑器。以宁德时代资产负债表为例，如图 5-2 所示。

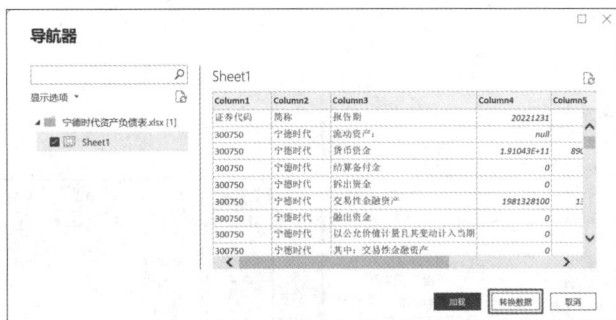

操作演示

盈利能力分析

图 5-2　转换数据

> **说明**
>
> 如有财务大数据分析与决策教学平台账号，可进入课程综合教学平台，打开大数据中心，获取数据，如图 5-3 所示。
>
>
>
> 图 5-3　大数据中心
>
> 输入需要获取的财报数据的上市公司名称，单击"查看详情"按钮，单击"财务报表"下拉按钮，在弹出的下拉列表中选择"资产负债表"，输入报告期"2018-12—2024-12"，再单击"查询"按钮，下载数据或复制地址，如图 5-4 所示。
>
>
>
> 图 5-4　获取数据地址

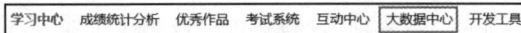

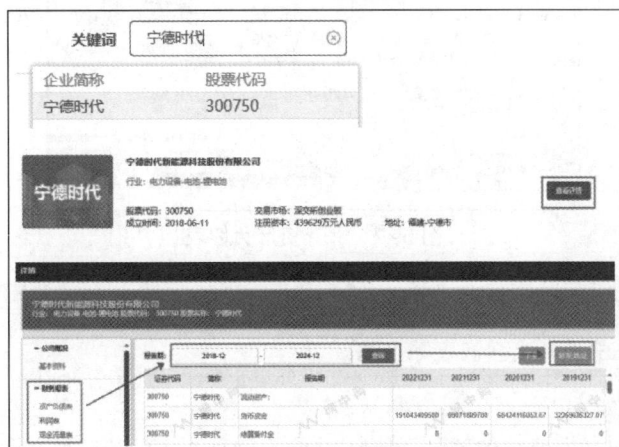

步骤二：数据整理（以宁德时代资产负债表为例）。

（1）单击"主页"选项卡中的"将第一行用作标题"按钮，将第一行数据用作标题。

（2）更改数据类型。选中"证券代码"列，在其上单击鼠标右键，在弹出的快捷菜单中选择"更改类型"—"文本"，如图5-5所示。

（3）单击"添加列"选项卡中的"索引列"下拉按钮，在弹出的下拉列表中选择"从 1"选项，新增加一列索引列，如图5-6所示。

图 5-5　更改数据类型

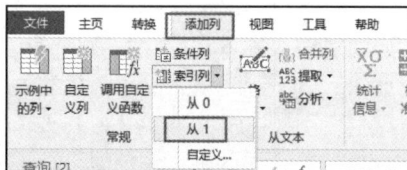

图 5-6　增加索引列

（4）逆透视其他列。按住"Ctrl"键，同时选中"证券代码""简称""报告期""索引"列，单击鼠标右键，在弹出的快捷菜单中选择"逆透视其他列"。

（5）更改字段名称及类型。由于应用了逆透视功能，所以标题与实际功能描述出现差异，需要对标题字段名称进行修改。更改其中三列名称，双击标题字段名称，将"报告期"改为"项目名称"，将"属性"改为"报告期"，将"值"改为"金额"。同时，将"报告期"列的数据类型修改为"日期"。

（6）保存表。更改表名为"宁德时代资产负债表"，单击"保存"按钮，如图5-7所示。

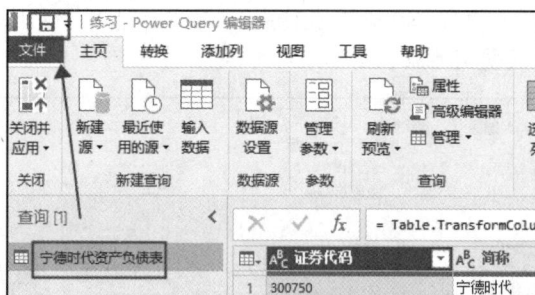

图 5-7　保存资产负债表

> 🕐 说明
>
> 用上述方法载入宁德时代利润表等数据。

步骤三：追加查询。

（1）选中"宁德时代资产负债表"，单击"主页"选项卡中的"追加查询"下拉按钮，在弹出的下拉列表中选择"将查询追加为新查询"选项，如图5-8所示。

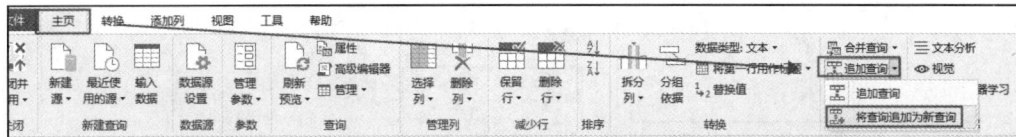

图 5-8　选择"将查询追加为新查询"

（2）在弹出的"追加"对话框中选中"三个或更多表"，在"可用表"列表中选中需要的表，单击"添加"按钮将其添加到"要追加的表"列表，单击"确定"按钮，如图 5-9 所示，生成一个新的由三张资产负债表合成的表，将该表重命名为"资产负债表"。

（3）选中"宁德时代资产负债表"，单击鼠标右键，在弹出的快捷菜单中取消勾选"启用加载"，单击"继续"。可以看到不启用加载的宁德时代资产负债表字体变为斜体，如图 5-10 所示。用相同办法取消启用加载格林美资产负债表和比亚迪资产负债表。

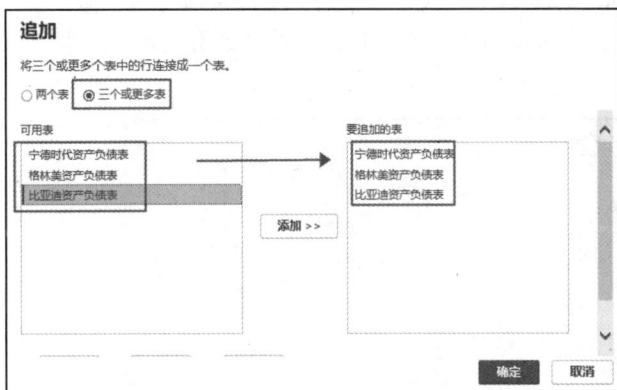

图 5-9　追加查询其他公司的资产负债表

图 5-10　取消启用加载

> **说明**
>
> 取消启用加载是为了不让这三张单独的资产负债表显示在 Power BI 中，只需要显示合并的资产负债表即可。

（4）单击"保存"按钮后再单击"关闭并应用"按钮，将宁德时代、格林美、比亚迪的利润表和现金流量表，用上述载入资产负债表的方法载入 Power BI 中。

子任务二：数据建模

步骤一： 创建企业表、日期表及金额单位表。

（1）切换至数据视图，选择资产负债表，单击"表工具"选项卡中的"新建表"按钮，输入如下公式，并单击"√"或按"Enter"键完成公式输入。

```
企业表 = SUMMARIZE('资产负债表','资产负债表'[证券代码],'资产负债表'[简称])
```

（2）创建日期表，输入如下公式。

```
日期表 = DISTINCT('资产负债表'[报告期])
```

（3）选择创建好的日期表，在"列工具"选项卡中单击"新建列"按钮，输入如下公式。

```
年份 = YEAR('日期表'[报告期])
```

得到日期表，如图 5-11 所示。

（4）创建金额单位表。单击"主页"选项卡中的"输入数据"按钮，打开"创建表"窗口，在"名称"中输入"金额单位表"，输入列名和数据，单击"加载"按钮，如图 5-12 所示。

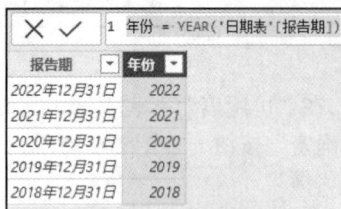

图 5-11　创建日期表

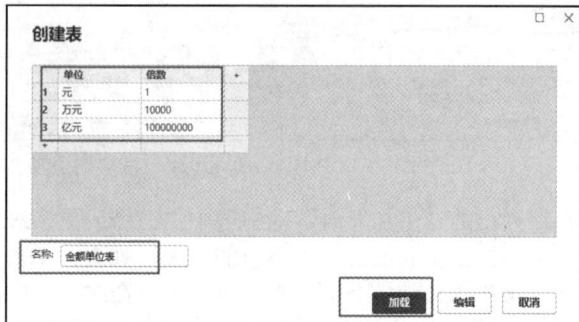

图 5-12　创建金额单位表

步骤二： 建立表间关联关系。

切换至模型视图，将日期表的"报告期"与利润表、现金流量表、资产负债表的"报告期"关联，将企业表的"证券代码"与利润表、现金流量表、资产负债表的"证券代码"关联，如图 5-13 所示。

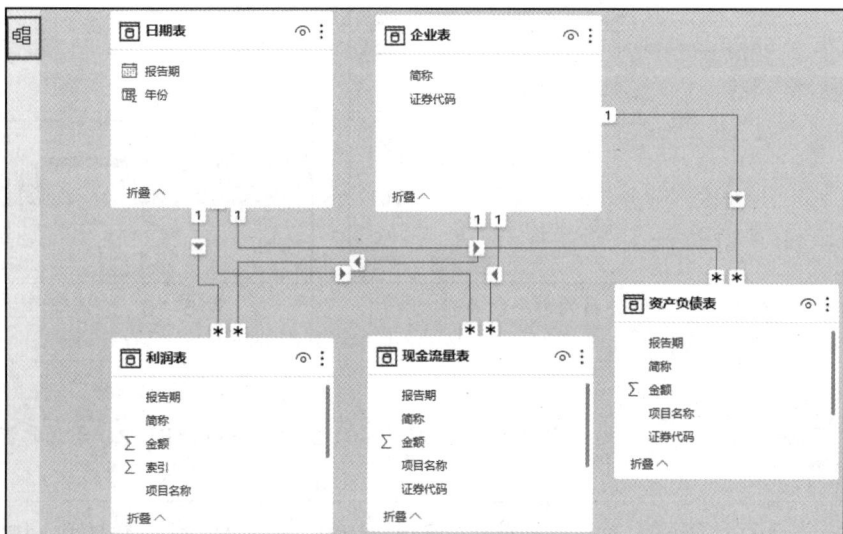

图 5-13　建立表间关联关系

步骤三： 新建度量值。

单击"主页"选项卡中的"输入数据"按钮，打开"创建表"窗口，在"名称"中输入"盈利能力分析表"，单击"加载"按钮。切换至表格视图，选择需要放对应度量值的表，然后单击"表工具"选项卡中的"新建度量值"按钮，输入以下公式，依次建立度量值。盈利能力分析指标度量值如表 5-16 所示。

表 5-16　　　　　　　　　　　盈利能力分析指标度量值

序号	度量值	存放位置
1	利润表金额=DIVIDE(SUM('利润表'[金额]),SELECTEDVALUE('金额单位表'[倍数]))	利润表
2	营业收入=CALCULATE([利润表金额],'利润表'[项目名称]="营业收入")	盈利能力分析表
3	营业成本=CALCULATE([利润表金额],'利润表'[项目名称]="营业成本")	盈利能力分析表
4	毛利润=[营业收入]-[营业成本]	盈利能力分析表
5	毛利率=DIVIDE(([营业收入]-[营业成本]),[营业收入])	盈利能力分析表

子任务三：可视化视觉对象设计

步骤一：设置主题。

在"视图"选项卡中单击"主题"下拉按钮，在弹出的下拉列表中选择需设置的主题，如图 5-14 所示。

步骤二：设计可视化视觉对象。

选择插入折线和簇状柱形图，分别将日期表中的"年份"拖动至"X 轴"，将度量值"毛利润"拖动至"Y 轴"，将度量值"毛利率"拖动至"辅助 Y 轴"。设置字体、标题等可视化对象属性，设计好的折线和簇状柱形图如图 5-15 所示。

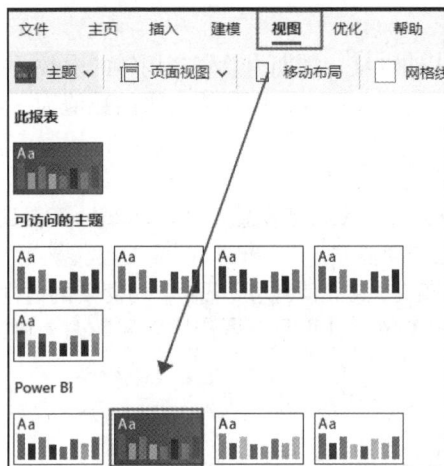

图 5-14　选择可视化主题

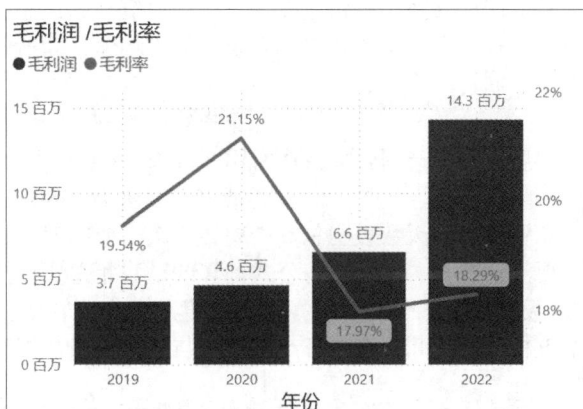

图 5-15　折线和簇状柱形图

📖 任务拓展

请参照毛利率的可视化设计方案，完成其他宁德时代盈利能力指标的可视化设计，并构建盈利能力分析看板，如图 5-16 所示。

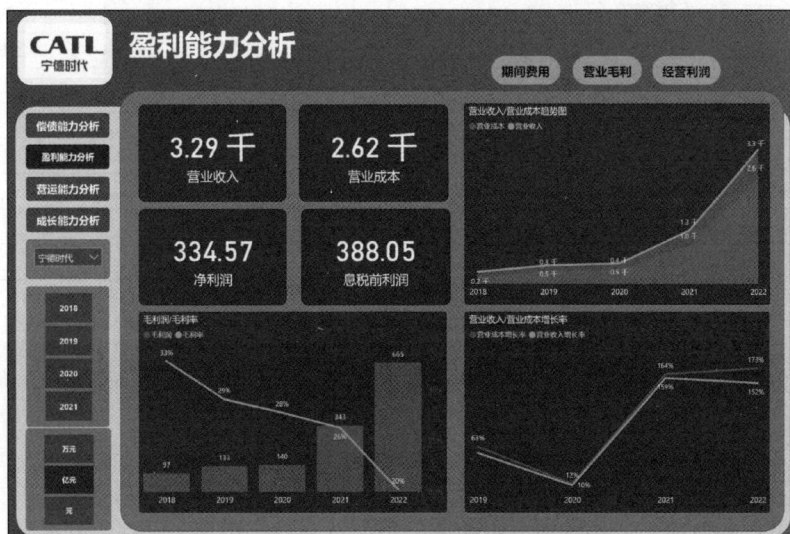

图 5-16　盈利能力分析看板

任务二　营运能力分析

情境案例

对宁德时代的营运能力进行分析，并进行可视化设计，构建营运能力分析看板。

知识准备

一、总资产周转率

总资产周转率是指营业收入与平均总资产的比率，表明在某一周期内总资产周转的次数。如果平均总资产用的是年初与年末余额的平均值，营业收入为当年收入，则计算出来的数值为一年内总资产周转的次数。

$$总资产周转率=营业收入÷平均总资产$$

年度内总资产周转天数通常用 360 天（1 年按照 360 天计）除以年度总资产周转率计算得到。

$$总资产周转天数=360÷总资产周转率$$

总资产周转天数表明总资产周转一次需要的时间，也就是总资产转换成现金平均需要的时间。但需要注意的是，按照上述公式计算的是当年总资产周转天数。计算月总资产周转天数时，则需以 30 天（1 月按照 30 天计）除以月度总资产周转率。

五粮液与贵州茅台总资产周转率与周转天数数据如表 5-17 所示。

表 5-17　　　　　　　　五粮液与贵州茅台总资产周转率与周转天数

公司	项目	2020 年	2021 年	2022 年
五粮液	营业收入/万元	5 732 105.95	6 620 905.36	7 396 864.07
	总资产/万元	11 389 313.90	13 562 081.22	15 271 472.79
	平均总资产/万元	11 014 505.57	12 475 697.56	14 416 777.01
	总资产周转率	0.52	0.53	0.51
	总资产周转天数/天	692	678	702
贵州茅台	营业总收入/万元	9 799 324.05	10 946 427.86	12 755 395.94
	营业收入/万元	9 491 538.09	10 619 015.48	12 409 984.38
	总资产/万元	21 339 581.05	25 516 819.52	25 436 480.50
	平均总资产/万元	19 821 909.13	23 428 200.28	25 476 650.01
	总资产周转率 1	0.49	0.47	0.50
	总资产周转天数 1/天	728	770	719
	总资产周转率 2	0.48	0.45	0.49
	总资产周转天数 2/天	752	794	739

注：2019 年资产负债表日五粮液总资产余额为 10 639 697.23 万元，贵州茅台总资产余额为 18 304 237.20 万元。

在表 5-17 中，贵州茅台的总资产周转率与周转天数用了两种方式计算，其中总资产周转率 1 是用营业总收入除以平均总资产，而总资产周转率 2 是用营业收入除以总资产。一般情况下，合并报表中营业总收入与营业收入是一致的，但如果集团内有财务公司等，则可能存在计入营业总收入的利息收入，此时营业总收入大于营业收入。从贵州茅台的数据来看，无论是采用营业总收入还是营业收入，其 2020—2022 年总资产周转率均低于五粮液。如果单从指标本身来分析，贵州茅台的资产运营效率更低。但是仔细分析两家公司的总资产结构，会发现贵州茅台货币资金及拆出资金等资金类资产占总资产比例较大，影响了总资产的周转速度。

二、流动资产周转率

流动资产周转率是反映企业流动资产周转速度的指标。流动资产周转率是指一定时期营业收入与平均流动资产之间的比率。其计算公式如下。

流动资产周转率＝营业收入÷平均流动资产

在一定时期内，流动资产周转次数越多，表明以相同的流动资产完成的周转额越多，流动资产利用效果越好。流动资产周转天数越少，表明流动资产在生产、销售各阶段所占用的时间越短，可以相对节约流动资产，增强公司盈利能力。

2020—2021年贵州茅台流动资产周转速度慢于五粮液，2022年二者有相同的流动资产周转速度，但二者的周转天数都较长，这是由行业特点决定的，如表5-18所示。两家公司均有相对充裕的资金，这也会影响流动资产的周转速度。

表5-18　　　　　　五粮液与贵州茅台流动资产周转率与周转天数

公司	项目	2020年	2021年	2022年
五粮液	营业收入/万元	5 732 105.95	6 620 905.36	7 396 864.07
	流动资产/万元	10 235 566.87	12 213 772.54	13 756 577.18
	平均流动资产/万元	9 949 121.68	11 224 669.70	12 985 174.86
	流动资产周转率	0.58	0.59	0.57
	流动资产周转天数/天	625	610	632
贵州茅台	营业收入/万元	9 491 538.09	10 619 015.48	12 409 984.38
	流动资产/万元	18 565 215.50	22 076 569.28	21 661 143.57
	平均流动资产/万元	17 233 831.35	20 320 892.39	21 868 856.43
	流动资产周转率	0.55	0.52	0.57
	流动资产周转天数/天	654	689	634

注：2019年资产负债表日贵州茅台流动资产余额为15 902 447.20万元，五粮液流动资产余额为9 662 676.50万元。

三、应收账款周转率

应收账款周转率反映了企业应收账款周转速度的快慢及应收账款管理效率的高低。应收账款周转率计算公式如下。

应收账款周转率＝营业收入÷平均应收账款

应收账款周转率表明在某一周期内应收账款周转的次数。如果平均应收账款用的是年初与年末余额的平均值，营业收入为当年收入，则计算出来的数值为一年内应收账款周转的次数。从理论上讲，应收账款是赊销引起的，其对应的是营业收入中的赊销部分，而非全部。因此，计算时应使用赊销额而非营业收入。但在实际计算时因为营业收入较易取得，所以通常用营业收入作为分子予以计算。

年度内应收账款周转天数通常用360天（1年按照360天计）除以年度应收账款周转率计算得到。

应收账款周转天数＝360÷应收账款周转率

一般而言，在一定时期内应收账款周转率低（周转天数多），说明应收账款收回慢，占用资金多，不利于提高企业的现金流质量；应收账款周转率高（周转天数少），通常表明企业信用销售管理严格，收账速度较快，应收账款流动性较强。比较应收账款周转天数及企业信用期限，可评价客户的信用程度，调整企业信用政策。如果企业应收账款周转率显著低于行业平均水平，则表明企业的资金链存在压力，违约风险大。

五粮液应收账款周转率与周转天数如表5-19所示。

表 5-19 五粮液应收账款周转率与周转天数

项目	2020 年	2021 年	2022 年
营业收入/万元	5 732 105.95	6 620 905.36	7 396 864.07
应收账款/万元	4 149.62	6 419.31	3 568.69
平均应收账款/万元	8 797.29	5 284.46	4 994.00
应收账款周转率	651.58	1 252.90	1 481.15
应收账款周转天数/天	0.55	0.29	0.24

注：2019 年资产负债表日五粮液应收账款余额为 13 444.97 万元。

从表 5-19 可以看到，五粮液应收账款周转速度很快，这是白酒行业的显著特点。贵州茅台 2020 年和 2021 年均无应收账款，2022 年应收账款也仅占资产总额的千分之一左右，所以不再分析贵州茅台的应收账款周转率。

比亚迪作为汽车制造业的企业，应收账款周转速度明显慢于白酒行业的企业，但与同行业上汽集团 2020—2022 年应收账款周转率（分别为 2.25、4.93、7.39）相比，其应收账款周转速度相对较快。比亚迪应收账款周转率与周转天数如表 5-20 所示。

表 5-20 比亚迪应收账款周转率与周转天数

项目	2020 年	2021 年	2022 年
营业收入/万元	15 659 769.10	21 614 239.50	42 406 063.50
应收账款/万元	4 121 642.70	3 625 128.00	3 882 849.40
平均应收账款/万元	4 257 511.10	3 873 385.35	3 753 988.70
应收账款周转率	3.68	5.58	11.30
应收账款周转天数/天	97.88	64.51	31.87

注：2019 年资产负债表日比亚迪应收账款余额为 4 393 379.50 万元。

应收账款周转率主要受行业特点、企业的信用政策、客户类型、客户的信用度水平、客户资金充裕度等多种因素的影响。大家可以想一下，相比于汽车制造业，商业零售业的应收账款周转率是相对较高还是较低？

表 5-21 列示了 2022 年王府井等百货公司的应收账款周转率与周转天数。很明显，这些企业的应收账款周转率高于汽车制造业的比亚迪。就三家企业数据来看，新华百货应收账款周转速度较快，管理效率相对较高。

表 5-21 王府井等百货公司应收账款周转率与周转天数

项目	王府井	华联股份	新华百货
应收账款周转率	33.17	14.77	39.59
应收账款周转天数/天	10.85	24.38	9.09

四、存货周转率

存货周转率用于计量在某一周期内存货周转的次数，计算公式如下。

存货周转率=营业成本÷平均存货

在上述公式中，如果平均存货用的是年初与年末余额的平均值，营业成本为当年成本，则计算出来的数值为一年内存货周转的次数。年度内存货周转天数通常用 360 天（1 年按照 360 天计）除以年度存货周转率计算得到。

存货周转天数=360÷存货周转率

知识讲解

存货周转率分析

通过分析存货周转率，有利于找出存货管理中存在的问题，尽可能降低资金占用水平。一般而言，存货周转率越高，表明企业存货变现能力越强，存货占用的资金周转速度越快。较高的存货周转率，也在一定程度上表明企业在采购、存储、生产、销售各环节的管理工作做得相对较好。表 5-22 列示了五粮液与贵州茅台存货周转率与周转天数的数据。

表 5-22　　　　　　　　　　五粮液与贵州茅台存货周转率与周转天数

公司	项目	2020 年	2021 年	2022 年
五粮液	营业成本/万元	1 481 196.15	1 631 877.86	1 817 842.57
	存货/万元	1 322 827.36	1 401 506.71	1 598 065.70
	平均存货/万元	1 345 394.66	1 362 167.04	1 499 786.21
	存货周转率	1.10	1.20	1.21
	存货周转天数/天	327.27	300.00	297.52
贵州茅台	营业成本/万元	815 400.15	898 337.78	1 009 346.86
	存货/万元	2 886 908.77	3 339 436.51	3 882 437.42
	平均存货/万元	2 707 700.42	3 113 172.64	3 610 936.97
	存货周转率	0.30	0.29	0.28
	存货周转天数/天	1 200	1 241	1 286

注：2019 年资产负债表日五粮液存货余额为 1 367 961.96 万元，贵州茅台存货余额为 2 528 492.08 万元。

单从存货周转率上来看，2020—2022 年贵州茅台的存货周转率低于五粮液。按一般的分析，可能会认为贵州茅台存在存货积压等情形，但这与通常的认知似乎又是矛盾的。根本的原因在于茅台酒与五粮液酒的生产工艺与时间不同，茅台酒的生产时间长于五粮液酒的生产时间，导致了更慢的存货周转速度。从表 5-23 也可以看出，在贵州茅台的存货构成中，库存商品占比较小，更多的是在产品和自制半成品，其影响了存货周转速度。

表 5-23　　　　　　　　　　　　贵州茅台存货构成

项目	2021 年		2022 年	
	余额/万元	占比	余额/万元	占比
原材料	401 953.85	12.04%	391 746.25	10.09%
在产品	1 430 936.61	42.85%	1 731 016.31	44.59%
库存商品	131 935.26	3.95%	181 411.07	4.67%
自制半成品	1 374 610.79	41.16%	1 578 263.79	40.65%
合计	3 339 436.51	100.00%	3 882 437.42	100.00%

🔍 任务实施

子任务一：数据建模

步骤一：创建营运能力分析表。

单击"主页"选项卡中的"输入数据"按钮，打开"创建表"窗口，在"名称"中输入"营运能力分析表"，单击"加载"按钮。

步骤二：新建度量值。

选择需要放对应度量值的表，然后单击"表工具"选项卡中的"新建度量值"按钮，依次创建营运能力分析指标度量值，如表 5-24 所示。

操作演示

营运能力分析

表 5-24 营运能力分析指标度量值

序号	度量值	存放位置
1	资产负债表上年金额=CALCULATE([资产负债表金额],PREVIOUSYEAR('日期表'[报告期]))	资产负债表
2	平均存货=CALCULATE(([资产负债表金额]+[资产负债表上年金额])/2,'资产负债表'[项目名称]="存货")	营运能力分析表
3	存货周转率=[营业成本]/[平均存货]	营运能力分析表
4	平均应收账款=CALCULATE(([资产负债表金额]+[资产负债表上年金额])/2,'资产负债表'[项目名称]="应收账款")	营运能力分析表
5	应收账款周转率=[营业收入]/[平均应收账款]	营运能力分析表

子任务二：可视化视觉对象设计

步骤一： 插入存货周转率折线和簇状柱形图。

分别将日期表的"年份"拖动至"X轴"，将度量值"平均存货""营业收入"拖动至"Y轴"，将度量值"存货周转率"拖动至"辅助 Y 轴"。设置字体、标题等可视化对象属性，效果如图 5-17 所示。

图 5-17 存货周转率折线和簇状柱形图

步骤二： 插入应收账款周转率折线和簇状柱形图。

分别将日期表的"年份"拖动至"X轴"，将度量值"平均应收账款""营业收入"拖动至"Y轴"，将度量值"应收账款周转率"拖动至"辅助 Y轴"。设置字体、标题等可视化对象属性，效果如图 5-18 所示。

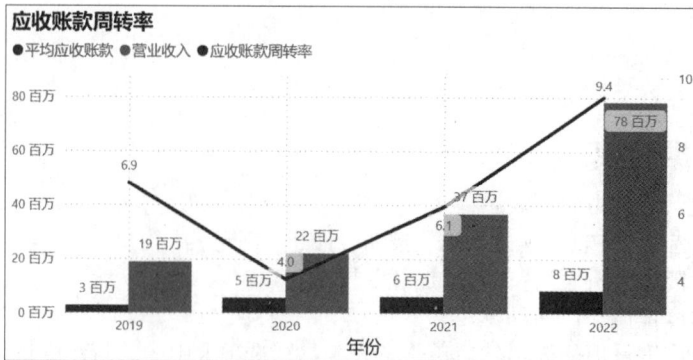

图 5-18 应收账款周转率折线和簇状柱形图

任务拓展

请参照存货周转率和应收账款周转率的可视化设计方案，完成其他宁德时代营运能力指标的可视化设计，并构建营运能力分析看板，如图 5-19 所示。

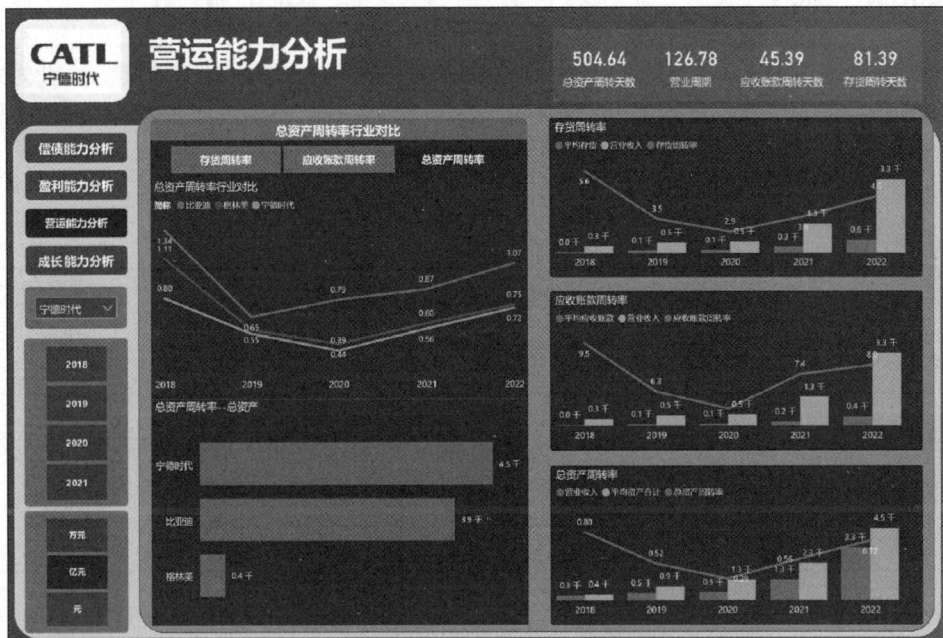

图 5-19　营运能力分析看板

任务三　偿债能力分析

情境案例

对宁德时代的偿债能力进行分析，并进行可视化设计，构建偿债能力分析看板。

知识准备

偿债能力是指企业偿还所欠债务的能力。对偿债能力进行分析可以有效评价企业的财务状况，有助于企业进行正确的借贷决策与经营决策。债务一般按到期时间分为短期债务和长期债务，偿债能力分析也由此分为短期偿债能力分析和长期偿债能力分析。

短期偿债能力衡量的是对流动负债的清偿能力。企业的短期偿债能力取决于短期内企业产生现金的能力，即在短期内能够转化为现金的流动资产的多少。所以，短期偿债能力比率也称为变现能力比率或流动性比率。企业短期偿债能力的衡量指标主要有流动比率、速动比率和现金比率。

长期偿债能力是指企业对债务总额特别是长期债务的偿付能力。若企业长期偿债能力出现问题，会影响企业从股东或债权人中获取资金的信用。如果信用低，股东和债权人会提高风险报酬率，从而提高企业的融资难度和融资成本。当长期偿债能力恶化时，企业将面临资不抵债和破产清算的威胁。企业长期偿债能力的衡量指标主要有资产负债率、产权比率和利息保障倍数。

一、流动比率

流动比率是企业流动资产与流动负债之比。其计算公式如下。

$$流动比率=流动资产÷流动负债$$

流动比率表明每 1 元流动负债有多少流动资产作为保障。流动比率越高，偿债能力越强。一般认为，生产企业合理的流动比率为 2。这是因为生产企业流动资产中变现能力最弱的存货的金额约占流动资产总额的一半，剩下的流动性较强的流动资产至少要等于流动负债，企业短期偿债能力才有保证。随着企业经营方式和金融环境的变化，流动比率有下降的趋势，现在也有许多经营状况较好的企业的流动比率低于 2。

表 5-25 中列示了五粮液与贵州茅台的流动比率。

表 5-25　　　　　　　　　　五粮液与贵州茅台的流动比率

公司	项目	2020 年	2021 年	2022 年
五粮液	流动资产/万元	10 235 566.87	12 213 772.54	13 756 577.18
	流动负债/万元	2 587 893.90	3 361 559.83	3 575 914.53
	流动比率	3.96	3.63	3.85
贵州茅台	流动资产/万元	18 565 215.50	22 076 569.28	21 661 143.57
	流动负债/万元	4 567 366.99	5 791 422.23	4 906 566.88
	流动比率	4.06	3.81	4.41

从表 5-25 中可以看到，无论是五粮液还是贵州茅台，2020—2022 年的流动比率都相对较高，短期偿债能力较强，这也是白酒行业的重要特征。

比亚迪等公司的流动比率如表 5-26 所示。

表 5-26　　　　　　　　　　比亚迪等公司的流动比率

公司	2020 年	2021 年	2022 年
比亚迪	1.05	0.97	0.72
上汽集团	1.11	1.13	1.07
光明乳业	0.99	1.06	0.92
伊利股份	0.82	1.16	0.99
万科	1.17	1.22	1.31
保利发展	1.51	1.52	1.54

从表 5-26 可以看出，不同行业的企业由于经营模式的不同，流动比率略有差异。乳品行业的光明乳业与伊利股份的流动比率的变化趋势相近，比较稳健。汽车制造行业的比亚迪的流动比率低于上汽集团，且呈现下降趋势，但是进一步分析比亚迪的流动负债情况，会发现其短期借款与交易性金融负债占流动负债的比例较小，所以偿债压力就目前而言尚在可接受范围之内。

房地产企业万科和保利发展的流动比率在数值上表现似乎较好。但是对万科的流动资产与流动负债做进一步分析，会发现其流动负债中占比最大的是存货，如表 5-27 所示。如果存货变现能力强，即房屋可以如期销售，偿债能力没有问题，一旦房地产市场不景气，则可能带来较大的财务风险。

表 5-27　　　　　万科 2022 年流动资产与流动负债

项目	金额/万元	占流动资产的比重	项目	金额/万元	占流动负债的比重
货币资金	13 720 763.49	9.6942%	短期借款	413 330.62	0.3335%
交易性金融资产	1 814.23	0.0013%	交易性金融负债	19 179.20	0.0178%
衍生金融资产	4 505.39	0.0032%	衍生金融负债	19 344.96	0.0179%
应收票据	655.26	0.0005%	应付票据	2 509.74	0.0023%
应收账款	750 469.21	0.5302%	应付账款	28 921 642.76	26.8339%
预付款项	6 048 353.84	4.2734%	预收款项	126 018.93	0.1169%
其他应收款	27 269 467.82	19.2669%	合同负债	46 558 095.77	43.1973%
存货	90 705 693.04	64.0868%	应付职工薪酬	676 341.22	0.6275%
合同资产	1 092 751.51	0.7721%	应交税费	3 183 538.39	2.9537%
其他流动资产	1 941 164.20	1.3715%	其他应付款	17 390 491.10	16.1352%
流动资产合计	141 535 637.99	100.0001%	一年内到期的非流动负债	6 392 207.33	5.9308%
			其他流动负债	4 077 457.17	3.7831%
			流动负债合计	107 780 157.20	99.9999%

注：因小数位四舍五入，导致流动资产合计、流动负债合计存在 0.0001% 的误差，不影响分析结果。

运用流动比率进行分析时，要注意以下四个方面的问题。

第一，流动比率高不意味着短期偿债能力一定很强。计算流动比率时假设全部流动资产可变现清偿流动负债。但实际上各项流动资产的变现能力并不相同，而且变现金额可能与账面金额存在较大差异。比如企业存货的变现能力弱，可能就不能有效偿还债务。因此，流动比率只是对短期偿债能力的粗略估计，在实际工作中，还需进一步分析流动资产的构成项目。

第二，有些流动负债是由于采购、销售而形成的，比如应付账款、合同负债。如果购买方对上下游企业有较好的谈判优势，就更有可能推迟采购款项的支付或者预收客户货款，进而形成较高余额的应付账款与合同负债，这些负债不用偿还利息，反而有可能是企业竞争能力的体现。

第三，流动比率过低意味着企业偿债能力可能存在问题，但流动比率也不是越高越好。比如有些企业流动资产中有大量的货币资金，固然保障了偿还债务的安全性，但资金的使用效率可能会相对较低，不利于企业整体价值的提升。

第四，计算出来的流动比率只有和同行业平均流动比率、本企业历史流动比率进行比较，才能知道这个比率是偏高还是偏低。这种比较通常并不说明流动比率为什么过高或过低，要找出过高或过低的原因还必须分析流动资产和流动负债的具体构成以及经营上的因素。

二、速动比率

速动比率是企业速动资产与流动负债之比。其计算公式如下。

$$速动比率=速动资产÷流动负债$$
$$=（流动资产-存货）÷流动负债$$

由于剔除了存货等变现能力较弱的资产，所以速动比率比流动比率能更准确可靠地评价企业资产的流动性及偿还短期债务的能力。一般情况下，速动比率越高，短期偿债能力越强。一般认为速动比率至少是 1。速动比率过低，企业将面临偿债风险；但速动比率过高，企业会因占用现金及应收账款过多而增加机会成本。从表 5-28 中可以看到，剔除存货后计算的速动比率，五粮液与贵州茅台仍然呈现了较高的数值。

表 5-28　　　　　　　　　　五粮液与贵州茅台的速动比率

公司	项目	2020 年	2021 年	2022 年
五粮液	流动资产/万元	10 235 566.87	12 213 772.54	13 756 577.18
	存货/万元	1 322 827.36	1 401 506.71	1 598 065.70
	速动资产/万元	8 912 739.51	10 812 265.83	12 158 511.48
	流动负债/万元	2 587 893.90	3 361 559.83	3 575 914.53
	速动比率	3.44	3.22	3.40
贵州茅台	流动资产/万元	18 565 215.50	22 076 569.28	21 661 143.57
	存货/万元	2 886 908.77	3 339 436.51	3 882 437.42
	速动资产/万元	15 678 306.73	18 737 132.77	17 778 706.15
	流动负债/万元	4 567 366.99	5 791 422.23	4 906 566.88
	速动比率	3.43	3.24	3.62

使用速动比率指标应考虑行业的差异性。在表 5-29 中，可以看到 2020—2022 年作为房地产开发企业的万科和保利发展的速动比率较低，这是因为其流动资产中存货占比较大，剔除存货后，速动资产明显小于流动资产。

表 5-29　　　　　　　　　　　比亚迪等公司的速动比率

公司	2020 年	2021 年	2022 年
比亚迪	0.75	0.72	0.49
上汽集团	0.97	1.02	0.91
光明乳业	0.68	0.70	0.53
伊利股份	0.60	0.95	0.75
万科	0.41	0.40	0.47
保利发展	0.53	0.53	0.50

构成流动资产的各项目，流动性差别很大。其中货币资金、交易性金融资产和各种应收款项，可以在较短时间内变现，称为速动资产。存货由于变现速度慢，称为非速动资产。但除了存货以外，还有其他资产，诸如预付款项、其他应收款、一年内到期的非流动资产以及其他流动资产，变现速度也相对较慢，所以可以计算保守速动比率。很明显，保守速动比率低于速动比率。

保守速动比率 1=保守速动资产÷流动负债

=（货币资金+应收账款+应收票据+交易性金融资产）÷流动负债

简化计算保守速动比率的公式如下。

保守速动比率 2=（流动资产-存货-其他流动资产）÷流动负债

对五粮液与贵州茅台的保守速动比率进行计算，如表 5-30 所示。可以看到 2020—2022 年贵州茅台的保守速动比率低于速动比率，这是因为贵州茅台流动资产中占比较大的拆出资金未包含在保守速动资产中。

表 5-30　　　　　　　　　　五粮液与贵州茅台的保守速动比率

公司	项目	2020 年	2021 年	2022 年
五粮液	货币资金/万元	6 820 957.70	8 233 595.59	9 235 842.70
	应收账款/万元	4 149.62	6 419.31	3 568.69
	交易性金融资产/万元	0.00	0.00	0.00
	应收票据/万元	1 856 842.12	2 385 905.81	11 991.83
	保守速动资产/万元	8 681 949.44	10 625 920.71	9 251 403.22
	流动负债/万元	2 587 893.90	3 361 559.83	3 575 914.53
	保守速动比率	3.35	3.16	2.59
贵州茅台	货币资金/万元	3 609 109.01	5 181 024.36	5 827 431.87
	应收账款/万元	0.00	0.00	2 093.71
	交易性金融资产/万元	153 272.90	0.00	10 545.32
	应收票据/万元	0.00	0.00	0.00
	保守速动资产/万元	3 762 381.91	5 181 024.36	5 840 070.90
	流动负债/万元	4 567 366.99	5 791 422.23	4 906 566.88
	保守速动比率	0.82	0.89	1.19

三、现金比率

现金资产与流动负债的比值称为现金比率。现金资产包括货币资金和交易性金融资产等。现金比率计算公式如下。

现金比率=现金资产÷流动负债

=（货币资金+交易性金融资产）÷流动负债

从现金比率的计算公式来看，其分子比保守速动比率分子的口径还要小。现金比率剔除了应收账款对偿债能力的影响，最能反映企业直接偿付流动负债的能力，表明每 1 元流动负债有多少现金资产作为偿债保障。由于流动负债是在一年内（或一个营业周期内）陆续到期清偿，所以并不需要企业时时保留相当于流动负债金额的现金资产。若现金比率过高，就意味着企业将过多资源集中在现金资产上，从而影响了企业的盈利能力。

表 5-31 列示了五粮液与贵州茅台的现金比率。

表 5-31　　　　　　　　　　　　五粮液与贵州茅台的现金比率

公司	项目	2020 年	2021 年	2022 年
五粮液	货币资金/万元	6 820 957.70	8 233 595.59	9 235 842.70
	交易性金融资产/万元	0.00	0.00	0.00
	流动负债/万元	2 587 893.90	3 361 559.83	3 575 914.53
	现金比率	2.64	2.45	2.58
贵州茅台	货币资金/万元	3 609 109.01	5 181 024.36	5 827 431.87
	交易性金融资产/万元	153 272.90	0.00	10 545.32
	流动负债/万元	4 567 366.99	5 791 422.23	4 906 566.88
	现金比率	0.82	0.89	1.19

从表 5-30 和表 5-31 中可以看到，除 2022 年外，贵州茅台的现金比率计算值和保守速动比率一致，这是因为 2020 年和 2021 年贵州茅台的应收账款和应收票据均为 0；而五粮液的现金比率小于保守速动比率，但仍大于 2。相比其他行业的企业而言，无论是贵州茅台还是五粮液，其现金比率指标相对较好。从表 5-32 中可以看出，各家企业现金比率指标相对尚可，较低的是房地产企业的万科和保利发展，需关注这两家企业的偿债风险。

表 5-32　　　　　　　　　　　　比亚迪等公司的现金比率

公司	2020 年	2021 年	2022 年
比亚迪	0.14	0.33	0.22
上汽集团	0.39	0.40	0.37
光明乳业	0.33	0.37	0.25
伊利股份	0.34	0.73	0.55
万科	0.15	0.11	0.13
保利发展	0.19	0.21	0.21

四、资产负债率

资产负债率是企业负债总额与资产总额之比。其计算公式如下。

$$资产负债率=负债总额÷资产总额×100\%$$

资产负债率反映资产总额中有多大比例的资产是通过负债取得的，可以衡量企业清算时资产对债权人权益的保障程度。当资产负债率高于 50% 时，表明企业资产的主要来源是负债，财务风险较大。当资产负债率低于 50% 时，表明企业资产的主要来源是所有者权益，财务结构比较稳健。一般情况下，资产负债率越低，表明企业资产对负债的保障能力越强，企业的长期偿债能力越强。

事实上，利益主体不同，看待该指标的立场也不同。从债权人的立场看，资产负债率越低越好，企业偿债有保证，贷款不会有太大风险。从股东的立场看，其关心的是举债的效益。在全部资本利润率高于借款利息率时，负债比率越高越好，因为股东所得到的利润就会越大。从经营者的角度看，在进行负债决策时，其更关注如何实现风险和收益的平衡。资产负债率较低表明财务风险较小，但同时也意味着可能没有充分发挥财务杠杆的作用，盈利能力也较弱。较高的资产负债率表明较大的财务风险和较强的盈利能力，只有当负债增加的收益能够涵盖其增加的风险时，经营者才会考虑借入负债。而在风险和收益实现平衡的条件下，是选择较高的负债水平还是较低的负债水平，则取决于经营者的风险偏好等多种因素。

从表 5-33 中可以看出，2020—2022 年贵州茅台的资产负债率略低于五粮液，二者的资产负债率均处于较低水平。

表 5-33　　　　　　　　　　五粮液与贵州茅台的资产负债率

公司	项目	2020 年	2021 年	2022 年
五粮液	负债总额/万元	2 613 489.24	3 422 892.86	3 603 053.83
	资产总额/万元	11 389 313.90	13 562 081.22	15 271 472.79
	资产负债率	22.95%	25.24%	23.59%
贵州茅台	负债总额/万元	4 567 512.74	5 821 068.85	4 940 011.67
	资产总额/万元	21 339 581.05	25 516 819.52	25 436 480.50
	资产负债率	21.40%	22.81%	19.42%

资产负债率也具有显著的行业特征。从表 5-34 中可以看到，2020—2022 年房地产企业万科与保利发展的资产负债率较高，在 80% 左右，这是由房地产行业在开发时需要大量资金投入的特点决定的，需要随时关注其可能存在的财务风险。相比于乳制品行业，汽车制造行业需要的设备投入较多，需要的资金规模较大，所以也可以看到比亚迪与上汽集团的资产负债率高于光明乳业与伊利股份。

表 5-34　　　　　　　　　　比亚迪等公司资产负债率

公司	2020 年	2021 年	2022 年
比亚迪	67.94%	64.76%	75.42%
上汽集团	66.28%	64.14%	66.03%
光明乳业	55.71%	55.86%	56.86%
伊利股份	57.09%	52.15%	58.60%
万科	81.28%	79.74%	76.92%
保利发展	78.69%	78.36%	78.11%

五、产权比率

产权比率又称资本负债率，是负债总额与所有者权益之比，它是衡量企业财务结构稳健程度的重要指标。其计算公式如下。

$$产权比率1=负债总额÷所有者权益×100\%$$

产权比率不仅反映了由债权人提供的资本与所有者提供的资本的相对关系，即企业财务结构的稳定性，还反映了债权人资本受所有者权益保障的程度，或者企业清算时对债权人利益的保障程度。一般来说，产权比率越低，表明企业长期偿债能力越强，债权人权益保障程度越高。在分析时同样需要结合企业的具体情况加以分析，当企业的资产收益率大于负债利息率时，负债经营有利于提高资金收益率，获得额外的利润，这时的产权比率可适当高些。

在对上市公司合并报表数据进行分析时，产权比率中的所有者权益取归属于母公司的所有者权益，计算公式如下。

$$产权比率2=负债总额÷归属于母公司的所有者权益×100\%$$

表 5-35 中列示了五粮液与贵州茅台的产权比率。

表 5-35　　　　　　　　　　五粮液与贵州茅台的产权比率

公司	项目	2020 年	2021 年	2022 年
五粮液	负债总额/万元	2 613 489.24	3 422 892.86	3 603 053.83
	所有者权益/万元	8 775 824.66	10 139 188.36	11 668 418.96
	归属于母公司的所有者权益/万元	8 570 597.26	9 906 849.83	11 402 505.88
	产权比率1	29.78%	33.76%	30.88%
	产权比率2	30.49%	34.55%	31.60%

续表

公司	项目	2020 年	2021 年	2022 年
贵州茅台	负债总额/万元	4 567 512.74	5 821 068.85	4 940 011.67
	所有者权益/万元	16 772 068.31	19 695 750.67	20 496 468.83
	归属于母公司的所有者权益/万元	16 132 273.51	18 953 936.88	19 750 667.24
	产权比率 1	27.23%	29.55%	24.10%
	产权比率 2	28.31%	30.71%	25.01%

从产权比率指标来看，贵州茅台的长期偿债能力较强。产权比率与资产负债率呈现的长期偿债能力具有一致性。从表 5-36 可以看到，2020—2022 年房地产行业的万科与保利发展的产权比率较高，乳制品行业的光明乳业与伊利股份的产权比率相对较低。

表 5-36   比亚迪等公司的产权比率

公司	2020 年	2021 年	2022 年
比亚迪	245%	201%	235%
上汽集团	234%	215%	234%
光明乳业	178%	167%	174%
伊利股份	134%	111%	153%
万科	677%	655%	556%
保利发展	615%	620%	614%

六、利息保障倍数

利息保障倍数又称已获利息倍数，是指企业息税前利润与利息支出的比率，它反映了盈利能力对债务偿付的保证程度。

利息保障倍数=息税前利润÷利息支出

=（净利润+利息费用+所得税费用）÷利息支出

利息保障倍数表明每 1 元利息支出有多少倍的息税前利润作为偿付保障。它可以反映债务风险的大小。如果企业一直保持按时付息的信誉，则长期负债可以延续，举借新债也比较容易。要注意的是，分子的“利息费用”是指计入本期利润表中财务费用的利息费用，分母的“利息支出”是指本期的全部利息支出，不仅包括计入利润表中财务费用的费用化利息，还包括计入资产负债表固定资产等成本的资本化利息。利息保障倍数越大，利息支付越有保障。如果利息支付缺乏保障，归还本金就会存在困难。因此，利息保障倍数可以反映长期偿债能力。如果利息保障倍数小于 1，表明自身产生的营业收入不能支持现有规模的债务。利息保障倍数等于 1 也很危险，因为息税前利润受经营风险的影响，很不稳定，但支付利息却是固定的。利息保障倍数越大，企业拥有的偿还利息的缓冲效果越好，长期偿债能力也越强。从表 5-37 来看，比亚迪利息保障倍数较大，具有较强的利息偿还能力。

表 5-37   比亚迪利息保障倍数

项目	2020 年	2021 年	2022 年
净利润/万元	601 396.30	396 726.60	1 771 310.40
利息费用/万元	312 380.10	190 764.20	131 635.00
所得税费用/万元	86 862.40	55 073.70	336 662.50
利息支出/万元	317 658.90	191 535.70	131 635.00
利息保障倍数	3.15	3.35	17.01

任务实施

子任务一：数据建模

步骤一：创建偿债能力分析表。

单击"主页"选项卡中的"输入数据"按钮，打开"创建表"窗口，在"名称"中输入"偿债能力分析表"，单击"加载"按钮。

步骤二：新建度量值。

选择需要放对应度量值的表，单击"表工具"选项卡中的"新建度量值"按钮，依次建立偿债能力分析指标度量值，如表 5-38 所示。

操作演示

偿债能力分析

表 5-38　　　　　　　　　　　　偿债能力分析指标度量值

序号	度量值	存放位置
1	资产负债表金额=DIVIDE(SUM('资产负债表'[金额]),SELECTEDVALUE('金额单位表'[倍数]))	资产负债表
2	流动负债=CALCULATE([资产负债表金额],'资产负债表'[项目名称]="流动负债合计")	偿债能力分析表
3	流动资产=CALCULATE([资产负债表金额],'资产负债表'[项目名称]="流动资产合计")	偿债能力分析表
4	存货=CALCULATE([资产负债表金额],'资产负债表'[项目名称]="存货")	偿债能力分析表
5	其他流动资产=CALCULATE([资产负债表金额],'资产负债表'[项目名称]="其他流动资产合计")	偿债能力分析表
6	流动比率=DIVIDE([流动资产],[流动负债])	偿债能力分析表
7	速动比率=DIVIDE(([流动资产]-[存货]-[其他流动资产合计]),[流动负债])[①]	偿债能力分析表

子任务二：可视化视觉对象设计

插入折线图。分别将日期表的"年份"拖动至"X轴"，将度量值"流动比率""速动比率"拖动至"Y轴"。设置字体、标题等可视化对象属性，效果如图 5-20 所示。

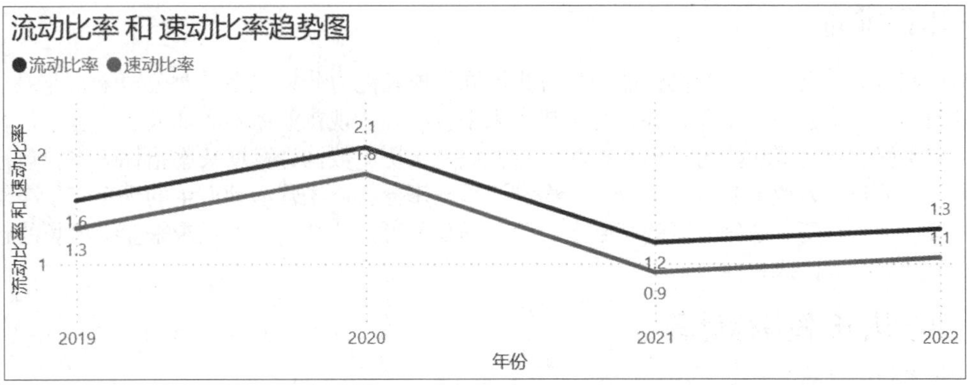

图 5-20　流动比率和速动比率趋势图

任务拓展

请参照流动比率和速动比率的可视化设计方案，完成其他宁德时代偿债能力指标的可视化设计，并构建偿债能力分析看板，如图 5-21 所示。

---

① 在计算速动比率时，采用保守算法，将存货与其他流动资产一并扣除。

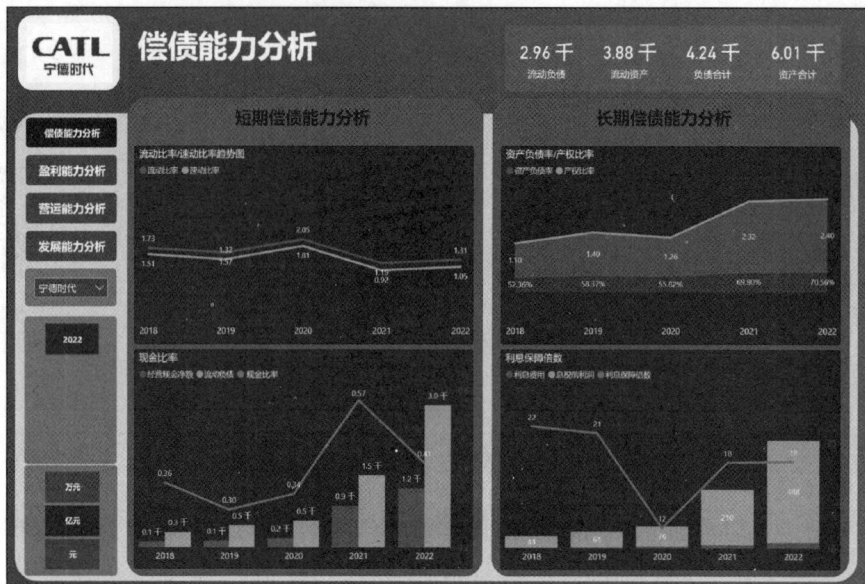

图 5-21　偿债能力分析看板

任务四　成长能力分析

情境案例

对宁德时代的成长能力进行分析，并进行可视化设计，构建成长能力分析看板。

知识准备

与盈利能力、营运能力及偿债能力的分析不同，成长能力分析更多是对公司未来业绩及经营情况的预测。一家公司今年业绩好，并不代表未来业绩好，现在业绩不尽如人意，也不代表未来业绩一定不好。在对成长能力进行分析时，首先应基于历史数据计算增长率指标，主要包括营业收入增长率分析、营业毛利增长率分析、净利润增长率分析、经营活动产生的现金流量净额增长率分析等。然后在历史数据计算的基础上，分析增长的可持续性，进而对未来业绩增长的趋势予以分析，判断公司的成长性。

一、业绩增长率指标计算

增长率指标计算公式如下。

营业收入增长率=（本期营业收入−上期营业收入）÷上期营业收入×100%

营业毛利增长率=（本期毛利−上期毛利）÷上期毛利×100%

净利润增长率=（本期净利润−上期净利润）÷上期净利润×100%

经营活动产生的现金流量净额增长率=（本期经营活动产生的现金流量净额−上期经营活动产生的现金流量净额）÷上期经营活动产生的现金流量净额×100%

公司可在计算增长率指标的基础上，与历史年度及同行业公司进行比较，分析公司增长率的变化趋势。表 5-39 列示了贵州茅台业绩增长率分析数据。

表 5-39

贵州茅台业绩增长率分析

年度	营业收入/万元	营业收入增长率	营业毛利/万元	营业毛利增长率	净利润/万元	净利润增长率	经营活动产生的现金流量净额/万元	经营活动产生的现金流量净额增长率
2013 年	3 092 180.13	—	2 872 788.10	—	1 596 489.99	—	1 265 502.49	—
2014 年	3 157 392.85	2.11%	2 923 537.80	1.77%	1 626 937.15	1.91%	1 263 252.24	-0.18%
2015 年	3 265 958.37	3.44%	3 012 124.63	3.03%	1 645 499.66	1.14%	1 743 634.01	38.03%
2016 年	3 886 219.00	18.99%	3 545 208.59	17.70%	1 793 064.31	8.97%	3 745 124.96	114.79%
2017 年	5 821 786.13	49.81%	5 227 742.49	47.46%	2 900 642.32	61.77%	2 215 303.61	-40.85%
2018 年	7 363 887.24	26.49%	6 711 595.06	28.38%	3 782 961.78	30.42%	4 138 523.44	86.82%
2019 年	8 542 957.35	16.01%	7 799 955.95	16.22%	4 397 000.08	16.23%	4 521 061.26	9.24%
2020 年	9 491 538.09	11.10%	8 676 137.94	11.23%	4 952 332.99	12.63%	5 166 906.87	14.29%
2021 年	10 619 015.48	11.88%	9 720 677.70	12.04%	5 572 053.00	12.51%	6 402 867.61	23.92%
2022 年	12 409 984.38	16.87%	11 400 637.52	17.28%	6 537 513.68	17.33%	3 669 859.58	-42.68%

财务大数据分析与决策（微课版）

从表 5-39 可以看出，2014—2022 年贵州茅台的营业收入、营业毛利与净利润等业绩指标整体呈现了相似的上升趋势，但自 2017 年之后增长有所放缓。经营活动产生的现金流量净额增长率波动较大，略滞后于营业毛利增长率等指标的变动。

比较表 5-39 与表 5-40，可以明显看出，2014—2022 年白酒行业的贵州茅台业绩增长率高于服饰行业的美邦服饰与森马服饰。从表 5-40 中可以看到，尽管森马服饰 2022 年业绩增长表现不佳，但整体依旧好于美邦服饰。在 2022 年，尽管美邦服饰的营业收入与营业毛利较 2021 年出现了将近 50%的下降，但净利润却增长超过 70%，这主要是其出售了店铺房产所引致的。这对主营业务为服饰销售的公司而言，很明显是不可持续的，不会对公司未来成长性的判断有正向影响。

表 5-40 美邦服饰与森马服饰业绩增长率分析

公司	年度	营业收入增长率	营业毛利增长率	净利润增长率
美邦服饰	2014 年	-16.08%	-15.06%	-64.08%
	2015 年	-4.92%	-7.36%	-396.57%
	2016 年	3.56%	2.91%	-108.37%
	2017 年	-0.72%	7.71%	-942.95%
	2018 年	18.62%	11.64%	-113.24%
	2019 年	-28.84%	-39.13%	-2145.20%
	2020 年	-30.10%	-36.78%	4.11%
	2021 年	-30.91%	-32.89%	-45.49%
	2022 年	-45.45%	-47.82%	75.64%
森马服饰	2014 年	11.70%	13.95%	20.65%
	2015 年	16.05%	21.20%	23.39%
	2016 年	12.83%	14.93%	4.45%
	2017 年	12.74%	4.36%	-19.38%
	2018 年	30.71%	46.43%	48.75%
	2019 年	23.01%	31.52%	-8.78%
	2020 年	-21.37%	-25.42%	-48.21%
	2021 年	1.41%	7.06%	86.88%
	2022 年	-13.54%	-16.15%	-58.93%

二、业绩增长的可持续性分析

如前所述，贵州茅台的业绩增长较好，但是影响业绩的因素是否可以持续？如果影响历史增长指标的因素没有变化，则通过历史数据计算的业绩增长可以持续。

（一）收入的可持续性分析

供需关系变动是收入变化趋势的底层逻辑。当产品供过于求时，产品销售数量及价格就会呈现下降趋势；当供不应求时，产品销售数量及价格就会呈现上升趋势。在对收入的可持续性进行分析时，应考虑企业所在行业的产品供需变化趋势如何，然后分析企业的具体产品与服务未来的供需趋势。

例如，贵州茅台属于酒类行业，行业整体处于竞争充分、相对成熟的阶段，供给相对充裕，但需求随着消费者消费理念的升级，存在不确定性。贵州茅台属于酒类行业的龙头企业，尽管行业整体供给相对充裕，但贵州茅台的主力产品在市场上处于供不应求的状态，因而贵州茅台具有定价权。贵州茅台于 2012 年 9 月 1 日，将茅台酒出厂价提升至 819 元/瓶；2018 年 1 月 1 日，将茅台酒出厂价调整至 969 元/瓶；2023 年 11 月 1 日起，将茅台酒出厂价调整至约 1 169 元/瓶。在茅台酒供不应求的背景下，出厂价的调整并不会影响其销售数量，可以预计在未来年度，贵州茅台的业绩成长性会相对较强。但是如果未来年度消费者对酒的消费需求下降，供不应求的状况有所变化，则可能会对贵州茅台的业绩成长性产生不利影响。

有些行业存在明显的周期性特点，例如养殖业存在的"猪周期"。"猪周期"的本质是供需关系的变化。当市场供不应求时，猪肉价格上涨，于是散养农户纷纷涌入、扩大产能，推动生猪存栏量上升，生猪出栏量随之上升，猪肉价格开始下跌。这时市场进入供过于求阶段，行业利润被压缩，养殖户减少产能甚至因亏损而退出，生猪存栏量和出栏量下降。如此周而复始。一轮猪周期约3～4年时间。行业内的企业业绩成长性也会受到行业周期的影响，牧原股份的营业收入增长率数据如表5-41及图5-22所示。

表 5-41　　　　　　　　　　　牧原股份营业收入及营业收入增长率

年度	营业收入/万元	营业收入增长率
2013 年	204 440.28	—
2014 年	260 476.34	27.41%
2015 年	300 347.47	15.31%
2016 年	560 590.70	86.65%
2017 年	1 004 241.59	79.14%
2018 年	1 338 815.77	33.32%
2019 年	2 022 133.25	51.04%
2020 年	5 627 706.56	178.31%
2021 年	7 888 987.06	40.18%
2022 年	12 482 621.22	58.23%

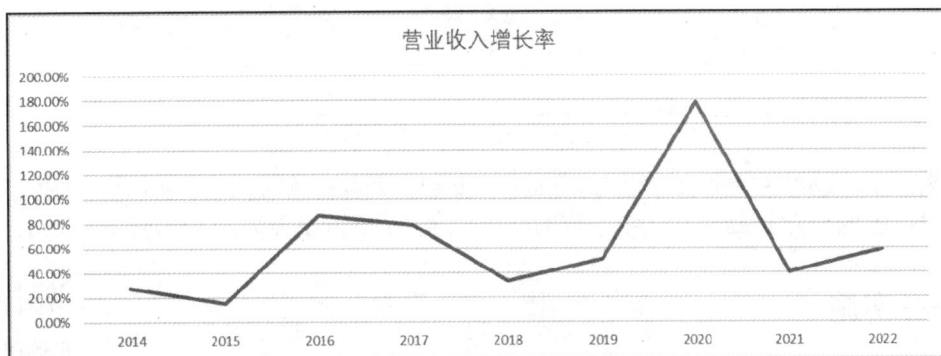

图 5-22　牧原股份营业收入增长率

从表 5-41 及图 5-22 中可以明显看出，牧原股份营业收入增长率呈现周期性波动的特点，这与行业的周期性变动趋势存在一定的一致性。当然，相比于个体化养殖的农户，牧原股份管理风险的能力更强。从历史数据来看，即使在行业供过于求的趋势下，牧原股份营业收入增长率仍然为正，只是增长率有所降低。但不可否认的是行业的周期性波动会影响企业的成长性。所以，在行业整体供过于求，企业营业收入增长率呈现下降趋势时，应谨慎判断企业的成长性。

（二）成本的可持续性分析

在收入较为稳定的前提下，成本越高，营业毛利与净利润的增长率越低。成本的可持续性分析对企业成长性的分析也至关重要。在制造业企业里，原材料成本占比较大，如果原材料价格上涨，会导致企业营业成本上涨。

安琪酵母是专业从事酵母、酵母衍生物及相关生物制品经营的国家重点高新技术企业，其增长率数据如表 5-42 和图 5-23 所示。可以看到，从 2018 年起，安琪酵母营业成本增长率高于营业收入增长率，这也是营业毛利增长率下降的重要原因。安琪酵母的酵母及深加工产品中，原材料成本占 40%，进一步分析发现是原材料价格上涨导致了营业成本上涨。

表 5-42 安琪酵母增长率数据

年度	营业收入增长率	营业成本增长率	营业毛利增长率
2014 年	17.14%	17.10%	17.24%
2015 年	15.30%	14.34%	17.64%
2016 年	15.36%	10.87%	25.90%
2017 年	18.83%	9.97%	37.13%
2018 年	15.75%	18.21%	11.69%
2019 年	14.47%	16.83%	10.33%
2020 年	16.73%	18.54%	13.37%
2021 年	19.50%	31.56%	−3.90%
2022 年	20.31%	24.51%	9.15%

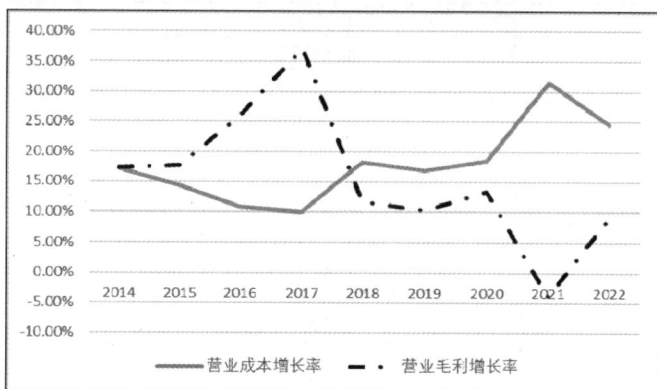

图 5-23 安琪酵母增长率情况

未来，营业成本上涨是否会持续，这需要进一步判断原材料价格是否会有所调整。如果经过分析判断，原材料价格没有上涨空间且存在下降的可能性，则安琪酵母的业绩在未来会有较大的上升空间。

任务实施

子任务一：数据建模

步骤一：创建成长能力分析表。

单击"主页"选项卡中的"输入数据"按钮，打开"创建表"窗口，在"名称"中输入"成长能力分析表"，单击"加载"按钮。

步骤二：新建度量值。

选择需要放对应度量值的表，单击"表工具"选项卡中的"新建度量值"按钮，依次创建成长能力分析指标度量值，如表 5-43 所示。

操作演示

成长能力分析

表 5-43 成长能力分析指标度量值

序号	度量值	存放位置
1	利润表上年金额=CALCULATE([利润表金额],PREVIOUSYEAR('日期表'[报告期]))	利润表
2	营业收入增长率=CALCULATE((([利润表金额]-[利润表上年金额])/[利润表上年金额],'利润表'[项目名称]="营业收入")	成长能力分析表
3	营业利润=CALCULATE([利润表金额],'利润表'[项目名称]="四、营业利润")	成长能力分析表
4	营业利润增长率=CALCULATE((([利润表金额]-[利润表上年金额])/[利润表上年金额],'利润表'[项目名称]="四、营业利润")	成长能力分析表

子任务二：可视化视觉对象设计

步骤一：插入折线和簇状柱形图，用于分析营业收入增长趋势。

分别将日期表中的"年份"拖动至"X轴"，将度量值"营业收入"拖动至"Y轴"，将度量值"营业收入增长率"拖动至"辅助Y轴"。在"筛选器"窗格中设置年份不等于2019年，设置字体、标题等可视化对象属性，效果如图5-24所示。

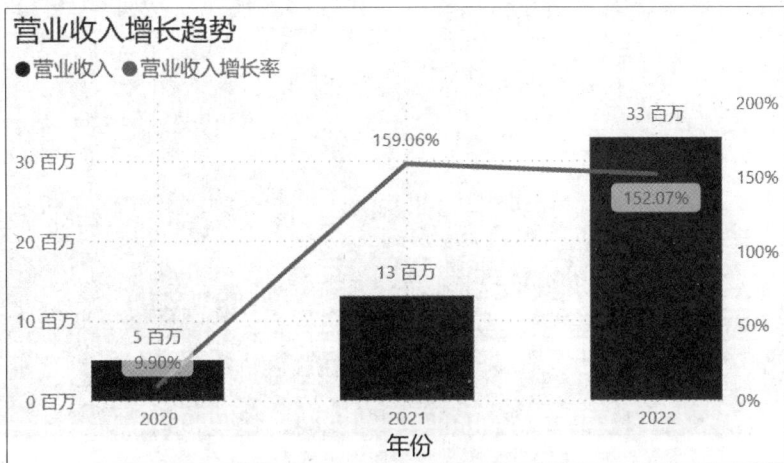

图5-24　营业收入增长趋势折线和簇状柱形图

步骤二：插入折线和簇状柱形图，用于分析营业利润增长趋势。

分别将日期表中的"年份"拖动至"X轴"，将度量值"营业利润"拖动至"Y轴"，将度量值"营业利润增长率"拖动至"辅助Y轴"。在"筛选器"窗格中设置年份不等于2019年，设置字体、标题等可视化对象属性，效果如图5-25所示。

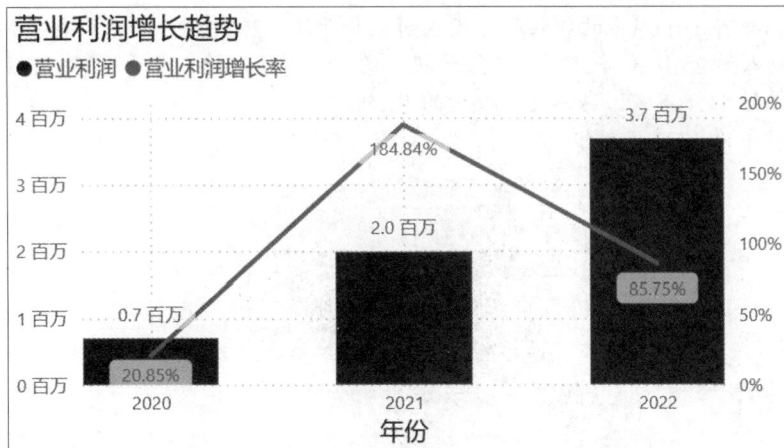

图5-25　营业利润增长趋势折线和簇状柱形图

📖 任务拓展

请参照营业利润增长率的可视化设计方案，完成其他宁德时代成长能力指标的可视化设计，并构建成长能力分析看板，如图5-26所示。

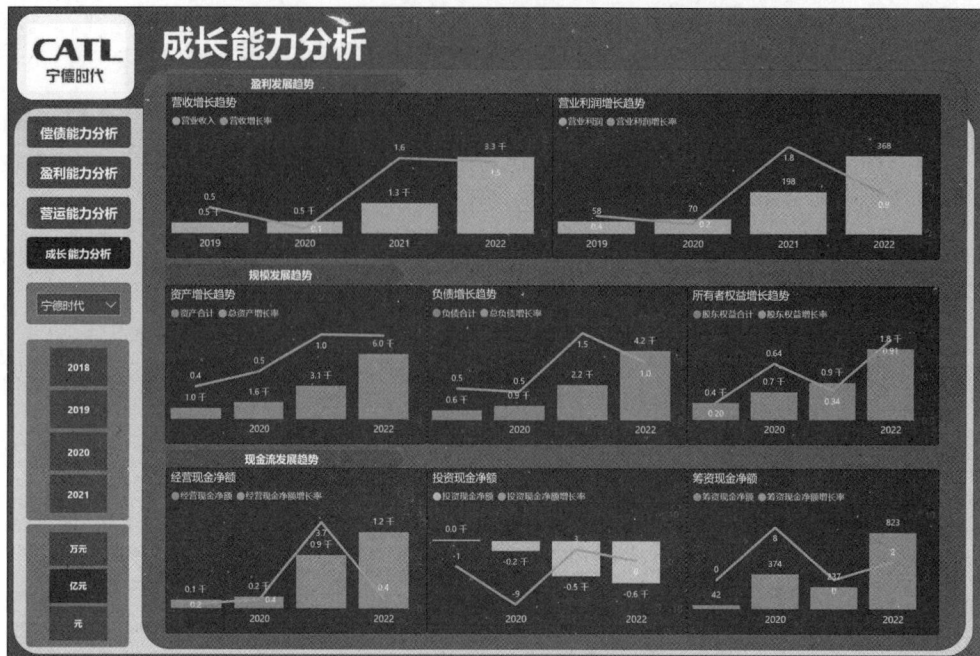

图 5-26　成长能力分析看板

素养提升：华为研发费用投入

华为在移动通信、短距通信、编解码等多个主流标准专利领域居于领先地位，已经有数百家企业通过双边协议或专利池付费获得了华为的专利许可。截至 2022 年年底，华为在全球共持有有效授权专利超过 12 万件。华为如此雄厚的技术实力源于每年巨额研发费用的投入。

华为坚持每年将 10%以上的销售收入投入研究与开发。2022 年，华为研发费用支出约 1 615 亿元，占全年收入的 25.1%。华为近十年累计投入的研发费用超过人民币 9 773 亿元。2022 年底，华为研发员工超过 11.4 万名，占总员工数量的 55.4%。

资料来源：华为 2022 年年报。

行业观察

北交所问询函示例

练一练

项目六
销售业务分析

学习目标

1. 具备大数据思维，能够构建销售业务分析的指标体系；
2. 具备职业判断力，能够掌握产品价值矩阵分析、聚类分析、RFM 客户价值分析等分析方法；
3. 具备 Power BI 软件应用能力，能够掌握相关函数的应用，并进行销售业务的分析；
4. 具备敏锐洞察力，能够掌握产品、客户与销售业绩分析可视化的展现形式；
5. 具备利用销售分析结果，辅助支持销售业务决策的能力。

知识导图

本项目主要在销售业务指标体系构建的基础上，从产品、客户、销售业绩及应收账款四个维度进行具体业务分析，如图 6-1 所示。

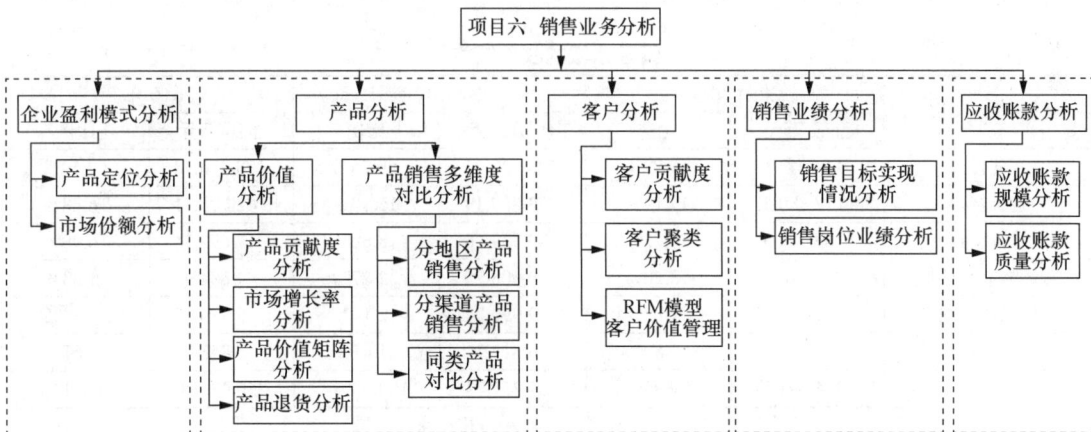

图 6-1　销售业务分析框架

任务一　企业盈利模式分析

情境案例

请基于乘联会数据，分析新能源汽车市场份额情况，计算市场占有率，分析其市场占有率变化情况，并为管理层提供决策依据。

知识准备

企业盈利模式分析主要是对企业提供的产品与服务定位进行分析。首先，要分析企业的产品与服务是什么，是销售产品还是只提供平台服务等。其次，要分析企业的产品（服务）所占的市场份额。企业产品（服务）所占市场份额越高，则表明产品（服务）竞争力越强。

在对销售业务进行分析时，应首先分析企业的盈利模式，确定企业的产品与客户定位，然后对具体销售业务指标进行分析。销售业务指标分为三个方面：市场份额、盈利能力及内部运营效率。不同的企业在确定指标体系时，可能会有所不同。企业在确定重点分析内容时应考虑两方面因素。首先，要考虑企业的战略与经营目标。如果企业新产品的战略目标是进入市场，被客户认可，则此时市场份额及销售收入可能就是重要的指标。但如果企业的产品已相对成熟，则销售毛利及回款率就是重要的分析指标。其次，要考虑企业运营与管理的短板，以指标为牵引，提升企业效率。例如企业销售情况好，但客户支付货款却存在拖延现象，那么回款率等指标的分析就很重要。

企业对销售业务指标进行分析的主要目的是分析指标背后的业务驱动动因，因而需要对指标进行分维度拆解，通常销售业务分析的维度包括产品、地区、客户等。企业会对岗位进行绩效考核，所以还可以分销售岗位（业务员）对其业绩情况进行分析。由于目前赊销是主要的销售模式，所以还应分析应收账款。

一、产品定位分析

对产品定位进行分析，实质上是为了分析企业的产品与服务究竟是什么，企业收入与利润的主要来源是什么，企业的客户是谁。对很多企业而言，这似乎是个很简单的问题，比如格力集团的主要产品是空调等家用电器产品。但是对另外一些企业而言，其主要的产品可能和消费者认知不同。蜜雪冰城的收入结构如表 6-1 所示。

表 6-1　　　　　　　　　　　　　蜜雪冰城的收入结构[①]

销售收入项目	2021 年度		2020 年度		2019 年度	
	金额/万元	比例	金额/万元	比例	金额/万元	比例
食材	723 049.13	69.89%	326 320.25	69.76%	178 476.98	69.59%
包装材料	177 880.52	17.19%	73 889.19	15.80%	42 776.51	16.68%
设备设施	69 484.57	6.72%	40 337.16	8.62%	17 692.34	6.90%
营运物资及其他	36 226.52	3.50%	10 608.75	2.27%	4 684.93	1.83%
加盟商管理	19 574.30	1.89%	9 990.24	2.14%	5 996.10	2.34%
直营门店	8 279.72	0.80%	6 612.14	1.41%	6 843.35	2.67%
合计	1 034 494.77	99.99%	467 757.73	100.00%	256 470.20	100.01%

注：因小数位四舍五入，导致合计存在 0.01%的误差，不影响分析结果。下同。

在消费者印象中，蜜雪冰城是销售奶茶等饮料的企业，其主要收入似乎应该来源于顾客购买的各类饮料。但从表 6-1 中可以看出，直营门店在其收入中占比极小，2021 年仅为 0.80%，占比最大的却是食材销售收入，其次是包装材料销售收入。所以，蜜雪冰城并不是一个通常意义上的零售企业，而是一个面向各类加盟门店的供应链企业，其主要产品也不是奶茶等饮料，而是制作奶茶的原材料等。它的主要客户也不是终端消费者，而是加盟商。与蜜雪冰城相比，同行业奈雪的茶的收入则主要来源于现制茶饮等产品的零售收入，这是由两者不同的盈利模式决定的。所以，

[①] 本项目关于蜜雪冰城的数据均来自蜜雪冰城招股说明书。

在对产品定位进行分析时，首先应明确企业经营的产品是什么，企业的客户是谁，这样才能更有效地进行针对性分析。

知识讲解

市场占有率分析

二、市场份额分析

　　企业销售额的增加可能是因为企业经营得好，但也有可能是因为处于较好的市场发展阶段。例如前些年互联网企业的蓬勃发展，有企业自身的经营努力，但也源于整个行业处于快速拓展阶段。通过对企业市场份额的分析，分析人员可以了解企业所在行业的发展状况以及企业在市场中的位置。计算市场占有率时，首先需要明确企业所在的市场。例如某汽车企业只生产新能源汽车，在计算市场份额时，可以将新能源汽车市场作为企业所在的行业市场。

　　市场占有率有绝对市场占有率与相对市场占有率两种计算方法。绝对市场占有率可以用销售额或销售数量计算。

　　　　绝对市场占有率=企业的销售额（量）÷行业销售额（量）×100%

　　相对市场占有率是指企业销售额（量）相对行业竞争对手的销售额（量）的百分比。

　　　　相对市场占有率=企业市场份额÷竞争对手市场份额×100%

　　相对市场占有率可以用企业相对于其最大竞争对手的份额计算。如果企业拥有 10%的市场份额，而最大的竞争对手也拥有同样的份额，则相对市场占有率是 100%（10%÷10%），这表明企业与竞争对手旗鼓相当。如果最大的竞争对手拥有 20%的份额，这一比例将是 50%（10%÷20%），这意味着企业处于弱势地位。如果最大竞争对手的份额只有 5%，那么这个比例就是 200%（10%÷5%），这意味着企业处于相对强势的地位。相对市场占有率也可以用行业中市场占有率前三的竞争对手的份额计算。如果企业拥有 10%的市场份额，行业中市场占有率前三的竞争对手的市场占有率分别为 20%、10%、10%，则该企业的相对市场占有率是 25%[10%÷（10%+20%+10%）]。

任务实施

操作演示

国内新能源汽车市场情况分析

子任务一：数据准备

　　打开 Power BI Desktop，单击"主页"选项卡中的"Excel 工作簿"按钮，导入任务数据"6-1-1 新能源汽车销量数据"，打开"导航器"窗口，勾选三张表数据，单击"转换数据"按钮，如图 6-2 所示，进入 Power Query编辑器。

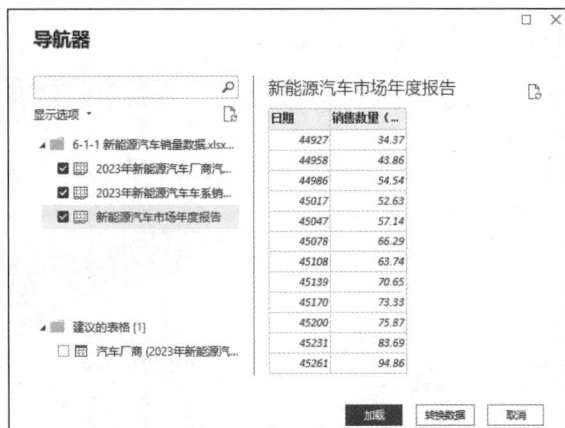

图 6-2　单击"转换数据"按钮

子任务二：数据整理

步骤一： 调整数据格式。

（1）将"新能源汽车市场年度报告"中"日期"列的数据类型调整为日期格式，如图 6-3 所示，单击"转换"选项卡中的"日期"下拉按钮，在弹出的下拉列表中选择"月份"—"月份结束值"。

（2）选中"日期"列，单击"添加列"选项卡中的"提取"下拉按钮，在弹出的下拉列表中选择"分隔符之间的文本"，如图 6-4 所示。

	日期	1.2 销售数量（万辆）
1	2023/1/31	34.37
2	2023/2/28	43.86
3	2023/3/31	54.54
4	2023/4/30	52.63
5	2023/5/31	57.14
6	2023/6/30	66.29
7	2023/7/31	63.74
8	2023/8/31	70.65
9	2023/9/30	73.33
10	2023/10/31	75.87
11	2023/11/30	83.69
12	2023/12/31	94.86

图 6-3　调整数据格式

图 6-4　提取月份数据

打开"分隔符之间的文本"对话框，设置"开始分隔符"为"/"、"结束分隔符"为"/"，单击"确定"按钮，如图 6-5 所示。

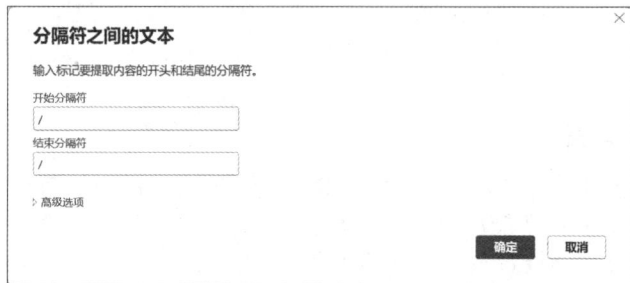

图 6-5　设置提取位置

将得到的自定义列重命名为"月份"，如图 6-6 所示。

	日期	1.2 销售数量（万辆）	月份
1	2023/1/31	34.37	1
2	2023/2/28	43.86	2
3	2023/3/31	54.54	3
4	2023/4/30	52.63	4
5	2023/5/31	57.14	5
6	2023/6/30	66.29	6
7	2023/7/31	63.74	7
8	2023/8/31	70.65	8
9	2023/9/30	73.33	9
10	2023/10/31	75.87	10
11	2023/11/30	83.69	11
12	2023/12/31	94.86	12

图 6-6　重命名自定义列为"月份"

单击"月份"列标题，在"列工具"下拉选项卡中的"数据类型"下拉列表中选择"整数"，将月份列数据类型修改为"整数"格式。

（3）将"2023年新能源汽车车系销量排行"中的"市场占有率"列的数据类型调整为"百分比"格式，结果如图6-7所示。

	$^{A}_{B}C$ 汽车厂商	$^{A}_{B}C$ 车系	1.2 累计销量（万辆）	% 市场占有率
1	特斯拉中国	Model Y	45.64	5.90%
2	比亚迪	元PLUS	30.98	4.00%
3	比亚迪	秦PLUS DM-i	30.74	4.00%
4	比亚迪	海豹	29.97	3.90%
5	比亚迪	宋PLUS DM-i	29.63	3.80%
6	比亚迪	海鸥	23.93	3.10%
7	五菱汽车	五菱宏光MINIEV	23.79	3.10%
8	埃安	AION Y	23.57	3.10%
9	埃安	AION S	22.09	2.90%
10	比亚迪	宋Pro DM-i	20.97	2.70%

图6-7　将"市场占有率"列数据调整为"百分比"格式

步骤二：整理数据。

根据"2023年新能源汽车厂商汽车销售排行"进行不同汽车厂商的累计销量及市场占有率数据整理，整理结果如图6-8所示。

	$^{A}_{B}C$ 汽车厂商	1.2 累计销量（万辆）	% 市场占有率
1	比亚迪	257.04	33.30%
2	特斯拉中国	60.37	7.80%
3	广汽埃安新能源	48.56	6.30%
4	上汽通用五菱	45.66	5.90%
5	理想汽车	37.19	4.80%
6	长城汽车	23.86	3.10%
7	长安汽车	22.63	2.90%
8	蔚来	15.99	2.10%
9	零跑汽车	14.42	1.90%
10	小鹏汽车	14.09	1.80%

图6-8　新能源汽车厂商累计销量及市场占有率

子任务三：数据可视化分析

步骤一：创建柱形图。

将"新能源汽车市场年度报告"表中的"月份"拖动至"X轴"，将"销售数量"拖动至"Y轴"并调整格式为十进制数据，保留2位小数，开启"数据标签"。单击"视觉对象"选项卡中"X轴"下的"类别"下拉列表，选择"类别"，单击"更多"下拉列表中的"排列轴"，勾选"以升序排序"。将标题重命名为"2023年新能源汽车销量变化情况"，加粗并居中，如图6-9所示。

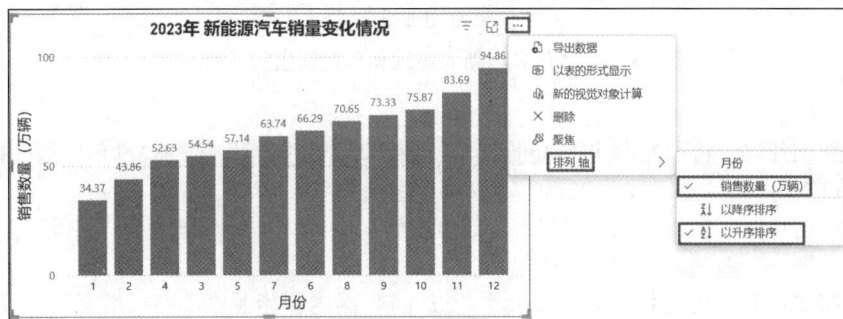

图6-9　2023年新能源汽车销量变化情况

步骤二：创建 2023 年新能源汽车厂商汽车销售排名情况折线和簇状柱形图。

将"2023 年新能源汽车厂商汽车销售排行"表中的"汽车厂商"拖动至"X 轴"，将"累计销量"拖动至"Y 轴"，将"市场占有率"拖动至"辅助 Y 轴"。开启"数据标签"，将标题命名为"2023 年新能源汽车厂商汽车销售排行"，加粗并居中，结果如图 6-10 所示。为了显示清晰，可以对"辅助 Y 轴"中的最小值和最大值进行修改。

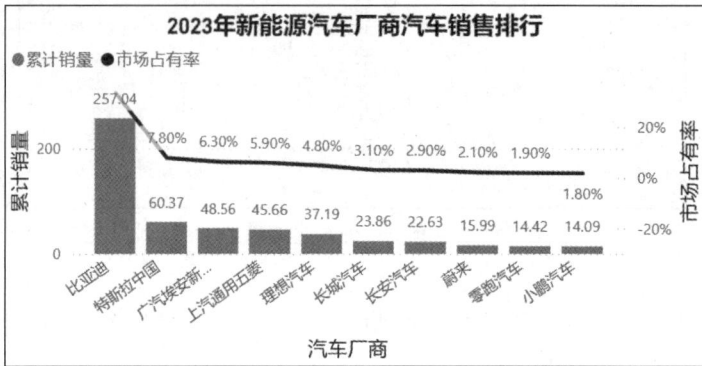

图 6-10　2023 年新能源汽车厂商汽车销售排行情况

步骤三：创建 2023 年新能源汽车车系销售排名情况折线和簇状柱形图。

将"2023 年新能源汽车车系销售排行"表中的"车系""汽车厂商"拖动至"X 轴"，开启"连接标签"，将"累计销量"拖动至"Y 轴"，将"市场占有率"拖动至"辅助 Y 轴"，调整"辅助 Y 轴"刻度，重命名视觉对象，单击"更多"下拉列表中的"排列轴"，勾选"累计销量（万辆）"和"以升序排序"，结果如图 6-11 所示。

图 6-11　2023 年新能源汽车车系销售排行情况

步骤四：形成可视化报告视图。

（1）添加切片器。将"2023 年新能源汽车厂商汽车销售排行"中的"汽车厂商"拖动至"字段"，形成汽车厂商切片器。在筛选器中，取消"空白"。

（2）添加切片器。将"新能源汽车市场年度报告"中的"月份"拖动至"字段"，形成月份切片器。在筛选器中，取消"空白"。

（3）添加文本框。在文本框中输入标题"2023 年 国内新能源汽车市场情况"，合理布局各可视化图表，效果如图 6-12 所示。

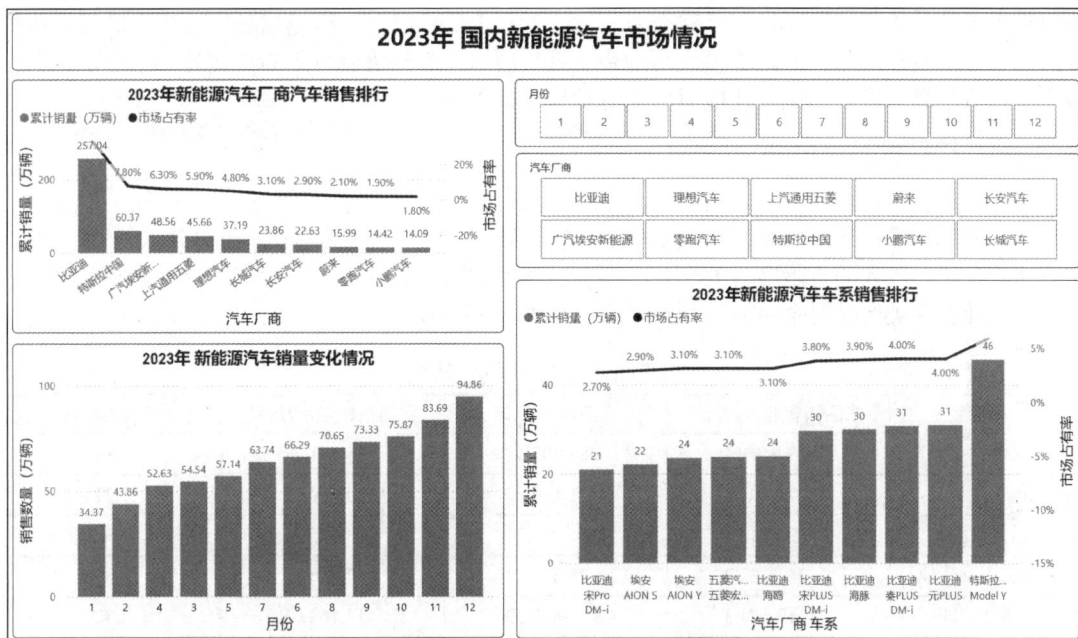

图 6-12 2023 年国内新能源汽车市场情况

从图 6-12 可以看出，新能源汽车市场的主要份额掌握在少数厂商手中，市场的集中度较高。通过分析市场份额，企业可以有效了解其在行业中的位置，以更好地制定相关运营策略。

任务拓展

导入任务拓展数据"6-1-1 新能源汽车销量数据"，请利用 RANKX 函数，进行新能源汽车厂商销量排行分析。

任务二　产品分析

情境案例

SUP 公司是增值税一般纳税人（适用增值税税率 13%），主要从事明火炊具、厨房小家电、厨卫电器、生活家居电器等产品的生产与销售。

请设计 SUP 公司销售业务分析看板之产品分析，为 SUP 公司优化产品销售结构提供决策依据。

知识准备

产品分析实质上是从企业产品的维度对销售业务的指标进行分析。通过产品维度的分析，企业可以进一步了解现有产品销售状况，确定产品畅销或滞销的原因，预测产品未来销售状况及退货情况。

一、产品价值分析

同一企业可能会经营不同类别的产品，不同产品的价值有所不同。什么样的产品对企业而言价值较大呢？分析师可以通过产品对企业收入（毛利）的贡献度、市场增长率分析产品对企业的价值，还可以通过产品价值矩阵模型帮助企业管理层对产品价值进行判断。此外，退货率也会影响产品价值及品牌形象，所以还应对产品退货率进行分析。

（一）产品贡献度分析

产品贡献度分析可以从收入贡献度与毛利贡献度两个维度进行分析。收入贡献度是指某一产品收入占全部产品收入的比重。在表 6-1 中，蜜雪冰城 2021 年食材的收入占总收入的 69.89%，这意味着食材对收入的贡献度为 69.89%。但是收入贡献度高，并不意味着产品的毛利贡献度水平高，还应计算各类产品对企业的毛利贡献度，如表 6-2 所示。

表 6-2　　　　　　　　　　蜜雪冰城 2021 毛利贡献度

项目	产品销售收入/万元	产品销售成本/万元	产品销售毛利/万元	毛利贡献度
食材	723 049.13	487 407.42	235 641.71	71.81%
包装材料	177 880.52	121 190.00	56 690.52	17.27%
设备设施	69 484.57	56 449.26	13 035.31	3.97%
营运物资及其他	36 226.52	28 437.82	7 788.70	2.37%
加盟商管理	19 574.3	5 412.29	14 162.01	4.32%
直营门店	8 279.72	7 431.88	847.84	0.26%
合计	1 034 494.76	706 328.67	328 166.09	100.00%

在表 6-2 中，产品销售毛利为产品销售收入减去销售成本。毛利贡献度为某产品销售毛利占产品销售毛利合计的比重。在毛利贡献度中，食材的毛利贡献度最高。尽管设备设施收入高于加盟商管理收入，但由于其成本较高，毛利率较低，所以设备设施的毛利贡献度反而低于加盟商管理的毛利贡献度。

一般来说，收入与毛利贡献度越高，产品就越重要。例如在蜜雪冰城中，食材是其最重要的产品。实际分析时，还要考虑产品之间的关联度，比如门店在采购奶茶等原材料时，可能会同步采购相应的吸管等包装材料，所以食材与包装材料的收入可能是同步增长的。还有一些企业可能会采取引流的方式推出一些售价便宜的产品来增加客流量，进而提升其他产品的销量。这些用来引流的产品有可能会提升收入贡献度，提升收入水平，但因为售价便宜，引流产品的毛利贡献度会呈现下降趋势。

企业可以通过可视化图形对产品销售额、毛利及毛利贡献度排名情况进行展示，直观反映各产品的销售情况。例如，企业可以基于销售额的排名，通过可视化图表直观展示企业的畅销产品。

（二）市场增长率分析

市场增长率一般可以用企业产品销售增长率表示。销售增长率可以用企业的产品销售收入或销售数量增长率进行分析。

销售收入增长率=（本期销售收入-上期销售收入）÷上期销售收入×100%
销售数量增长率=（本期销售数量-上期销售数量）÷上期销售数量×100%

企业需要分产品分析各产品的收入增长率。不同产品的收入变化趋势是不同的，通过分产品进行收入增长率分析，一方面有助于解释总收入变化情况，另一方面可以对未来产品销售趋势进行预测。

例如，蜜雪冰城分产品销售收入增长率如表 6-3 所示。

表 6-3 蜜雪冰城分产品销售收入增长率

项目	2019 年	2020 年		2021 年	
	销售收入/万元	销售收入/万元	增长率	销售收入/万元	增长率
食材	178 476.97	326 320.24	82.84%	723 049.13	121.58%
固体饮料	56 250.10	105 904.83	88.27%	222 536.69	110.13%
风味饮料浓浆	43 629.27	76 237.05	74.74%	157 148.00	106.13%
果酱	27 369.79	46 248.34	68.98%	115 097.63	148.87%
水果	11 006.08	17 159.08	55.91%	45 373.38	164.43%
茶叶	17 452.21	31 101.62	78.21%	64 043.95	105.92%
其他	22 769.52	49 669.32	118.14%	118 849.48	139.28%

从表 6-3 可以看出，2019—2021 年蜜雪冰城食材的各类产品销售收入均呈现增长趋势，且 2021 年较 2020 年增长更快。进一步分析各类食材的销售均价，可以看到 2020 年仅有固体饮料的销售均价有所增长，2021 年固体饮料、果酱、茶叶的销售均价有所增长，如表 6-4 所示，这表明销售均价增长不是销售收入较大规模增长的主要原因。

表 6-4 蜜雪冰城分产品销售均价增长率

项目	2019 年	2020 年		2021 年	
	销售均价/（元/千克）	销售均价/（元/千克）	增长率	销售均价/（元/千克）	增长率
固体饮料	21.24	22.56	6.21%	23.17	2.70%
风味饮料浓浆	12.03	11.22	-6.73%	10.22	-8.91%
果酱	11.7	11.67	-0.26%	12.08	3.51%
水果	9.8	9.04	-7.76%	8.87	-1.88%
茶叶	74.39	73.87	-0.70%	75.23	1.84%

表 6-5 是对各类产品销售数量的分析。可以看到，2020 年和 2021 年销售数量增长较快是收入增长的重要原因。进一步深入分析，会发现销售数量的增长，是因为蜜雪冰城的门店数量持续增长，对各类产品需求增多。

表 6-5 蜜雪冰城部分产品销售数量增长率

项目	2019 年	2020 年		2021 年	
	销售数量/吨	销售数量/吨	增长率	销售数量/吨	增长率
固体饮料	26 957.57	46 951.08	74.17%	100 585.55	114.23%
风味饮料浓浆	36 258.9	67 963.59	87.44%	153 746.05	126.22%
果酱	23 397.42	39 637.27	69.41%	95 275.21	140.37%

在分析销售收入增长率与销售数量增长率时，表 6-3 和表 6-5 用的是年度增长率。在实际分析时，可以基于企业的实际需要计算月度增长率（如 12 月相对于 11 月的增长率）、季度增长率（如第四季度相对于第三季度的增长率）、同期增长率（如本年第四季度相对于上一年度第四季度的增长率）等。

（三）产品价值矩阵分析

波士顿矩阵是常用的分析产品价值的工具，它关注两个维度：市场增长率与市场占有率。市场增长率用于测度某产品是否具有扩大市场、不断增长的潜力；市场占有率是指某产品占现有市场的份额，代表了产品的实力。

知识讲解

产品价值矩阵分析

波士顿矩阵中,市场增长率与市场占有率其实是对市场增长率与市场占有率进行分产品分析。例如市场占有率的分产品维度计算公式如下。

企业某种产品绝对市场占有率=该产品企业销售额（量）÷该类产品市场销售总额（量）×100%

企业某种产品相对市场占有率=该产品市场占有率÷该类产品竞争对手占有率×100%

一般可以以10%的市场增长率和20%的市场占有率为标准（不同的企业，标准可能有所不同）划分界限，将坐标图划分为四个象限。然后把企业全部产品按其市场增长率和市场占有率的高低，在坐标图上标出相应位置。

产品分类图如图6-13所示。

根据市场增长率与市场占有率，产品被划分为四类。市场增长率和市场占有率均比较高的产品，通常被称为企业的明星产品，发展前景较好。市场增长率低、市场占有率高的产品，通常被称为金牛产品（也被称为现金牛产品）。金牛产品一般销售比较稳定，盈利能力较强，处于产品生命周期的成熟阶段。市场增长率高、市场占有率低的产品通常被称为问题产品。市场增长率高表明其有一定的发展前景，但市场占有率低，表明其可能还未完全打开市场，这类产品

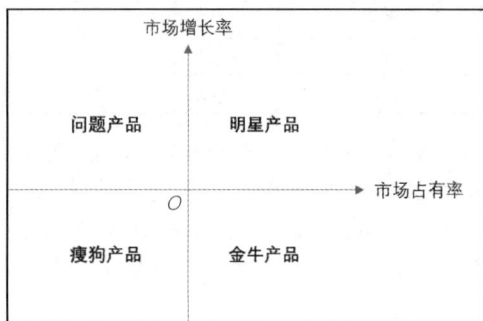

图6-13 产品分类图

可能正处于产品生命周期的开拓市场阶段，未来市场前景还存在不确定性，企业应进行审慎的市场分析，确定未来对该产品的投入。市场增长率和市场占有率均较低的产品，通常被称为瘦狗产品。对于瘦狗产品，企业应选择逐步退出战略。

例如，比亚迪2023年汽车累计销量为2 706 075辆，累计销量较上年同期增长50.3%，市场份额为35%。单从这两个数据来看，汽车属于明星产品。比亚迪可以对汽车类型进行进一步细分，分析不同价位汽车的类型。但是要注意的是，波士顿矩阵中的产品分类不是固定的，是有可能互相转化的。如果比亚迪的汽车销售增长相比于以前年度呈现变慢趋势，但市场占有率相对稳定，则明星产品会转化为金牛产品。

有的企业也会运用产品价值矩阵进行内部产品的简化对比分析。此时，可以从产品收入增长率与产品收入占企业总收入的份额两个维度进行产品价值分析，以企业产品平均增长率和平均收入份额为标准划分界限，仿照波士顿矩阵，将产品分为四个类别，并进一步分析可采取的产品运营策略。

（四）产品退货分析

产品销售出去后被客户退货会影响产品的价值及企业的利润，也会影响品牌形象。企业应对产品退货率进行分析，并深入剖析客户退货的原因，提出改进措施。

退货率计算公式如下。

退货率=（客户退货或拒收的数量÷全部发运数量）×100%

企业应将退货率与历史同期、上个期间、同行业竞争对手的退货率进行比较，同时还需进行以下三方面的分析：第一，分析产品特征，建立产品特征与退货率的关联性模型，对各类产品退货退款的可能性进行预测，帮助识别高退货风险产品；第二，分析退货的客户群特征，有针对性地采取相应的运营策略，比如发现直播平台上的客户退货率高，在直播平台展示产品时尽可能地保证视频与实物的一致性，提升客户体验，进而降低退货率；第三，分析退货原因，例如有的客户是由于物流时效低而选择退货，则提升物流运送效率是降低退货率的有效措施。

为了更直观展示产品退货情况，企业可以采用词云图等形式可视化展示退货产品类别及原因。例如，可以基于产品退货金额、数量进行词云图展示，从而直观地看到哪些产品退货金额较大、

哪些产品退货数量较多。

二、产品销售多维度对比分析

（一）分地区产品销售分析

产品销售收入可以分地区进行分析。不同地区的销售收入代表了企业在不同地区的运营业绩。分析师可以通过对比不同地区的收入，找到收入存在差异的原因，不断提升收入水平。收入金额较大的地区，是企业需要重点关注的地区，要保持竞争优势，确保现有市场份额不会下降。收入占比较小的地区，则是企业需要重点开拓的地区。表 6-6 是蜜雪冰城分地区产品销售收入。从表 6-6 中可以看出，华东、华中与华北是蜜雪冰城 2019—2021 年度的重要收入来源地区，自 2020 年度起，蜜雪冰城积极拓展境外业务，且销售收入有所增长。

表 6-6　　　　　　　　　　　蜜雪冰城分地区产品销售收入

地区	2019 年		2020 年		2021 年	
	金额/万元	比例	金额/万元	比例	金额/万元	比例
华东	63 829.34	25.67%	120 350.10	26.16%	278 328.50	27.71%
华中	69 270.48	27.85%	101 944.80	22.16%	176 238.20	17.54%
华北	36 583.85	14.71%	70 357.95	15.30%	139 990.48	13.94%
西北	26 072.24	10.48%	56 436.12	12.27%	115 197.55	11.47%
西南	27 707.63	11.14%	51 728.55	11.25%	130 472.46	12.99%
东北	12 886.97	5.18%	32 255.33	7.01%	80 293.88	7.99%
华南	12 342.73	4.96%	26 280.20	5.71%	79 139.65	7.88%
境外	—	—	651.72	0.14%	4 869.89	0.48%
销售收入合计	248 693.24	100.00%	460 004.77	100.00%	1 004 530.61	100.00%

（二）分渠道产品销售分析

产品销售收入还可以分销售渠道进行分析。一般的企业，通常会有经销商销售及直营销售两种模式。经销商销售是指企业将产品交由经销商进行销售，直营销售是指企业直接面向终端客户进行销售。比如汽车生产企业，会通过自营门店的方式直接销售汽车，也会先将汽车销售给经销商，再由经销商销售给客户。酒类企业（例如贵州茅台）在销售产品时，有批发代理与直营销售两种模式，如表 6-7 所示。

表 6-7　　　　　　　　　　　贵州茅台分渠道产品销售分析

项目	2020 年		2021 年		2022 年	
	批发代理	直营销售	批发代理	直营销售	批发代理	直营销售
营业收入/万元	8 158 164.26	1 324 035.65	8 202 992.80	2 402 936.24	7 439 359.47	4 937 873.77
营业成本/万元	750 370.78	57 966.37	795 838.26	93 260.79	802 189.13	187 422.21
毛利率	90.80%	95.62%	90.30%	96.12%	89.22%	96.20%
营业收入增长率[①]	4.46%	82.66%	0.55%	81.49%	-9.31%	105.49%
营业成本增长率	7.14%	60.36%	6.06%	60.89%	0.80%	100.97%
毛利率增长率	-0.26%	0.64%	-0.56%	0.52%	-1.20%	0.09%

---

① 公司 2019 年度批发代理渠道营业收入为 7 809 590.86 万元，营业成本为 700 333.68 万元；直营销售渠道营业收入为 724 865.97 万元，营业成本为 36 148.08 万元。

在表 6-7 中可以看到，2020—2022 年贵州茅台直营销售渠道收入总体呈现增长趋势，直营销售渠道的毛利率显著高于批发代理渠道的毛利率，这是其近年来布局直营销售渠道在财务业绩上的具体表现。

除了按经销商与直营销售渠道进行分析，企业也可以根据需要分线上与线下渠道进行分析。

（三）同类产品对比分析

企业将产品与同类产品进行对比分析时，主要目标是找出自身与同类产品的差距，并寻找进一步优化的机会。在进行对比分析时，同类产品的选择比较重要。企业一方面可以选取行业内领先的产品进行对比分析，另一方面也可以选取行业内与自己的产品类似的产品进行对比分析。

比如比亚迪可以与新能源厂商进行对比分析，如表 6-8 所示。可以看到比亚迪 2023 年度销量增长较快，市场份额为 35.0%，市场占有率较高。

表 6-8　　　　　　　　　　　　新能源厂商零售数量[①]

公司	2023 年/辆	2022 年/辆	同比增长	2023 年市场份额
比亚迪	2 706 075.00	1 799 947.00	50.3%	35.0%
特斯拉中国	603 664.00	439 770.00	37.3%	7.8%
广汽埃安	483 632.00	273 757.00	76.7%	6.3%
吉利汽车	469 427.00	304 911.00	54.0%	6.1%
上汽通用五菱	457 848.00	442 118.00	5.9%	3.6%

当然，在实际进行对比分析时，除了分析销售数量，还可以分析销售价格，判断产品的竞争力。

任务实施

子任务一：数据准备

步骤一：导入数据。

打开 Power BI Desktop，单击"主页"选项卡中的"Excel 工作簿"按钮，导入任务数据"6-2 产品分析数据"，在弹出的"导航器"窗口中勾选全部任务表格，单击"转换数据"按钮，如图 6-14 所示，进入 Power Query 编辑器。

操作演示

产品分析

步骤二：数据整理。

（1）将第一行用作标题。

检查各数据表的标题行，若有未在第一行的，单击"主页"选项卡中的"将第一行用作标题"按钮设置标题行。

（2）整理线上销售订单。

单击"添加列"选项卡中的"自定义列"按钮，在打开的"自定义列"对话框的"新列名"中输入"订单日期"，在"自定义列公式"列表中输入公式，单击"确定"按钮（见图 6-15）后，将数据类型调整为日期型。

---

① 资料来源：乘联会。

图 6-14　获取数据

图 6-15　添加"订单日期"列

筛选交易状态，由于交易关闭的数据不参与分析，则在"交易状态"下拉列表中取消勾选"交易关闭"，如图 6-16 所示。

添加"省份"自定义列，自定义列公式如下。

```
省份 = Table.SelectRows(省份表,(t)=>Text.Contains([送货详细地址],t[省份])){0}
```

单击"省份"列的展开按钮，获取送货详细地址里的省份信息，单击"确定"按钮（如图 6-17 所示）后，调整数据类型为文本型。

（3）整理线下销售订单。

单击"删除标记"下拉按钮，在弹出的下拉列表中取消勾选"删除"，单击"确定"按钮，如图 6-18 所示。数据处理完毕后，单击"关闭并应用"按钮，退出 Power Query 编辑器并保存数据处理结果。

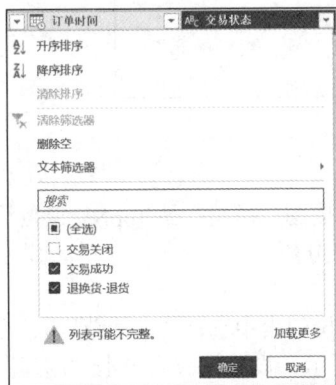

图 6-16　筛选交易状态

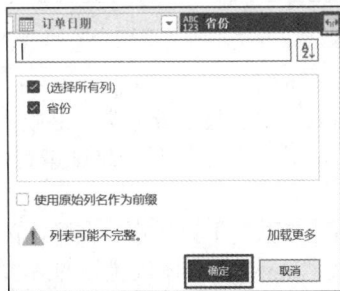

图 6-17　展开"省份"列

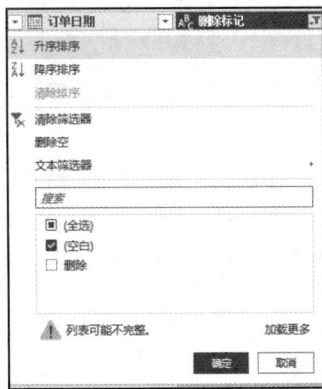

图 6-18　取消勾选"删除"

子任务二：建立数据关联模型

步骤一：建立数据关联模型。

切换至模型视图，关联数据表。

（1）将标准成本数据表中的"产品编号"与产品主数据表中的"产品编号"关联。

（2）将线下销售订单表中的"产品编号"与产品主数据表中的"产品编号"关联。

（3）将线下销售订单表中的"客户编号"与客户主数据表中的"客户编号"关联。

（4）将线下销售订单表中的"订单日期"与日期表中的"日期"关联。

（5）将线上销售订单中的"线上店铺名称"与线上店铺信息表中的"线上店铺名称"关联。

（6）将线上销售订单表中的"用户账号"与线上用户清单表中的"用户账号"关联。

（7）将线上销售订单表中的"订单日期"与日期表中的"日期"关联。

（8）将线上销售订单表中的"省份"与省份表中的"省份"关联。

（9）将线上销售订单表中的"货号"与产品主数据表中的"产品编号"关联。

（10）将客户主数据表中的"省市"与省份表中的"省份"关联。

（11）将客户主数据表中的"销售大区"与2023年销售目标表中的"销售大区"关联。

整体关联关系如图6-19所示。

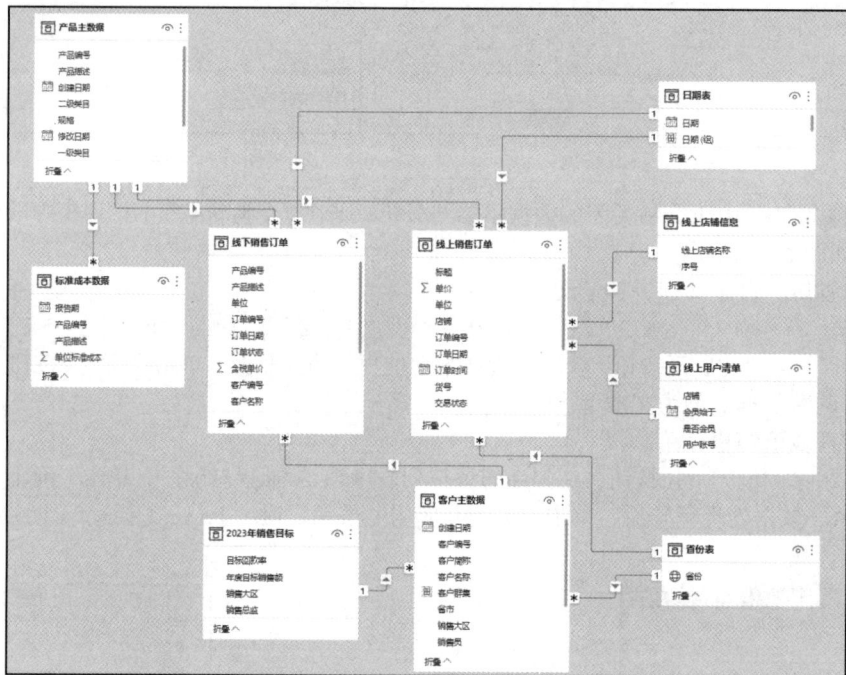

图6-19 建立数据关联模型

步骤二： 设定产品分析维度及指标。

根据产品销售数据，从总销售收入趋势图、分品类产品收入构成图、畅销产品TopN、退货词云图（金额）、退货词云图（数量）、产品价值矩阵等维度进行产品分析。

（1）新建参数。

单击"建模"选项卡中的"新建参数"下拉按钮，在弹出的下拉列表中选择"数值范围"，在打开的"参数"对话框中新建参数"topN"，具体设置如图6-20所示，设置完成后单击"创建"按钮。

（2）新建"月份"列。

选择日期表，单击"建模"选项卡中的"新建列"按钮，新增"月份"列，数据类型更改为日期型，输入以下公式。

月份=MONTH('日期表'[日期])

（3）新建度量值。

根据分析目标建立相应度量值，分别建立线上销售收入、线下销售收入、销售收入、收入增长率、收入份额、线上收入占比、线下收入占比、排名 TopN 产品等指标。单击"主页"选项卡中的"输入数据"按钮，创建一张空白表存放度量值，表名为"度量值"。新建度量值如表 6-9 所示。

图 6-20　新建参数

表 6-9　　　　　　　　　　　　　　　　　新建度量值

度量值名称	公式
线上销售收入	CALCULATE(SUM('线上销售订单'[实收款])/1.13,'线上销售订单'[交易状态]<>"退换货-退货") //假定税率为 13%
线下销售收入	ROUND(SUM('线下销售订单'[总金额])/1.13,2)　　//假定税率为 13%
销售收入	[线上销售收入]+[线下销售收入]
收入增长率	VAR lstm=CALCULATE([销售收入],PREVIOUSMONTH('日期表'[日期])) VAR curm=[销售收入] VAR rate=DIVIDE(curm-lstm,lstm) RETURN rate //创建后，将格式改为"百分比"，小数位数为 2
收入份额	DIVIDE([销售收入],CALCULATE([销售收入],ALL('产品主数据')))
线上收入占比	DIVIDE([线上销售收入],[销售收入]) //创建后，将格式改为"百分比"，小数位数为 2
线下收入占比	DIVIDE([线下销售收入],[销售收入]) //创建后，将格式改为"百分比"，小数位数为 2
排名 TopN 产品	VAR n=SELECTEDVALUE('topN'[topN], 10) VAR TopN_=TOPN(n, ALL ('产品主数据'[二级类目]), [销售收入], DESC) 　　RETURN IF(SELECTEDVALUE('产品主数据'[二级类目])IN TopN_,[销售收入]) //创建该度量值，需要前面新建的参数 topN 的数值范围为 10-20

子任务三：可视化设计

步骤一： 导航栏设计。

（1）打开 Power BI Desktop，在页面右侧的"可视化"窗格中，设置页面格式，"类型"选择"自定义"，将"高度（像素）"设置为"1200"，将"宽度（像素）"设置为"1280"，"垂直对齐"选择"上"，如图 6-21 所示。

（2）单击"插入"选项卡中的"按钮"下拉按钮，如图6-22所示，在弹出的下拉列表中选择插入的动作素材。

图6-21 设置页面格式

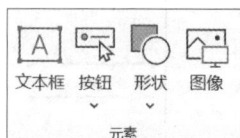

图6-22 元素功能按钮

分别插入文本框、按钮、图像等动作素材，如表6-10所示。

表6-10 设置动作素材

操作动作	设置内容
插入文本框	在样式中设置填充颜色为"53、75、89"，其他指标图形建议使用相同颜色
插入图像	插入已下载的公司标志
插入文本框	输入"SUP公司销售分析"，设置为28号字
插入图像	插入"产品"小图标
插入按钮	插入按钮，输入"产品分析"，设置为18号字，加粗
插入形状	插入一条直线，放在"产品分析"下方，颜色设置为橙色

设置好的导航栏如图6-23所示。

图6-23 产品分析导航栏

步骤二：创建视觉对象。

（1）添加切片器。

"字段"选择日期表中的"月份"，切片器设置为"下拉"样式，关闭切片器标头，开启标题，将标题名称改为"月份"，设置字体和背景颜色，如图6-24所示。

图6-24 月份切片器

（2）设置关键指标概览。

添加两个卡片图，"字段"分别选择度量值"销售收入"和度量值"收入增长率"。添加两个多行卡，第一个多行卡的"字段"选择度量值"线上销售收入"和"线下销售收入"；第二个多行卡的"字段"选择度量值"线上收入占比"和"线下收入占比"。效果如图6-25所示。

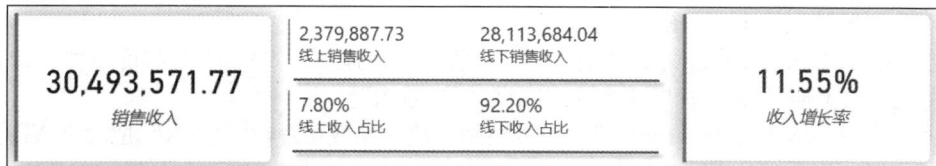

图 6-25 产品分析关键指标概览

（3）绘制总销售收入趋势图。

添加折线图，将"日期"拖动至"*X*轴"，将度量值"销售收入"拖动至"*Y*轴"。设置属性，将图形大小设为高度 300、宽度 620。设置标题文本为"总销售收入趋势图"。启用"预测"，设置预测长度和置信区间，单击"应用"按钮，并取消月份切片器对其的控制，如图 6-26 所示。

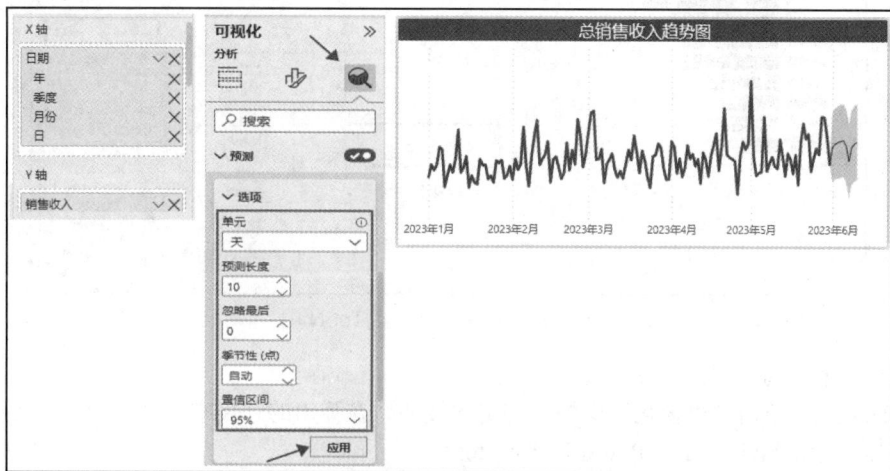

图 6-26 绘制总销售收入趋势图

（4）绘制分品类产品收入构成图。

选择产品主数据表中的"一级类目"，单击鼠标右键，在弹出的快捷菜单中选择"创建层次结构"，并将"二级类目"加入该层次结构。添加环形图，"图例"选择刚刚创建的"一级类目层次结构"，"值"选择度量值"销售收入"。关闭"图例"，设置标题文本为"分品类产品收入构成图"，设置详细信息标签，"位置"选择"外部"，"标签内容"选择"类别，总百分比"，如图 6-27 所示。

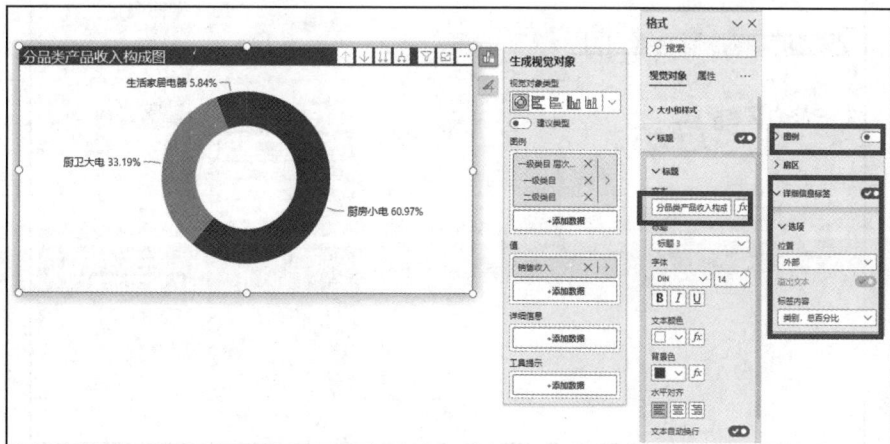

图 6-27 绘制分品类产品收入构成图

（5）绘制畅销产品 TopN 图。

添加簇状条形图，将产品主数据表中的"二级类目"拖动至"Y 轴"，将度量值"排名 topN 产品"拖动至"X 轴"。设置标题文本为"畅销产品 TopN"。

插入文本框，输入文本"TopN："，并将刚刚新建的参数切片器"TopN"拖动至该图形右下角的合适位置，如图 6-28 所示。

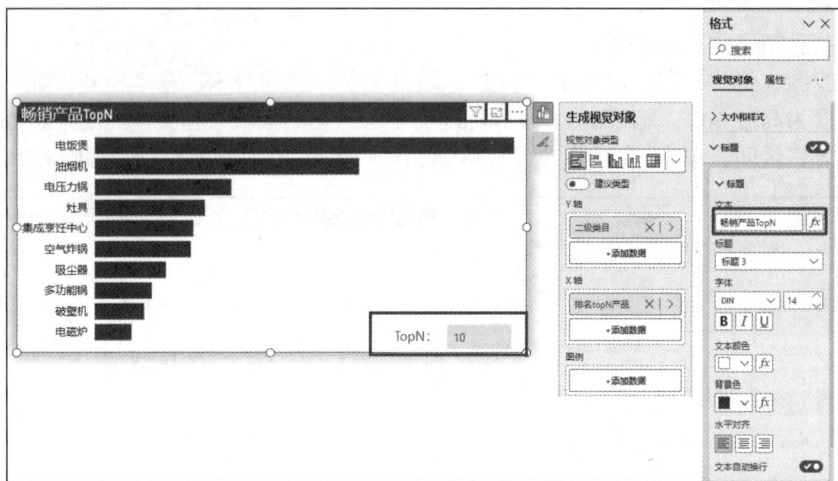

图 6-28　绘制畅销产品 TopN 图

（6）绘制退货词云图（金额）。

导入词云图，单击"可视化"窗格中的更多按钮，在弹出的列表中选择"从文件导入视角对象"，将"词云图.pbiviz"导入 Power BI Desktop。

插入词云图，将产品主数据表中的"二级类目"拖动至"类别"，将线上销售订单表中的"实收款的总和"拖动至"值"，标题文本设置为"退货词云图（金额）"。在"筛选器"窗格中添加筛选条件，对线上销售订单表中的"交易状态"进行筛选，设置交易状态为"等于退换货-退货"，如图 6-29 所示。

图 6-29　绘制退货词云图（金额）

（7）绘制退货词云图（数量）。

参考"退货词云图（金额）"的绘制步骤，绘制退货词云图（数量）。

（8）创建产品价值矩阵。

新建参数"产品类别"。单击"建模"选项卡中的"新建参数"。在弹出的"参数"窗口中，"字段"选择产品主数据表中的"一级类目""二级类目"，并勾选"将切片器添加到此页"。获取"ChicletSlicer.pbiviz"资源文件，将其导入 Power BI Desktop 中。

添加散点图，将度量值"收入份额"拖动至"X轴"，将"收入增长率"拖动至"Y轴"，"图例"选择"产品类别"。

标题文本设置为"产品价值矩阵"。添加"平均收入份额"参考行，"类型"选择"平均值线"，"数据系列"选择"收入份额"，开启"数据标签"。添加"平均收入增长率"参考行，"类型"选择"平均值线"，"数据系列"选择"收入增长率"，开启"数据标签"。参考行设置如图 6-30 所示。

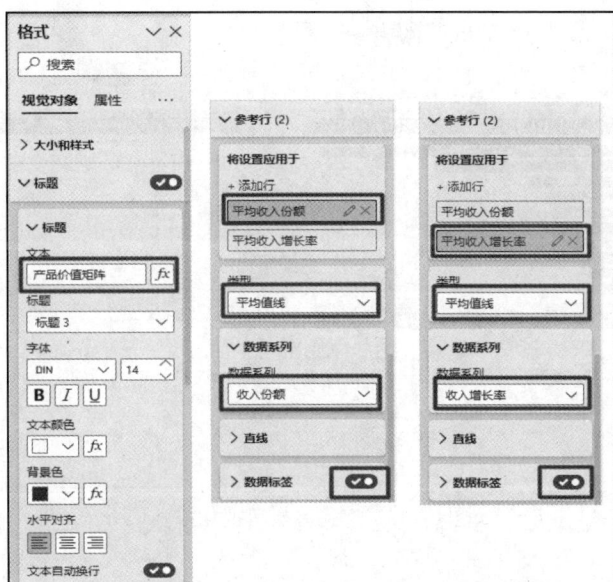

图 6-30　设置产品价值矩阵参考行

产品价值矩阵效果如图 6-31 所示。

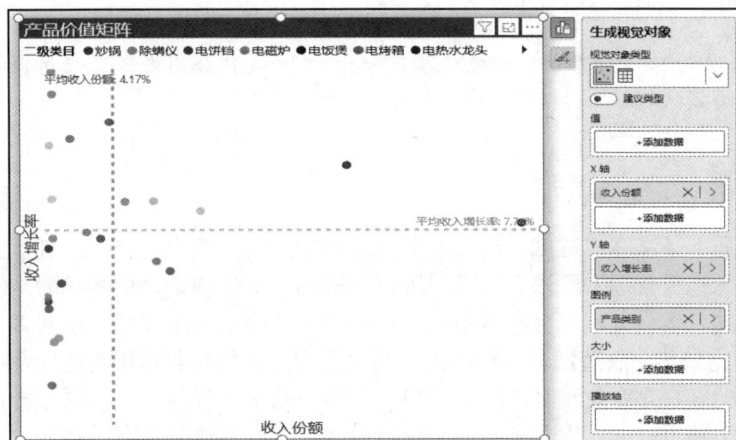

图 6-31　产品价值矩阵效果图

任务拓展

根据已完成的可视化图形，进行报表布局，形成产品分析可视化报表。SUP公司产品分析可视化报表如图6-32所示。

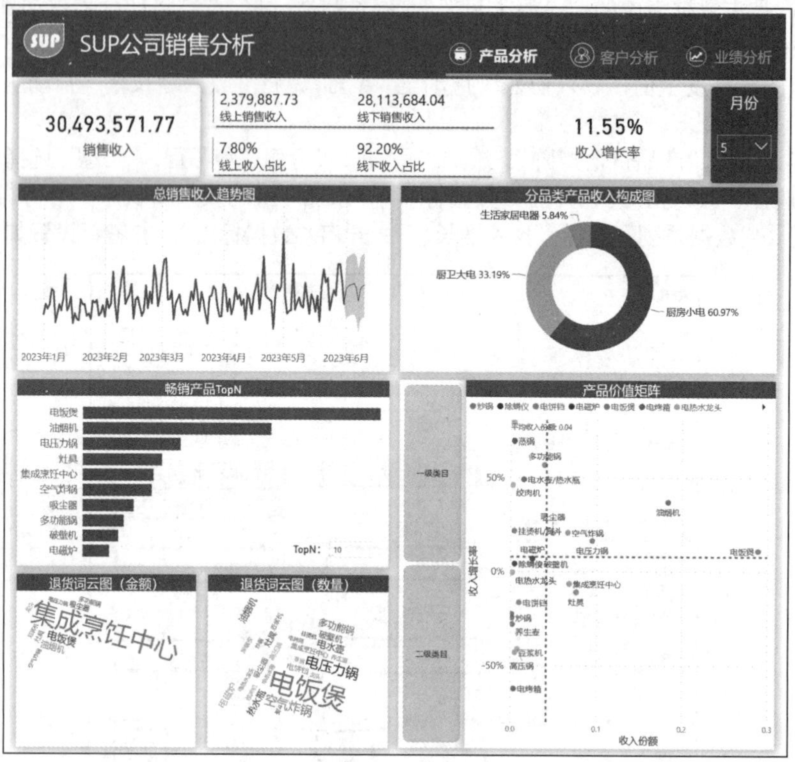

图6-32　产品分析可视化报表

任务三　客户分析

情境案例

请设计SUP公司销售业务分析看板之客户分析，为SUP公司发现客户价值和制定有针对性的营销策略提供决策依据。

知识准备

客户分析实质上是从客户维度对销售业务指标进行分析。客户对企业的价值越大，就需要企业投入越多的资源进行管理。所以，对客户进行分析的主要目的是分析客户的价值。

企业性质不同，客户类型也会有所不同，一般可以分为企业端客户（B端客户）与消费端客户（C端客户）。比如芯片制造厂商一般会把产品卖给企业，而商业零售企业的客户则主要是个人消费者。当企业的客户是企业端客户时，一般而言客户数量不会很多，主要分析这些客户对企业的收入贡献度与毛利贡献度，以及未来的增长机会，同时要注意是否有潜在客户或可开发的新市场领域。当企业的客户是消费端客户（C端客户）时，主要分析客户消费的频次、金额等。

分析师在分析营业收入时，还要注意来自关联方的营业收入金额和占比。如果一家企业的销售收入绝大部分来自关联方，说明这家企业的业务在很大程度上依赖关联方，应考虑其是否存在市场竞争及独立经营不足的问题。

一、客户贡献度分析

当企业的客户是企业端客户时，可以分析客户的贡献度。客户贡献度分析可以从收入贡献度与毛利贡献度两个维度进行分析。收入贡献度是指某一客户收入占企业全部收入的比重。毛利贡献度是指某一客户毛利占企业全部毛利的比重。客户的收入贡献度与毛利贡献度越高，其对企业就越重要。

德馨食品 2022 年度来源于蜜雪冰城的收入占比为 16.86%，说明蜜雪冰城是其第一大客户，如表 6-11 所示。从 2020—2022 年度的客户收入贡献度来看，大客户并不稳定，例如瑞幸咖啡在 2021 年度为德馨食品贡献的收入为 12 660.18 万元，但在 2022 年度则锐减至 5 845.22 万元。据德馨食品招股公告，在参与瑞幸咖啡 2022 年植物蛋白饮料浓浆招标议标时，德馨食品产品报价处于相对劣势，导致未能成为瑞幸咖啡植物蛋白饮料浓浆主要供应商，从而来源于瑞幸咖啡的销售金额有所下降。这也从侧面表明德馨食品对重要客户的管理存在不完善的地方。

表 6-11　　　　　　　　　　德馨食品部分客户收入贡献度[①]

年度	客户名称	收入/万元	收入占比
2022 年度	蜜雪冰城	9 021.51	16.86%
	瑞幸咖啡	5 845.22	10.92%
	星巴克	5 516.20	10.31%
	7 分甜	2 493.12	4.66%
	乐源	1 394.62	2.61%
2021 年度	瑞幸咖啡	12 660.18	23.93%
	星巴克	6 976.15	13.18%
	7 分甜	4 545.72	8.59%
	蜜雪冰城	2 339.32	4.42%
	书亦烧仙草	2 143.75	4.05%
2020 年度	星巴克	7 946.55	22.25%
	书亦烧仙草	3 217.26	9.01%
	7 分甜	2 838.07	7.95%
	瑞幸咖啡	2 157.40	6.04%
	奈雪的茶	2 021.30	5.66%

在对客户进行分析时，还应考虑客户的集中度。企业客户集中度高，有利于企业管理客户的资源，但如果集中度过高，就有可能形成对某一客户的依赖，如果该客户出现问题，则有可能导致企业业绩的快速下降。例如新铝时代主要从事新能源汽车电池系统铝合金零部件的研发、生产和销售工作，但从其公布的招股书来看，2020—2022 年，其对比亚迪的销售收入占营业收入的比例分别为 64.80%、70.42% 和 78.87%，对比亚迪的销售毛利占比分别为 76.27%、83.59% 和 87.14%。从上述数据看，比亚迪为新铝时代第一大客户。新铝时代对比亚迪的依赖度过高，一旦比亚迪需求降低或者不再将新铝时代纳入供应商体系，则新铝时代的经营业绩就会存在很大风险。所以一方面新铝时代应继续维持与比亚迪的合作关系，另一方面还应积极拓展新的客户，尽可能降低对比亚迪过分依赖的经营风险。

---

① 资料来源：德馨食品招股书。

此外，还有一类客户是企业的战略客户，尽管其可能在现阶段对企业的收入贡献度不是很高，但企业有可能会推动企业新产品的增长，是企业新动力的激活者，也影响着企业的未来。关注战略客户的业务活动，有助于企业拓展新的客户群体，获得新的收入增长点。比如手机配件供应商会关注战略客户的研发进展及产品更新迭代情况，例如发现手机厂商拟对手机软件或硬件进行重大创新升级，则应保持持续跟进并提前布局。

企业在对客户进行分析时，可以对线上、线下渠道的客户分别进行分析，还可以将客户分为会员与非会员分别进行分析。对面向消费者的企业，会员客户相对稳定，黏性较高，会为企业带来收入增长。但是一旦会员客户为企业带来的收入增长有所放缓，就要分析是客户消费频次减少，还是客单价下降，并有针对性地采取措施，例如对客户发优惠券等。如表 6-12 所示，爱奇艺的大部分收入源于会员服务收入。

表 6-12　　　　　　　　　　　　爱奇艺收入构成

项目	2020 年		2021 年			2022 年		
	金额/万元	占比	金额/万元	占比	收入增长率	金额/万元	占比	收入增长率
会员服务收入	1 649 103.00	55.51%	1 671 366.40	54.70%	1.35%	1 771 083.00	61.08%	5.97%
广告收入	682 211.50	22.96%	706 675.10	23.13%	3.59%	533 169.70	18.39%	−24.55%
内容分发收入	266 007.40	8.95%	285 560.20	9.35%	7.35%	246 977.10	8.52%	−13.51%
其他业务收入	373 399.60	12.57%	391 834.20	12.82%	4.94%	348 525.00	12.02%	−11.05%
合计	2 970 721.50	100.00%	3 055 435.90	100.00%	2.85%	2 899 754.80	100.00%	−5.10%

从表 6-12 中可以看到，2020—2022 年会员服务收入在爱奇艺的收入中占比最大。会员服务收入主要由会员规模与会员付费的每用户平均收入决定。据爱奇艺财报数据，2018—2020 年，爱奇艺的会员规模分别为 0.87 亿人、1.07 亿人与 1.02 亿人。但 2021 年第四季度，爱奇艺日均订阅会员数为 9 700 万人，同比减少了 570 万人。2022 年第四季度爱奇艺日均订阅会员数为 1.12 亿人，到 2023 年 9 月 30 日，爱奇艺日均订阅会员数为 1.028 亿人，又有所减少。可见，爱奇艺会员数突破 1 亿人后，会员数量呈现增长缓慢且增减反复的状态。从会员付费的每用户平均收入来看，从 2020 年至今，爱奇艺会员费用多次上涨，连续包月价格从每月 15 元一路上升至 25 元，涨幅达到 66.7%。会员费用的调整也会对爱奇艺会员规模有所影响。

除了对会员与非会员分别进行分析，企业还可以从新客户与老客户的维度进行收入分析。企业在关注老客户消费稳定性的同时，还应关注新客户带来的收入增长情况。新客户是企业可以拓展的市场资源，新客户为企业带来的收入越多，表明企业收入增长趋势越好。

二、客户聚类分析

聚类分析是将研究对象分为相对同质组的统计分析技术。最佳的聚类类别划分从数据特征上看，应满足类别内距离最小化且类别间距离最大化，直观的理解就是"物以类聚"：同类的聚集，不同类的离得远。

聚类分析有别于通常所说的分类。在进行分类之前，通常已经有了一套数据划分标准，只需要严格按照标准进行数据分组。而聚类则不同，事先并不知道具体的划分标准，要靠算法找出数据之间的相似性，把相似的数据放在一起。也就是说聚类最关键的工作是探索和挖掘数据中的潜在差异和联系。在聚类的结论出来之前，可能并不清楚每一类有什么特点，要根据聚类的结果，并借助经验进行分析，看看聚合的各类大概有什么特点。聚类分析可以应用在数据预处理过程中，可以通过聚类分析的方法聚集结构复杂的多维数据，使复杂结构数据标准化。

在商业上，聚类分析是细分市场的有效工具，通常被用来发现不同的客户群，并且通过刻画不同的客户群特征，研究消费者行为偏好，并将分析结果作为开拓市场或制定营销策略的重要依据。

企业可以选择一些特征进行聚类分析。例如，共享单车企业可以根据骑行距离、骑行时间、年龄进行聚类分析。网上短租平台可以根据获客渠道（移动端或 PC 端）、年龄及性别等进行聚类分析。如果企业关注客户对企业的价值，还可以用客单价、获客成本等特征进行聚类分析。通过聚类分析，企业可以分析不同类别的客户的特点，然后有针对性地采取不同的产品运营与销售策略。

三、RFM 模型客户价值管理

对消费端客户进行分类，有利于根据不同的客户精准地制定营销策略。零售电商行业通常会基于 RFM 模型，对客户进行分类。

R（Recency）：客户最近一次交易时间的间隔。R 值越大，表示用户交易发生的时间间隔越长，反之则表示客户交易发生的时间间隔越短。

F（Frequency）：客户在最近一段时间内交易的次数。F 值越大，表示客户交易越频繁，反之则表示客户交易越不活跃。

M（Monetary）：客户在最近一段时间内交易的金额。M 值越大，表示客户价值越高，反之则表示客户价值越低。

在实际工作中，为了更有效地对客户进行分类，通常会对 RFM 模型进行定量分析。不同的企业定量分析的标准有所不同。表 6-13 为某电商企业对 RFM 模型进行评分的示例。在表 6-13 中，根据零售行业特性，设计打分原则，R、F、M 每个分数等级为 5 分。

表 6-13　　　　　　　　企业 RFM 模型打分表（一）

分数	R	F	M
5 分	30 天以内	10 单以上	M > 5 000
4 分	30～60 天	7～10 单	2 000 < M ≤ 5 000
3 分	61～90 天	3～7 单	1 000 < M ≤ 2 000
2 分	91～120 天	1～3 单	500 < M ≤ 1 000
1 分	120 天以上	1 单	M ≤ 500

为了简便起见，有的企业将 R 定义为最近有无交易（有为 1，无为 0），将 F 定义为交易次数，将 M 定义为交易金额，F、M 分为两档（高或者低，高设为 1，低设为 0），然后基于 R、F、M 对客户进行分类管理，如表 6-14 所示。

表 6-14　　　　　　　　企业 RFM 模型打分表（二）

类型	R	F	M	客户特征
重要价值客户	1	1	1	最近有交易，交易次数多，交易金额高，是最优质的客户
重要唤回客户	0	1	1	交易次数多，交易金额高，但最近无交易，需要唤回
重要深耕客户	1	0	1	最近有交易且交易金额高，但交易次数少，需要深耕
重要挽留客户	0	0	1	交易金额高，但交易次数少且最近无交易，有流失风险，需要重点挽留
一般价值客户	1	1	0	最近有交易且交易次数多，但交易金额低，需要挖掘客户潜力
一般唤回客户	0	1	0	交易次数多，但交易金额低且最近无交易，贡献不大，一般维持
一般深耕客户	1	0	0	最近有交易，但交易次数少，交易金额低，一般为新客户，有发展价值
一般挽留客户	0	0	0	最近无交易，且交易次数少，交易金额低，相当于流失客户

由表 6-14 可知，基于 R、F、M 的有或无、高或低，将客户分为八类，并制定不同的管理策略，对重要的客户进行重点管理。

任务实施

子任务一：导航栏设计

步骤一：打开 Power BI Desktop，在页面右侧的"可视化"窗格中设置页面格式，"类型"选择"自定义"，将"高度（像素）"设置为"1200"，将"宽度（像素）"设置为"1280"。

步骤二：将任务二中做好的导航栏复制过来，将"客户分析"设置为白色加粗，且将直线移至"客户分析"下方，如图 6-33 所示。

图 6-33 客户分析导航栏

步骤三：在"线下渠道"页，单击"插入"选项卡中的"按钮"下拉按钮，选择"导航器"下拉列表中的"页面导航器"，如图 6-34 所示。

选择已添加的导航器，单击"设置导航器格式"下方"视觉对象"窗口的"形状"，将"按钮"形状设置为"药丸"；单击"视觉对象"窗口的"页"，在"页"的下拉列表"显示"中，关闭"产品分析""业绩分析"，在"网络布局"中将方向设为"垂直"，如图 6-35 所示。

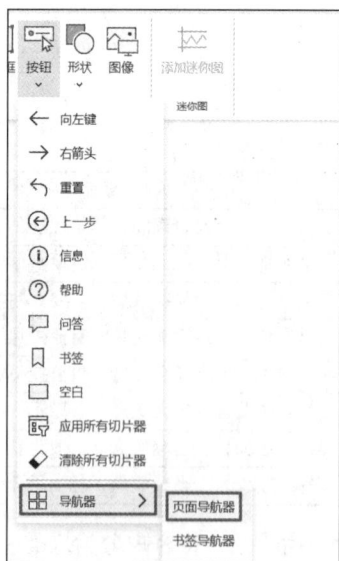

图 6-34 选择"页面导航器"　　图 6-35 设置导航器

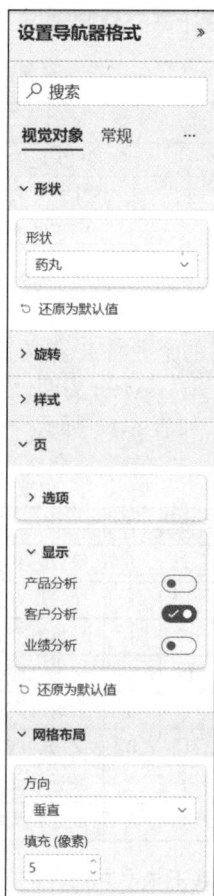

子任务二：建立数据指标

步骤一： 新建列。

选择线下销售订单表，单击"建模"选项卡中的"新建列"按钮，新建"毛利"列，并输入公式。

```
毛利 =
VAR date_=[订单日期]
VAR productNO=[产品编号]
VAR cost =CALCULATE(
        SUM('标准成本数据'[单位标准成本]),
        MONTH('标准成本数据'[报告期])=MONTH (date_),
        productNO='标准成本数据'[产品编号])
RETURN
        ROUND ([总金额]/1.13-cost*[数量],2)          //假定税率13%
```

步骤二： 根据客户和会员信息，依次新建客户分析指标度量值，如表6-15所示。

表6-15　　　　　　　　　　　　　客户分析指标度量值

序号	度量值名称	公式
1	会员收入	CALCULATE([线上销售收入],'线上用户清单'[是否会员]="是")
2	非会员收入	[线上销售收入]-[会员收入]
3	会员收入占比	DIVIDE([会员收入],[线上销售收入]) //创建后，将格式改为"百分比"，小数位数为2
4	非会员收入占比	DIVIDE([非会员收入],[线上销售收入]) //创建后，将格式改为"百分比"，小数位数为2
5	最高线上销售收入	IF([线上销售收入]=MAXX(ALL('日期表'[日期]),[线上销售收入]),[线上销售收入]) //结合使用 MAXX 函数和 ALL 函数计算出的所有日期范围，找出[线上销售收入]的最大值

6	退货率	VAR returns=CALCULATE(DISTINCTCOUNT('线上销售订单'[订单编号]),'线上销售订单'[交易状态]="退换货-退货")
		VAR total=CALCULATE(DISTINCTCOUNT('线上销售订单'[订单编号]))
		RETURN DIVIDE (returns,total)
		//创建后，将格式改为"百分比"，小数位数为2
		//返回变量 returns 与变量 total 的商，即退换货订单数占总订单数的比例

7	R（最近一次消费距今间隔天数）	VAR cur_date=CALCULATE(MAX('日期表'[日期]),ALLSELECTED('日期表'[日期])) VAR ls_date=CALCULATE(MAX('线上销售订单'[订单日期]),ALLSELECTED('日期表'[日期]),'线上销售订单'[交易状态]<>"退换货-退货") RETURN DATEDIFF(ls_date,cur_date,DAY) //使用 DATEDIFF 函数计算 ls_date 和 cur_date 之间的日期差（以天为单位）。如果 ls_date 在 cur_date 之前，结果将是一个负数；如果两者相等，结果将是 0；如果 ls_date 在 cur_date 之后，结果是一个正数

8	R 值	VAR ave_days=AVERAGEX(ALL('线上用户清单'),[R 最近一次消费距今间隔天数])
		RETURN
		IF(OR([R 最近一次消费距今间隔天数]>ave_days,ISBLANK([R 最近一次消费距今间隔天数])),0,1)
		//计算所有线上用户最近一次消费距今间隔天数的平均值，判断其最近一次消费距今间隔的天数是否超过了所有用户的平均值或该用户的最近一次消费距今间隔天数的记录是否为空（即没有消费记录）。如果满足任一条件，则返回0；否则返回1

续表

序号	度量值名称	公式
9	F（消费频率）	CALCULATE(DISTINCTCOUNT('线上销售订单'[订单编号]),'线上销售订单'[交易状态]<>"退换货-退货")
10	F 值	VAR ave_frequency=AVERAGEX(ALL('线上用户清单'),[F 消费频率]) RETURN IF([F 消费频率]>ave_frequency,1,0) //返回消费频率是否大于平均销售频率，大于为 1，否则为 0
11	M（消费金额）	[线上销售收入]
12	M 值	VAR ave_amount=AVERAGEX(ALL('线上用户清单'),[M 消费金额]) RETURN IF([M 消费金额]>ave_amount,1,0) //每条记录的消费金额是否大于平均销售金额，大于为 1，否则为 0
13	客户数量	CALCULATE(DISTINCTCOUNT('线上销售订单'[用户账号]), FILTER('线上用户清单',[R 值]=SELECTEDVALUE('RFM'[R])&& [F 值]=SELECTEDVALUE('RFM'[F])&& [M 值]=SELECTEDVALUE('RFM'[M])))

14	新客户数	VAR newcustomer_created=CALCULATETABLE(VALUES('客户主数据'[客户编号]),
		FILTER('客户主数据','客户主数据'[创建日期]IN DATESYTD('日期表'[日期])))
		VAR newcustomer_sales=CALCULATETABLE(VALUES('客户主数据'[客户编号]),
		FILTER('客户主数据',CONTAINS(VALUES('日期表'[日期]),'日期表'[日期],
		CALCULATE(MIN('线下销售订单'[订单日期]),ALL('日期表')))))
		VAR newcustomer=INTERSECT(newcustomer_created, newcustomer_sales)
		RETURN COUNTROWS(newcustomer)
		// newcustomer_sales 生成一个表，包含了在产生线下销售订单之前或同时创建的所有客户的客户编号
		//使用 COUNTROWS 函数计算变量 newcustomer（即两个表的交集）中的行数，这个数值表示了在指定年份内创建并产生了线下销售订单的新客户数量

15	新客户成交额	VAR newcustomer_created=CALCULATETABLE(VALUES('客户主数据'[客户编号]), FILTER('客户主数据','客户主数据'[创建日期] IN DATESYTD('日期表'[日期]))) VAR newcustomer_sales=CALCULATETABLE(VALUES('客户主数据'[客户编号]), FILTER('客户主数据',CONTAINS(VALUES('日期表'[日期]),'日期表'[日期], CALCULATE(MIN('线下销售订单'[订单日期]),ALL('日期表'))))) VAR newcustomer=INTERSECT(newcustomer_created,newcustomer_sales) RETURN CALCULATE([线下销售收入],newcustomer) //计算那些在指定年份内创建并且至少有一次线下销售订单的新客户的总销售收入
16	新客户成交额占比	DIVIDE([新客户成交额],[线下销售收入]) //创建后，将格式改为"百分比"，小数位数为 2
17	老客户本期交易额	[线下销售收入]-[新客户成交额]

18	老客户交易增长率	VAR former_cus_sales_lstmonth=CALCULATE([老客户本期交易额],
		PREVIOUSMONTH('日期表'[日期]))
		VAR rate_maintain=DIVIDE([老客户本期交易额]-former_cus_sales_lstmonth,
		former_cus_sales_lstmonth)
		RETURN rate_maintain
		//创建后，将格式改为"百分比"，小数位数为 2
		//计算老客户本期交易额与前一个月相比的保持率或变化率

19	线下订单毛利	SUM('线下销售订单'[毛利])

20	线下毛利率	DIVIDE(SUM('线下销售订单'[毛利]),SUM('线下销售订单'[总金额])/1.13)
		//创建后，将格式改为"百分比"，小数位数为 2
		//假定税率 13%

21	线下客户收入占比	DIVIDE([线下销售收入],CALCULATE([线下销售收入],ALL('客户主数据'))) //创建后，将格式改为"百分比"，小数位数为 2

子任务三：线下渠道可视化设计

步骤一：新建月份切片器。可复制任务二的子任务三中已经建立的月份切片器。

步骤二：设置关键指标概览。

添加卡片图（或者复制任务二中做好的卡片图），"字段"选择度量值"新客户数"。复制 3 次做好的卡片图，将"字段"分别改为度量值"新客户成交额""新客户成交额占比""老客户交易增长率"，如图 6-36 所示。

19	2,576,774.27	9.17%	11.20%
新客户数	新客户成交额	新客户成交额占比	老客户交易增长率

图 6-36 客户分析关键指标概览

步骤三：绘制分省份线下销售收入树状图。

添加树状图，将省份表中的"省份"拖动至"类别"，将"线下销售收入"拖动至"值"，设置标题文本为"分省份线下销售收入"，如图 6-37 所示。

步骤四：对 5 月的客户进行聚类分析。

将月份切片器的数值设置为"5"。插入表格，将客户主数据表中的"客户编号"、度量值"毛利率_线下"和"线下客户收入占比"拖动至"列"，单击表格右上角"更多"选项，在弹出的列表中选择"自动查找群集"，设置客户群集如图 6-38 所示，设置完成后，单击"确定"按钮。

创建散点图，将客户主数据表中的"客户编号"拖动至"值"，将度量值"毛利率_线下"拖动至"X 轴"，将度量值"线下客户收入占比"拖动至"Y 轴"，将客户主数据表中的"客户群集"拖动至"图例"。设置标题文本为"客户聚类（5 月）"，字体为白色，背景颜色为深蓝绿色，并设置为居中；开启"字幕"，输入文本"（按毛利率和线下客户收入占比）"，设置为居中，字体为白色。取消与月份切片器的交互，将日期表中的"月份"拖动至"筛选器"，打开筛选器，仅勾选"5 月"，效果如图 6-39 所示。

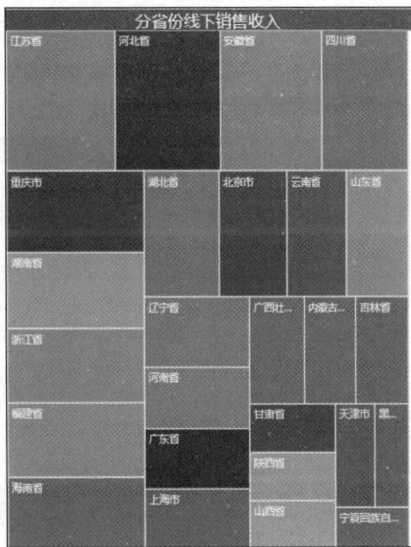

图 6-37 分省份线下销售收入树状图

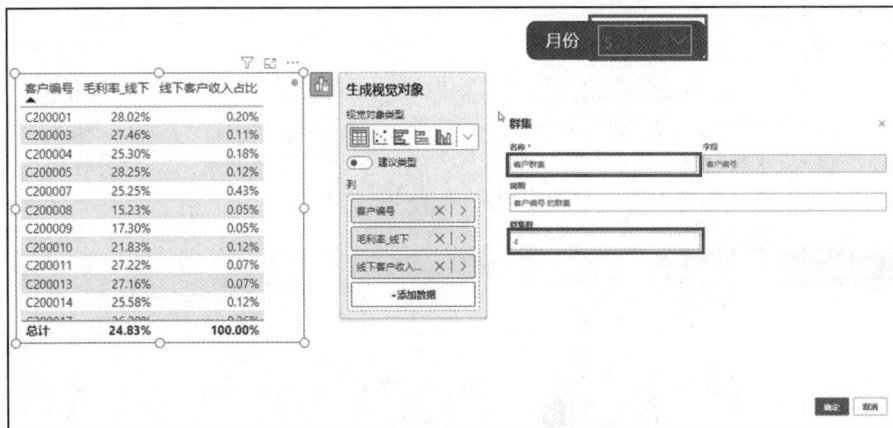

图 6-38 设置客户群集

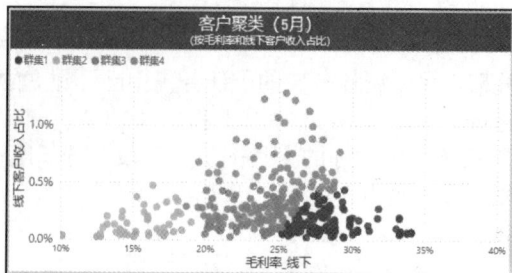

图 6-39　客户聚类

步骤五：构建客户分解树（5月）。

新建参数"收入毛利分析"，"字段"选择度量值"线下销售收入""线下订单毛利"，并选择"将切片器添加到此页"。添加分解树，分析选择参数"收入毛利分析"，依次选择客户主数据表中的"客户群集"，产品主数据表中的"一级类目""二级类目"作为解释依据；设置标题文本为"客户分解树（5月）"。取消与月份切片器的交互，设置此视觉对象筛选器为日期表中"月份"等于5月，效果如图 6-40 所示。

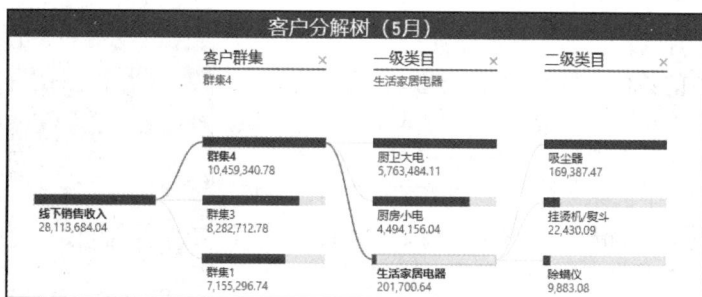

图 6-40　客户分解树

子任务四：线上渠道可视化设计

步骤一：设置切片器。

（1）设置月份切片器。可复制任务三的子任务三中已经建立的月份切片器。

（2）设置店铺切片器。

插入文本框，输入文本"店铺"。添加切片器，将线上店铺信息表中的"线上店铺名称"拖动至"字段"，如图 6-41 所示。

步骤二：设置关键指标概览。

添加卡片图（或者复制任务三的子任务三中做好的卡片图），"字段"选择度量值"线上销售收入"。添加多行卡和直线（或者复制任务二中的多行卡和直线），第一个多行卡的"字段"选择度量值"会员收入""非会员收入"；第二个多行卡的"字段"选择度量值"会员收入占比""非会员收入占比"。线上渠道销售关键指标概览如图 6-42 所示。

图 6-41　设置店铺切片器

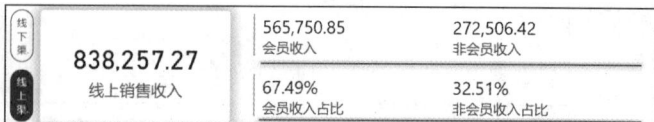

图 6-42　线上渠道销售关键指标概览

步骤三：线上销售收入分析。

添加折线和堆积柱形图，将日期表中的"月份""日"拖动至"X轴"，将度量值"线上销售收入"拖动至"Y轴"，将度量值"最高线上销售收入"拖动至"辅助Y轴"，设置标题文本为"线上销售收入"，设置字体为白色，设置背景色，居中显示。取消与月份切片器的交互，效果如图6-43所示。由于X轴为日期字段，折线图无法绘制连续趋势线，仅显示日期对应的数据点。

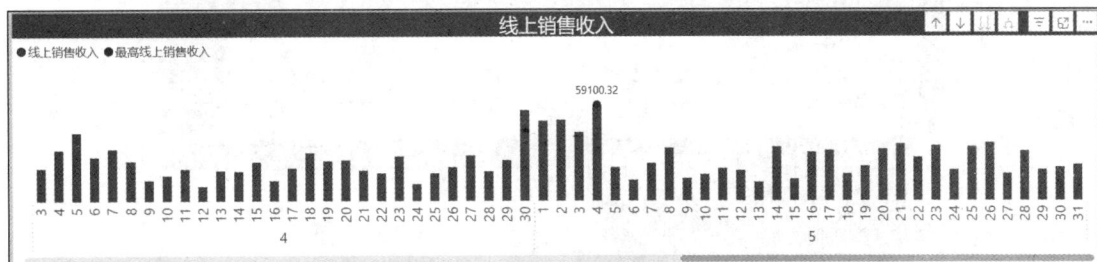

图6-43　线上销售收入折线和堆积柱形图

步骤四：分省份线上销售收入分析。

添加"分省份线上销售收入"树状图，具体可参考任务三的子任务三中分省份线下销售收入树状图的设计步骤。

步骤五：店铺退货率趋势分析。

添加折线图，将日期表中的"日期"拖动至"X轴"，将度量值"退货率"拖动至"Y轴"，取消与月份切片器的交互。设置标题文本为"店铺退货率趋势"，开启"趋势线"和"查找异常"，设置敏感度为70%，如图6-44所示。

步骤六：RFM类型统计分析。

添加环形图，"图例"选择RFM表中的"类型"，将度量值"客户数量"拖动至"值"，"工具提示"选择RFM表中的"客户特征"，设置标题文本为"RFM类型统计"，关闭"图例"，设置详细信息标签，设置后的效果如图6-45所示。

图6-44　店铺退货率趋势设置步骤

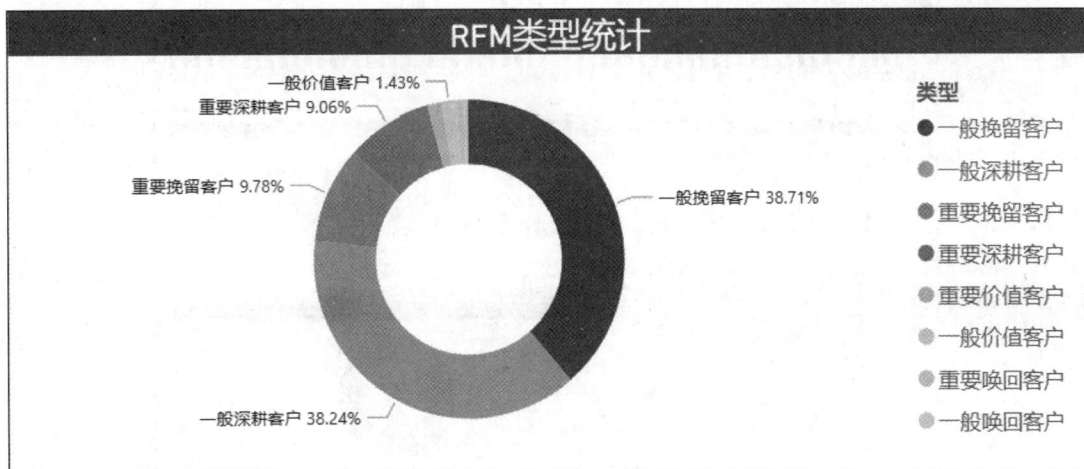

图6-45　RFM类型统计

📖 任务拓展

依照线下、线上客户分析可视化设计方案，对线下、线上不同渠道客户分析报表进行整体布局美化，整体调整页面，形成完整的客户分析，如图6-46、图6-47所示。

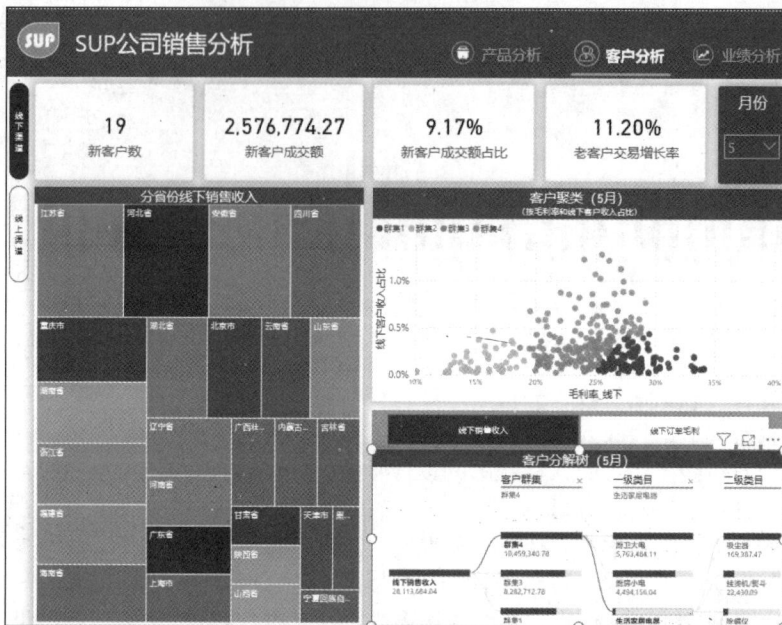

图6-46　线下渠道客户分析

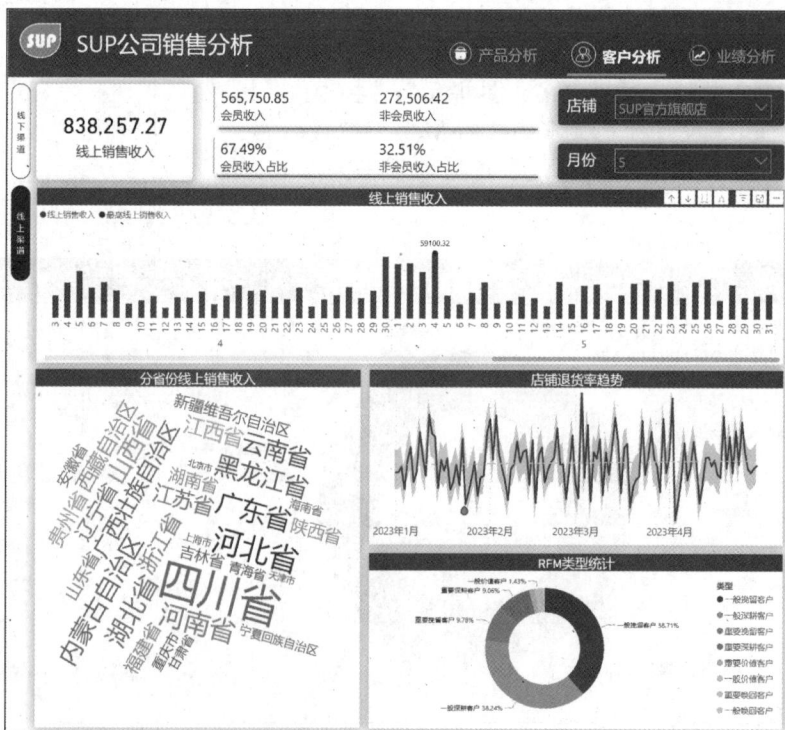

图6-47　线下与线上渠道客户分析

任务四　销售业绩分析

情境案例

设计 SUP 公司销售业务分析看板之销售业绩分析，为 SUP 公司销售团队业绩管理与改善提供数据支持。

知识准备

销售业绩分析实质上是从销售岗位的维度对销售业务的指标进行分析。企业对销售岗位业绩进行分析的目的是对业务员进行业绩管理与评价。

一、销售目标实现情况分析

一般而言，企业在年初或上年度会制定销售目标，并逐层分解至销售区域部门及销售岗位。销售目标可以包括财务目标与市场目标。财务目标一般可以用销售收入、销售毛利来测度。企业衡量财务目标实现情况，可以基于时间进度确认销售目标实现情况。

销售收入目标实现率＝实际销售收入÷销售收入目标×100%

销售毛利目标实现率＝实际销售毛利÷销售毛利目标×100%

如果企业收入的实现与季节等时间因素无关，可以同步对比分析时间进度与财务目标实现率之间的关系。例如，时间已经过了半年，如果收入目标实现率还未到 50%，则应分析收入目标实现率较低的原因。

企业除了财务目标外，通常还会确定市场目标，处于成长阶段的企业尤为重视市场目标的实现情况。市场目标主要包括销售数量目标、市场份额目标，甚至包括用户数量目标。企业的主要业务不同，所处生命周期阶段不同，重点关注的市场目标可能就会有所不同。例如，电商平台企业可能会关注网站成交金额增长情况，也会关注日活跃用户数量增长情况。日活跃用户数量通常能体现一个平台真实用户的总规模，可用来衡量一家互联网企业的前景。比如一家企业日活跃用户数量为 1 亿人，但收入不多，甚至还在亏损，未来用户有可能转变为企业的客户，这样的企业会有较高的市场估值。另外一家企业营业收入、利润高，但日活跃用户数量几乎没有增长，其通常会被认为该企业未来成长空间不大。

二、销售岗位业绩分析

销售岗位业绩分析实质上是从销售岗位的维度对销售业务的指标进行分析。企业对销售岗位业绩进行分析的目的是对业务员岗位进行业绩管理与评价。

对于销售岗位的业绩分析，应基于不同企业实际制定的销售目标确定目标实现情况。如果业务员销售目标的完成情况不好，则应及时分析原因，并予以改进。对销售岗位业绩的分析通常采用绝对数值分析和排名分析。

对销售岗位业绩的绝对数值分析，主要是对每个岗位的销售收入、销售数量、销售回款率情况进行分析。业务员把商品销售出去，把款项收回来，销售业务的闭环才能完成。分析每个业务员销售业务回款情况，有助于协助业务员查找回款率较低的原因，进行货款的催收，进而提升销售回款率。

销售回款率＝当期回款项÷当期销售收入×100%

通过对业务员业绩进行排名分析，企业可以清晰地看到每个业务员的业绩在企业中的水平。

通常可以依据销售收入、销售毛利、销售回款率等指标进行排名，也可以依据销售收入目标完成率、销售收入增长率等指标进行排名。企业可以根据具体情况确定排名的依据。

🔍 任务实施

子任务一：导航栏设计

步骤一：打开 Power BI Desktop，在页面右侧的"可视化"窗格中设置页面格式，"类型"选择"自定义"，将"高度（像素）"设置为"1050"，将"宽度（像素）"设置为"1280"。

步骤二：复制任务三中已完成的导航栏，将"业绩分析"设置为白色加粗，且将直线移至"业绩分析"下方。

操作演示

销售业绩分析

子任务二：建立数据指标

根据销售业绩分析需求，建立年度目标销售额、时间进度、实际回款率、销售完成率、应收账款、销售收入排名、实际回款率排名、应收账款排名等度量值，如表 6-16 所示。

表 6-16　　　　　　　　　　销售业绩分析指标度量值

序号	度量值名称	公式
1	年度目标销售额	SUM('2023 年销售目标'[年度目标销售额])

2	时间进度	DIVIDE(SELECTEDVALUE('日期表'[月份]),12)
		//创建后，将格式改为"百分比"，小数位数为 2
		//计算当前月份在一年中的比例

3	实际回款率	VAR received_=TOTALYTD(CALCULATE(SUM('线下销售订单'[已收款])),'日期表'[日期])
		VAR cumulativeSales=TOTALYTD(CALCULATE(SUM('线下销售订单'[总金额])),'日期表'[日期])
		RETURN DIVIDE(received_, cumulativeSales)
		//创建后，将格式改为"百分比"，小数位数为 2
		//计算截至当前日期（或当前上下文中的日期）的已收款与总销售额之间的比率

4	销售完成率	VAR cumulativeSales=TOTALYTD(CALCULATE(SUM('线下销售订单'[总金额])),'日期表'[日期])
		RETURN DIVIDE(cumulativeSales,[年度目标销售额])
		//创建后，将格式改为"百分比"，小数位数为 2
		//计算截至当前日期（或当前上下文中的日期）的累计销售额占年度目标值的比例

5	应收账款	VAR cumulativeSales=TOTALYTD(CALCULATE(SUM('线下销售订单'[总金额])),'日期表'[日期]) VAR received=TOTALYTD(CALCULATE(SUM('线下销售订单'[已收款])),'日期表'[日期]) RETURN cumulativeSales-received //截至当前日期的累计销售额（cumulativeSales）和已收款（received），然后返回这两个值的差，即应收账款
6	销售收入排名	销售收入排名=RANKX(ALL('客户主数据'[销售员]),[线下销售收入],,DESC,SKIP) //基于"线下销售收入"度量值对"客户主数据"表中的销售员进行降序排名
7	实际回款率排名	RANKX(ALL('客户主数据'[销售员]),[实际回款率],,DESC,SKIP) //基于"客户主数据"表中 [销售员] 列的所有唯一值对 [实际回款率] 度量值进行降序排名
8	应收账款排名	RANKX(ALL('客户主数据'[销售员]),[应收账款],,ASC,SKIP) //使用了 RANKX 函数来对"客户主数据"表中[销售员]列的所有唯一值进行升序排名

子任务三：可视化视觉对象设计

步骤一： 设置切片器。

（1）添加月份切片器（或者复制之前任务中完成的月份切片器，选择"不同步"）。

（2）添加销售大区切片器，"字段"选择 2023 年销售目标表中的"销售大区"。

步骤二： 设计可视化视觉对象。

（1）设置关键指标概览。

添加 KPI 图形，"值"选择度量值"实际回款率"，"走向轴"选择日期表中的"月份"，"目标"选择 2023 年销售目标表中的"目标回款率"，在"目标回款率"上单击鼠标右键，将聚合方式改为"平均值"，设置标题文本为"实际回款率 VS.目标回款率"，取消与月份切片器的交互。以同样的方式添加"销售完成率 VS.时间进度"KPI 图形，如图 6-48 所示。

图 6-48　销售业绩关键指标

（2）线下销售收入变动趋势分析。

添加折线图，将日期表中的"日期"拖动至"X 轴"，将度量值"线下销售收入"拖动至"Y 轴"，设置标题文本为"线下销售收入变动趋势"，取消与月份切片器的交互，效果如图 6-49 所示。

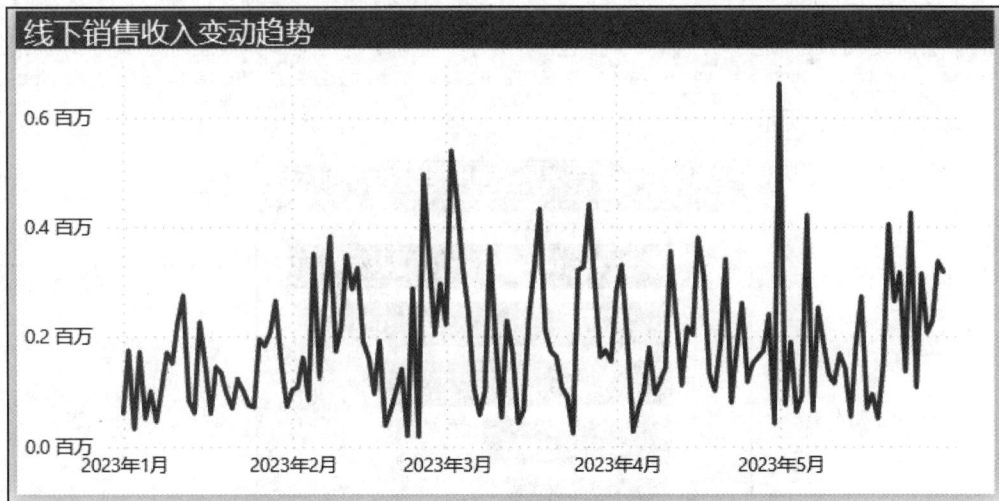

图 6-49　线下销售收入变动趋势折线图

（3）实际回款率变动趋势分析。

添加簇状柱形图，将日期表中的"月份"拖动至"X 轴"，将度量值"实际回款率"拖动至"Y 轴"，设置标题文本为"实际回款率变动趋势"。添加参考行，"添加行"选择"目标回款率"，"类型"选择"恒定线"，开启"数据标签"，如图 6-50 所示，将"2023 年销售目标"拖动至"值"，汇总方式选择"平均值"，取消与月份切片器的交互。

实际回款率变动趋势效果图，如图 6-51 所示。

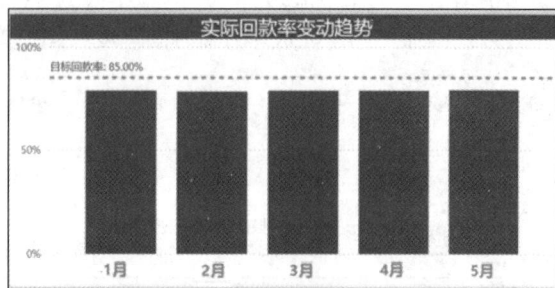

图 6-50　实际回款率变动趋势设置步骤　　　　图 6-51　实际回款率变动趋势效果图

（4）设置销售大区/销售员业绩指标一览。

新建参数"业绩指标"，"字段"选择度量值"实际回款率""线下销售收入""应收账款"，选择"将切片器添加到此页"。选择客户主数据表中的"销售大区"，单击鼠标右键，在弹出的快捷菜单中选择"创建层次结构"，将"销售员"添加到该层次结构中。添加簇状条形图，将销售大区表中的"层次结构"拖动至"Y轴"，将"业绩指标"拖动至"X轴"。设置标题文本为"销售大区/销售员业绩指标一览"，设置"字幕"文本为"请选择业绩指标："，取消与销售大区切片器的交互，效果如图 6-52 所示。

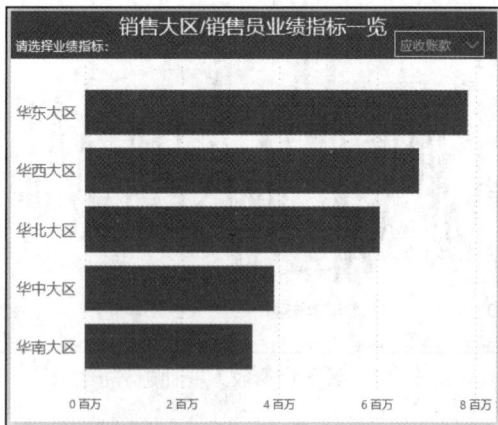

图 6-52　销售大区/销售员业绩指标一览

📖 任务拓展

基于已经设计完成的可视化图形，添加销售员业绩指标排名雷达图，进行合理布局，将可视化图形整理为完整的分析报表，如图 6-53 所示。

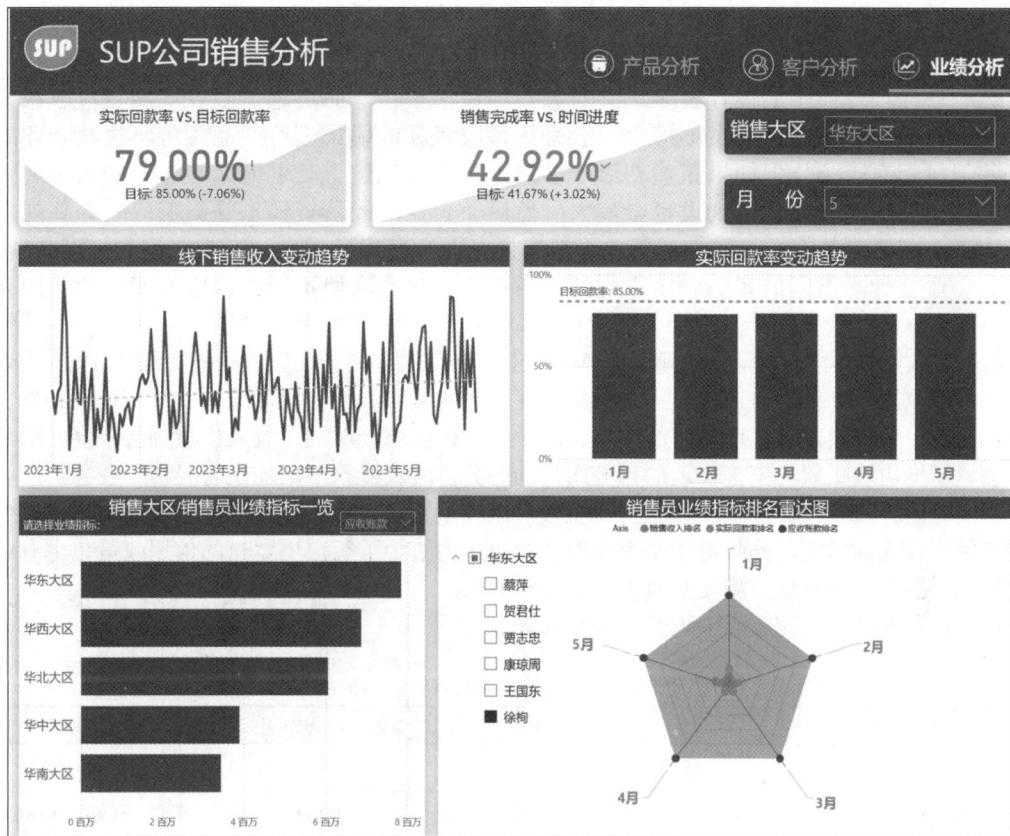

图 6-53　销售业绩分析可视化报表

任务五　应收账款分析

情境案例

鲸鱼公司的应收账款余额逐年增加，请设计鲸鱼公司销售业务分析看板之应收账款分析，为鲸鱼公司优化应收账款管理提供决策依据。

知识准备

赊销模式是及时清理库存、促进销售的一种有效手段。企业在发展过程中，为了扩大市场、满足发展需求，往往会采用赊销模式来提升竞争力，进而提高销售收入。但赊销模式在提升销量的同时，也会使企业在卖出产品后不能及时回款，从而导致企业应收账款占比过大，减弱企业的资金周转能力，影响企业现金流，甚至危及企业的正常经营。

一、应收账款规模分析

如果企业的应收账款规模过大，有可能是企业依赖于赊销模式获取了销售规模的增长，但对赊销订单的风险没有做到有效管控，存在销售人员为获取销售额增长对有欠款风险的客户仍采取赊销的情况。所以在进行应收账款分析时，应关注应收账款规模。

影响应收账款规模的因素主要包括四个方面。首先，企业的商业模式会影响应收账款规模。例如零售企业是直接面对消费者的，通常会采用现金销售方式，所以应收账款规模相对较小。其次，企业在产业链中的位置决定了其对客户的话语权，进而决定了收款周期与应收账款规模。例如有的企业由于产品供不应求，会采用预收货款的模式进行产品预售，这些企业的应收账款规模相对较小，但如果企业相对于客户处于劣势地位，其可能给予客户的信用周期就会较长，则期末应收账款的规模也会较大。然后，企业的经营规模也是影响应收账款规模的重要因素。在其他条件类似的情况下，一般来说企业经营规模越大，应收账款的规模就越大。最后，企业会针对不同的客户制定不同的信用政策，这也会使不同客户应收账款的账期和规模有所不同。

分析应收账款不能单独看应收账款余额的变化，还需要同时与销售收入的变化结合起来分析。这是因为应收账款的增加与销售收入的增加存在较大的关联。在一般情况下，放宽信用条件，增大赊销比例，销售收入会出现一定的增加，同时应收账款也会增加，收入质量则会下降。因此，可以创建新增应收账款与销售收入的趋势图来动态分析应收账款的增加是否异常。在分析应收账款规模的时候，需重点关注应收账款与销售收入出现重大偏差的情况，如果应收账款增幅较大，远大于销售收入的增幅，此时可能是企业迫于竞争压力给予了客户更宽松的信用政策，也有可能是客户无法按期还款所致，需要及时识别与分析原因。

比亚迪营业收入与应收账款增长率分析如表 6-17 所示。

表 6-17   比亚迪营业收入与应收账款增长率分析

项目	2019 年	2020 年	2021 年	2022 年
营业收入/万元	12 773 852.30	15 659 769.10	21 614 239.50	42 406 063.50
应收账款/万元	4 393 379.50	4 121 642.70	3 625 128.00	3 882 849.40
营业收入增长率	—	22.59%	38.02%	96.20%
应收账款增长率	—	−6.19%	−12.05%	7.11%

在表 6-17 中，可以看到 2019—2022 年比亚迪营业收入呈现持续增长状态，而 2020 年和 2021 年应收账款反而有所减少，在 2022 年营业收入增长 96.20% 的基础上，其应收账款只增长了 7.11%，表明比亚迪应收账款管理能力较强。

在实际分析时，还可以用应收账款占营业收入的比例进行分析，并与同行业企业进行对比分析，比较自身与同行业企业之间的差异。同时，由于企业对不同的客户制定不同的信用政策，所以可以分不同的客户进行应收账款余额分析，比如动态展示客户应收账款余额排名情况等。

二、应收账款质量分析

可以通过账龄分析评估应收账款的质量。账龄越长，表明企业从客户处收回货款的时间越晚，应收账款能回收的概率越低，应收账款的质量就越差。账龄越短，应收账款能收回的概率越高，应收账款的质量也越好。进行账龄分析，有利于企业掌握应收账款的收回情况，识别逾期未收回的坏账，跟踪客户的信用情况，并及时进行催收。

在分析应收账款账龄时，可以计算分析每一笔应收账款的账龄，也可以基于客户维度，计算分析每一位客户的应收账款账龄。企业首先需分析应收账款账龄的构成。通过分析不同账龄的金额占比，了解逾期风险和到期还款风险。例如，上海鸿晔电子科技股份有限公司 1 年以内账龄的应收账款的构成情况如表 6-18 所示。

表6-18 上海鸿晔电子科技股份有限公司1年以内应收账款账龄构成[1]

账龄	2019年12月31日		2020年12月31日		2021年12月31日		2022年6月30日	
	账面余额/万元	占比	账面余额/万元	占比	账面余额/万元	占比	账面余额/万元	占比
0～30天	1 823.54	55.34%	577.16	12.57%	2 444.51	25.36%	1 566.73	19.13%
30～60天	488.30	14.82%	1 489.85	32.45%	2 224.84	23.08%	593.86	7.25%
60～90天	304.68	9.25%	444.90	9.69%	976.96	10.14%	13.62	0.17%
90～180天	405.12	12.30%	1 563.48	34.05%	2 191.25	22.74%	928.62	11.34%
180天～1年	120.30	3.65%	496.38	10.81%	1 753.50	18.19%	4 673.73	57.06%
合计	3 141.94	95.36%	4 571.77	99.57%	9 591.04	99.51%	7 776.56	94.95%[2]

　　由表6-18可知，该公司2019年12月31日—2022年6月30日1年以内应收账款占比均在90%以上。但是，可以看到，2022年6月30日，该公司180天～1年的应收账款比重大幅上升。据该公司相关资料披露，2022年上半年，部分客户办公场所被阶段性封控，客户回款放缓（尚未逾期），使得180天以上的应收账款占比增大。

　　在此基础上，可以进一步基于客户对账龄进行分析。在分析时应重点关注应收账款规模大的客户以及存在回款风险的客户。分析师应根据不同类型、属性的客户统计赊销客户数分布和应收账款账龄分布，定位账龄结构有问题的客户类型。例如，可以从客户维度展示期末应收账款未付余额排名前十的客户，重点跟进这些客户的账龄区间分布、明细数据，分析客户应收账款账龄与信用政策是否相匹配。表6-19所示为上海鸿晔电子科技股份有限公司2022年6月30日主要客户应收账款账龄与信用政策匹配情况。

表6-19　上海鸿晔电子科技股份有限公司2022年6月30日主要客户应收账款账龄与信用政策匹配情况

单位名称	应收账款余额/万元						合同约定信用期/天
	合计	0～30天	31～60天	61～90天	91～180天	181天～1年	
客户A集团A公司	2 523.28	781.52	—	—	254.04	1 487.72	240
客户B集团A公司	366.44	97.57	226.72	—	42.16	—	90
中国电子信息产业集团C公司	756.86		162.39		58.19	536.28	未明确约定
中国信息通信科技集团A公司	2 241.38	1.24	2.90			2 237.24	30
中国兵器工业集团A公司	203.46	—	—	—	122.63	15.94	未明确约定
合计	6 091.42	880.33	392.01		477.02	4 277.18	

　　由表6-19可知，面对不同的客户，上海鸿晔电子科技股份有限公司合同约定的信用期有所不同。该公司在商务谈判过程中，为保障自身利益，与部分客户签订的合同中约定的信用期较短。同时，部分与客户签订的合同基于客户提供的格式合同文本，未明确约定信用期，但由于客户信誉较好，所以该公司整体回款周期较短。

---

[1] 资料来源：关于上海鸿晔电子科技股份有限公司首次公开发行股票并在创业板上市申请文件的审核问询函的回复。
[2] 占比是公司1年以内应收账款占全部应收账款的比重。

　　企业还应对预期坏账损失进行分析。在预计坏账损失时，企业可以基于账龄计提坏账准备，账龄越长，坏账准备计提比例越高。表 6-20 所示为比亚迪 2022 年度按账龄计提坏账准备的情况。

表 6-20　　　　　　　　　比亚迪 2022 年度按账龄计提坏账准备的情况

账龄/年	估计发生违约的账面余额/万元	预计信用损失率	整个存续期间的信用损失/万元
≤1	2 791 592.50	1.12%	31 265.84
>1～2	612 123.60	4.98%	30 483.76
>2～3	381 027.70	4.47%	17 031.94
>3～4	140 341.20	13.38%	18 777.65
>4～5	100 924.10	47.16%	47 595.81
>5	29 964.30	100.00%	29 964.30
小计	4 055 973.40		175 119.29

　　从表 6-20 中可以看出，账龄越长，计提坏账准备的比率越高。对于 5 年以上的应收账款，比亚迪估计的预期信用损失率为 100%。企业在分析应收账款的预计信用损失时，还应充分考虑客户的信用情况、还款能力、债权有无保障条款等多项因素。对于风险较大的客户，应单独计提坏账准备。表 6-21 所示为比亚迪 2022 年度单独计提坏账准备的情况。

表 6-21　　　　　　　　　　比亚迪 2022 年度单独计提坏账准备的情况

客户	账面余额/万元	预计信用损失率	坏账准备/万元	计提理由
客户一	15 620.20	100.00%	15 620.20	预计无法收回
客户二	11 037.70	100.00%	11 037.70	预计无法收回
客户三	8 461.60	100.00%	8 461.60	预计无法收回
客户四	7 460.10	100.00%	7 460.10	预计无法收回
客户五	6 948.80	100.00%	6 948.80	预计无法收回
其他	56 317.40	96.22%	54 188.60	
合计	105 845.80		103 717.00	

　　从表 6-21 可以看到，比亚迪对五个客户计提了 100% 的坏账准备。需要关注的是，客户的信用风险是动态变化的，所以要定期进行评估，并及时调整坏账准备的计提比例。例如，珠海太川云社区技术股份有限公司的客户主要为房地产企业，鉴于近年来房地产企业的财务风险较大，所以该公司基于房地产企业客户的不同情况，分类计提不同比例的坏账准备，如表 6-22 所示。

表 6-22　　　　珠海太川云社区技术股份有限公司房地产客户坏账准备计提情况[①]

客户名称	首次出现舆情时间	上市公司	计提比例	本公司计提比例
新力地产	2021 年 9 月	建艺集团（002789）主板	60.00%	94.23%
中南建设	2021 年 12 月	派诺科技（831175）北交所	27.66%	63.87%
		安居宝（300155）创业板	44.65%	
富力地产	2021 年 9 月	派诺科技（831175）北交所	100.00%	100.00%
		安居宝（300155）创业板	88.62%	
		华立股份（603038）主板	50.00%	
泰禾集团	2023 年 5 月	南方传媒（601900）主板	83.00%	100.00%
		狄耐克（300884）创业板	100.00%	
		奥雅股份（300949）创业板	80.87%	

---

　　① 资料来源：关于珠海太川云社区技术股份有限公司向不特定合格投资者公开发行股票并在北京证券交易所上市申请文件的第二轮审核问询函的回复。

任务实施

子任务一：确定应收账款分析指标体系

步骤一：根据应收账款分析目标，确定期初余额、应收账款发生额、应收账款回款额、期末余额等关键指标。

步骤二：进行应收账款余额分析，设计应收账款期末余额趋势图、应收账款期末余额排名图、销售收入 Vs.应收账款发生额、应收账款余额明细表。

操作演示

应收账款分析

子任务二：数据准备

步骤一：导入应收账款信息表数据。

打开 Power BI Desktop，单击"主页"选项卡中的"Excel 工作簿"按钮，导入任务数据"应收账款信息表"，在弹出的"导航器"窗口中勾选全部任务表格，单击"转换数据"按钮，如图 6-54 所示，进入 Power Query 编辑器。

步骤二：创建维度表。

导入应收表和实收表后，Power BI Desktop 会自动使用"发票编号"建立关系。在某个时间段内，实收表记录的收款发票并不一定是该时间段内应收表中的发票，因此不能直接将实收表和应收表通过发票

图 6-54　导入应收账款信息表

编号建立关系，则需要提取这 2 张表共同的维度，生成维度表。

创建关联关系，生成发票编号相关维度表，单击"建模"选项卡中的"新建表"按钮，输入以下公式。

```
发票信息表= SUMMARIZE('应收表','应收表'[发票编号],'应收表'[客户名称],'应收表'[到期日],'应收表'[负责人])
```

步骤三：创建日期表。

创建一张日期表，单击"建模"选项卡中的"新建表"按钮，输入以下公式。

```
日期表= ADDCOLUMNS(
CALENDAR("2018/1/1","2022/12/31"),
//创建 2018 年 1 月 1 日至 2022 年 12 月 31 日日期序列
"年",Year([Date]),
"月",month([Date]),
"日",day([Date]),
"周",weekday([Date],2),
"第几周",weeknum([Date],2),
"季度",quarter([Date]),
"年季",year([Date])&"Q"&quarter([Date]),
"年月",year([Date])*100+month([Date])
)
```

需将新创建的日期表设置为"标记为日期表"，才能顺利使用时间智能函数。

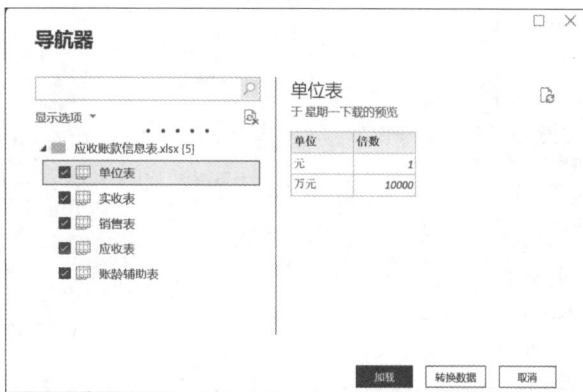

子任务三：数据建模

步骤一：建立关系模型。

切换至模型视图，创建表间关系。

（1）将发票信息表通过"发票编号"分别与实收表和应收表中的"发票编号"建立关系。单击发票信息表与实收表之间连接线，在属性窗口中，选择"交叉筛选器方向"为双向，单击"应用更改"按钮，如图 6-55 所示。

（2）将日期表通过"Date"分别与实收表的"收款日期"、销售表的"订单时间"建立一对多关系。

（3）删除实收表和应收表之间自动生成的"发票编号"的关系。设置完成后的应收账款分析关系模型如图 6-56 所示。

图 6-55　设置交叉筛选器
方向为"双向"

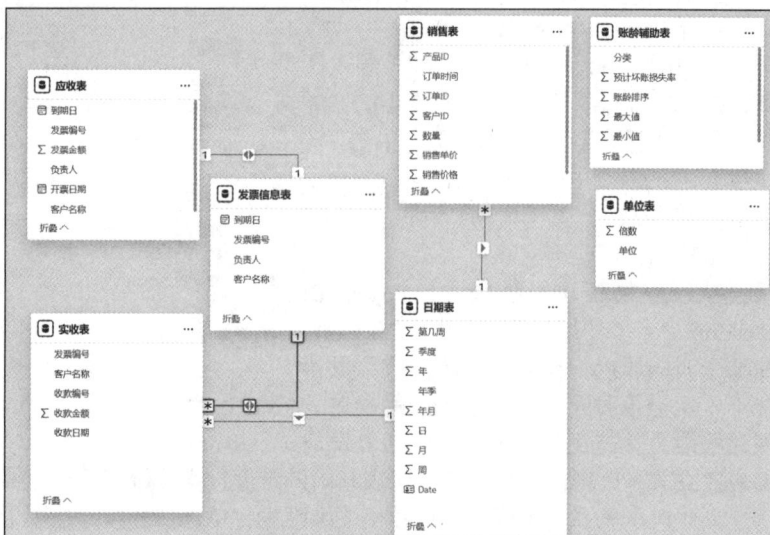

图 6-56　应收账款分析关系模型

步骤二：新建度量值。

单击"主页"选项卡中的"输入数据"按钮，创建一张专门用于放度量值的表，然后更改表名为"度量值表"，单击"加载"按钮。

根据应收账款分析指标需求，分别创建应收账款发生额、应收账款回款额、销售收入、期初余额、期末余额、应收账款回收率等度量值，如表 6-23 所示。

表 6-23　应收账款分析指标度量值

度量值名称	公式
应收账款发生额	DIVIDE(SUM('应收表'[发票金额]),max('单位表'[倍数]))
应收账款回款额	DIVIDE(SUM('实收表'[收款金额]),max('单位表'[倍数]))
销售收入	DIVIDE(SUM('销售表'[销售价格]),max('单位表'[倍数]))
期初余额	var openningdate=FIRSTDATE('日期表'[Date]) return CALCULATE([应收账款发生额]-[应收账款回款额],'日期表'[Date]< openningdate)
期末余额	[期初余额]+[应收账款发生额]-[应收账款回款额]
应收账款回收率	DIVIDE([应收账款回款额],[期初余额]+[应收账款发生额]) //"应收账款回款额"与"期初余额"和"应收账款发生额"之和的商，计算应收账款回收率

子任务四：数据可视化

步骤： 创建应收账款余额分析可视化报表。

（1）新建卡片图。创建四张卡片图，将"期初余额""应收回款额""应收发生额""期末余额"分别拖动至"字段"，由于 2017 年无数据，所以期初余额默认显示为空，如图 6-57 所示。

（2）新建分区图。应收账款期末余额趋势图主要反映应收账款期末余额随时间的动态变化情况，插入分区图，将"日期表"中"年""月"分别拖动至"X轴"，"应收账款余额"拖动至"Y轴"，开启数据标签，设置标题，输入"应收账款余额趋势"，居中显示，如图 6-58 所示。

图 6-57　设置应收账款
　　　　余额卡片图

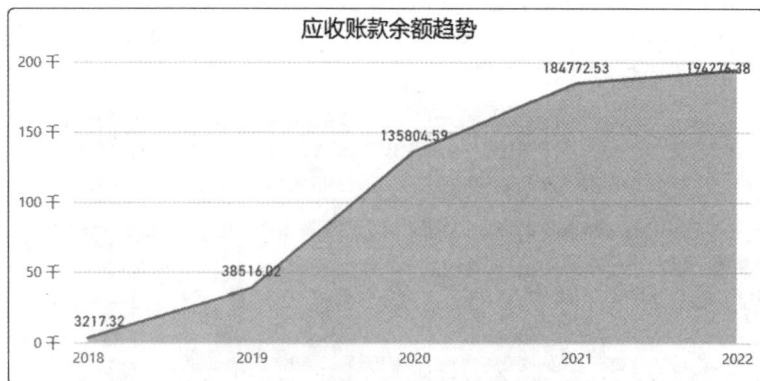

图 6-58　应收账款期末余额趋势图

（3）创建销售收入 Vs.应收账款发生额的趋势图，动态分析应收账款的增加是否异常，插入分区图，将"日期表"中"Date"拖动至"X轴"，"销售收入""应收发生额"拖动至"Y轴"，如图 6-59 所示。

（4）创建应收账款期末余额排名图。根据重要性原则，应重点关注应收账款期末余额较大的公司。插入"簇状条形图"，将发票信息表的"客户名称"拖动至"X轴"，度量值"期末余额"拖动至"Y轴"，设置标题，输入"应收期末余额排名"，居中显示。设置视觉对象格式，将 Y 轴的值开启，并设置"显示单位"为"无"。单击"更多"按钮，在"排列轴"列表中选择"期末余额"，并单击"以降序排列"按钮，将应收账款期末余额从大到小排列，以提醒报表使用人重点关注这些公司的回款情况，效果如图 6-60 所示。

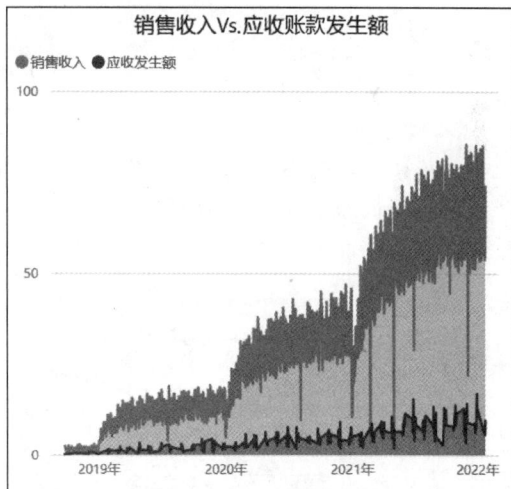

图 6-59　销售收入 Vs.应收账款发生额趋势图

（5）创建应收账款余额明细表。应收账款余额明细表主要是为了方便报表使用人直接查询每家公司应收账款余额的变动情况。插入表格，将"客户名称"拖动至"行"，将"期初余额""应收发生额""应收回款额""期末余额"拖动至"值"，由于无 2018 年之前数据，所以此时默认期初余额为空，效果如图 6-61 所示。

添加切片器，将日期表的"年"拖动至"字段"；添加切片器，将日期表的"月"拖动至"字段"；添加切片器，将单位表的"单位"拖动至"字段"。

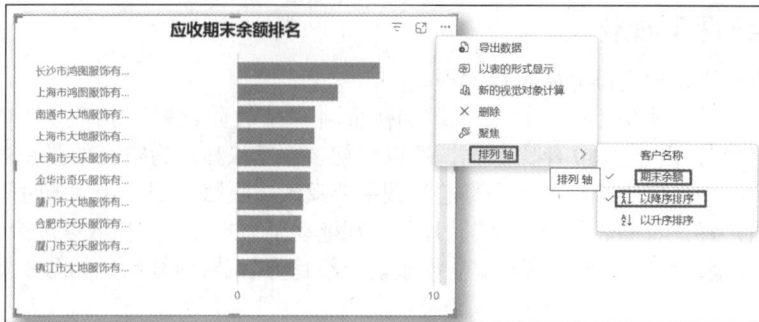

图 6-60　应收账款期末余额排名图

客户名称	期初余额	应收发生额	应收回款额	期末余额
长沙市鸿图服饰有限公司		106,261.37	33,896.49	72,365.39
上海市鸿图服饰有限公司		109,673.76	58,479.38	51,194.39
南通市大地服饰有限公司		64,227.49	24,510.69	39,716.80
上海市大地服饰有限公司		101,566.19	62,061.65	39,504.54
上海市天乐服饰有限公司		91,747.86	54,086.77	37,661.09
金华市奇乐服饰有限公司		65,911.23	28,446.64	37,464.59
厦门市大地服饰有限公司		55,983.11	22,072.24	33,910.87
合肥市天乐服饰有限公司		50,783.55	17,734.78	33,048.77
厦门市天乐服饰有限公司		42,939.22	13,028.09	29,911.13
镇江市大地服饰有限公司		60,515.81	30,829.81	29,686.00
泰州市佰业服饰有限公司		58,895.56	30,323.92	28,571.65
长沙市佰业服饰有限公司		97,503.66	70,482.79	27,020.88
无锡市奇乐服饰有限公司		36,969.58	10,019.11	26,950.48
重庆市大地服饰有限公司		74,589.63	47,776.48	26,813.16
青岛市天乐服饰有限公司		26,953.05	1,874.81	25,078.24
东莞市佰业服饰有限公司		51,285.46	26,237.15	25,048.31
郑州市天乐服饰有限公司		40,759.76	16,237.35	24,522.41
乌鲁木齐市大地服饰有限公司		56,203.14	31,819.85	24,383.29
青岛市佰业服饰有限公司		40,057.66	15,753.58	24,304.08
湖州市天乐服饰有限公司		51,323.15	27,154.18	24,168.97
总计		18,134,539.12	14,875,533.27	3,259,005.85

图 6-61　应收账款余额明细表

年份切片器选择“2021”，月份切片器选择“1”，将应收账款余额趋势图下钻至月，对应收账款余额分析页面进行整体布局并美化，如图 6-62 所示。

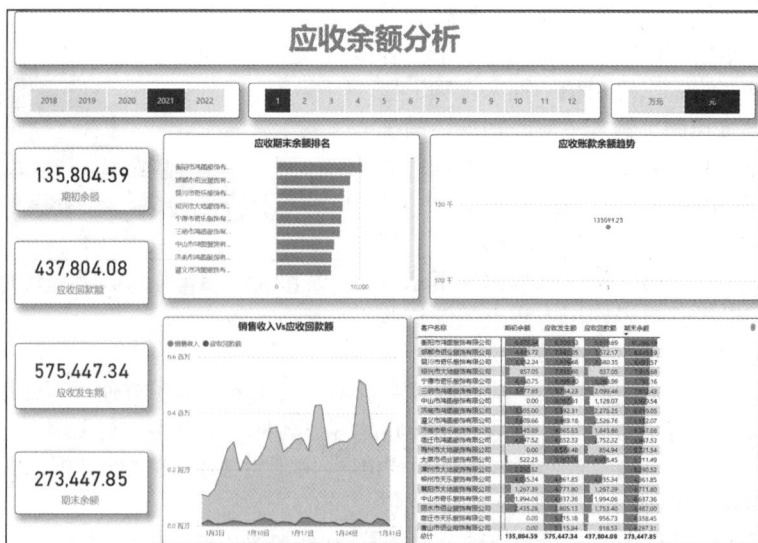

图 6-62　应收账款余额分析可视化报表

📖 任务拓展

基于已经设计完成的可视化图形，形成完整的应收账款分析可视化报表。

☕ 素养提升：什么是新质生产力？

"新质生产力是由技术革命性突破、生产要素创新性配置、产业深度转型升级而催生的当代先进生产力，它以劳动者、劳动资料、劳动对象及其优化组合的质变为基本内涵，以全要素生产率提升为核心标志。"中央财办有关负责人在解读 2023 年中央经济工作会议精神，回应当前经济热点问题时，就新质生产力的内涵做出如上表述。

该负责人指出，加快培育新质生产力要把握好三点。一是打造新型劳动者队伍，包括能够创造新质生产力的战略人才和能够熟练掌握新质生产资料的应用型人才。二是用好新型生产工具，特别是掌握关键核心技术，赋能发展新兴产业。技术层面要补短板、筑长板、重视通用技术。产业层面要巩固战略性新兴产业、提前布局未来产业、改造提升传统产业。三是塑造适应新质生产力的生产关系。通过改革开放着力打通束缚新质生产力发展的堵点卡点，让各类先进优质生产要素向发展新质生产力顺畅流动和高效配置。

具体而言，有六个方面的政策举措。

一是畅通教育、科技、人才的良性循环，弘扬科学家精神和企业家精神，营造鼓励大胆创新的良好氛围。

二是加快完善新型举国体制，发挥好政府的战略导向作用，让企业真正成为创新主体，让人才、资金等各类创新要素向企业聚集。

三是支持战略性新兴产业和未来产业发展，激励企业加快数智化转型，实现实体经济与数字经济的深度融合。

四是加快建设全国统一大市场，持续优化民营企业发展环境，真正发挥超大规模市场的应用场景丰富和创新收益放大的独特优势。

五是健全要素参与收入分配机制，激发劳动、知识、技术、管理、数据和资本等生产要素活力，更好体现知识、技术、人力资本导向。

六是扩大高水平对外开放，不断改善营商环境，加强知识产权保护，形成具有全球竞争力的开放创新生态，与全球企业和人才共享中国的发展红利。

资料来源：人民网，有删改。

行业观察	练一练

海谱润斯招股说明书	

项目七

库存管理分析

学习目标

1. 掌握 ABC 存货管理策略，能够分析存货余额的合理性；
2. 掌握库存动态管理策略，能够分析存货采购合理性、生产与销售匹配及库存与销售匹配的合理性；
3. 掌握库龄及存货跌价准备分析方法，能够分析库龄较长的原因及存货跌价准备的合理性；
4. 具备大数据思维，能够利用技术工具收集库存管理相关数据、绘制可视化图像；
5. 具备职业判断力，能够初步分析库存管理相关数据变化动因；
6. 具备责任意识，能够提出库存管理的相关决策建议。

知识导图

本项目主要包括库存金额分析、库存动态管理分析、库存效率分析三部分内容，如图 7-1 所示。

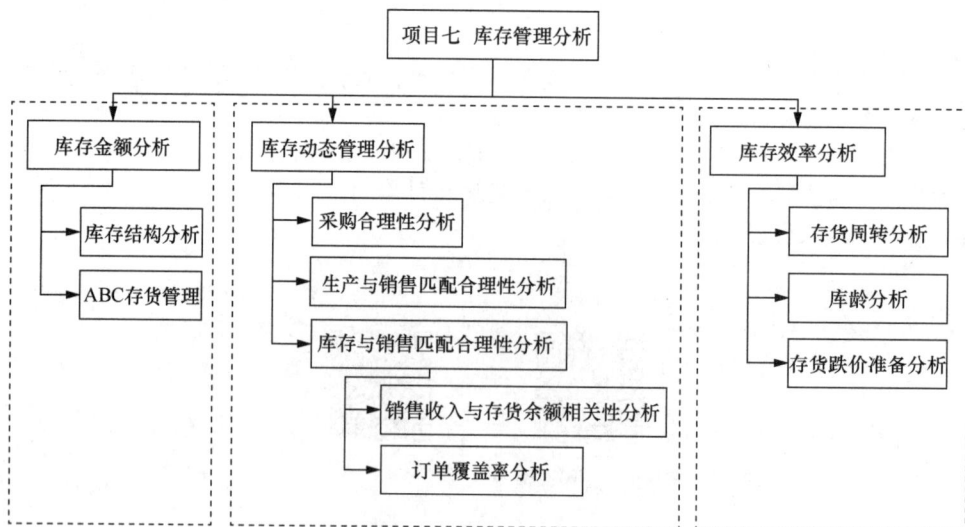

图 7-1　库存管理分析

任务一　库存金额分析

情境案例

VISON 是一家电子产品零售企业，于 2019 年 1 月 1 日开始营业。VISON 公司致力于销售笔记本电脑、手机、平板电脑、耳机和手表等电子产品。

请基于 VISON 公司案例资料，设计 VISON 公司库存管理分析看板之库存金额分析，为 VISON 公司优化产品库存结构提供决策依据。

知识准备

一、库存结构分析

在对存货库存结构进行分析时，应具体分析库存由哪些类别、哪些型号的存货组成。科学合理地安排库存结构，对公司的销售增长和运营效率十分重要。库存结构分析主要是分析期末库存中各类项目的占比，在了解库存结构的基础上，判断结构是否合理，有无脱销或积压的商品，有无过多闲置的材料等。公司在进行结构分析时，可以分析不同类别存货的占比，并通过与以往年度进行比较分析，判断存货的结构是否合理，有无异常。如果公司能够取得同行业公司的库存数据，还可以与同行业公司进行对比分析。如果通过数据分析，发现存货余额增长过快，则要分析原因。公司存货余额增长过快可能是因为公司扩大经营规模从而增加了生产备货及库存商品，也有可能是公司存货积压滞销所致，还有可能是公司预期未来原材料价格上涨而采取的囤货采购策略所致，具体原因还需结合公司的销售情况、采购市场价格等因素进行分析。表 7-1 所示为比亚迪存货结构。

表 7-1　　　　　　　　　　　　　　比亚迪存货结构

项目	2021 年		2022 年		
	账面价值/万元	占比	账面价值/万元	占比	增长率
原材料	900 802.80	20.78%	1 725 805.20	21.82%	91.59%
在产品	1 436 024.90	33.12%	2 681 227.20	33.89%	86.71%
库存商品	1 778 602.60	41.02%	3 179 368.10	40.19%	78.76%
周转材料	220 047.90	5.08%	324 319.40	4.10%	47.39%
存货合计	4 335 478.20	100.00%	7 910 719.90	100.00%	82.46%

从表 7-1 可以看出，比亚迪 2021—2022 年的主要存货是库存商品与在产品。从金额来看，2022 年较 2021 年存货增长幅度较大。可能的原因是比亚迪 2022 年扩大了经营规模，销售增长较快，从而使得存货有了大幅度增长。但整体看来，库存商品增长幅度小于原材料与在产品增长幅度，这可能是生产周期的原因，还应结合订单及具体销售等情况进一步分析。

在具体分析存货库存结构时，还应对原材料、在产品、库存商品的具体类别与品种进行分析。例如比亚迪的库存商品又可以分为乘用车、商用车，乘用车可以分为纯电动和插电式混合动力两类，每一类又可以按产品系列进行分类。

为了更加全面地反映公司的存货情况，除了按原材料品种进行分类外，还可以按工序环节进行分类，以更好地了解业务流程各个环节原材料的库存，并通过时间趋势分析不同时间点库存的变化，如果出现较大差异，则需要进一步分析原因。例如新能源汽车需要经过冲压、焊装、涂装、总装等工艺流程，则可分析不同流程原材料等存货的数量。当然，有的原材料是所有流程的通用材料，则可以单独列出进行分析。

为了直观展示公司的库存管理情况，可以用可视化的方式直观展示不同品类存货的库存数量排名、库存金额排名，并绘制库存金额（按产品结构）趋势图及分品类产品库存金额构成图等。

二、ABC 存货管理

公司在对存货进行管理时，应兼顾生产销售需要及持有成本。一方面，应尽量降低缺货成本，另一方面也要考虑降低持有成本。由于公司存货数量品类繁多，不同存货需求规模与预测准确性不同，因而需要基于存货的特征进行分类管理。

ABC 存货管理就是将存货基于资金占用金额分为 A、B、C 三类。A 类存货数量较少，但占用金额较大，因而是公司的管理重点。C 类存货数量较多，但占用金额较少，因而可以不作为管理重点。存货占用金额越大，对公司而言就越重要，所以公司需要对 A 类存货进行更加有效的规划与管理。

通常 ABC 存货管理的分类标准如下。

A 类存货：品种和数量占 10%～20%，库存资金占用为 75%～80%。

B 类存货：品种和数量占 20%～25%，库存资金占用为 20%～25%。

C 类存货：品种和数量占 60%～70%，库存资金占用为 5%～10%。

以上标准，不同公司会基于存货的特点进行调整。例如，某咖啡生产公司咖啡胶囊存货如表 7-2 所示。从表 7-2 中可以看到，A 咖啡的金额占比为 64.10%，被认定为 A 类存货，需重点管理。B 咖啡和 C 咖啡被认定为 B 类存货，D 咖啡和 E 咖啡被认定为 C 类存货。

表 7-2 　　　　　　　　　　　　某咖啡生产公司咖啡胶囊存货[①]

产品	数量/万枚	标准成本/（元/枚）	金额/万元	金额占比	分类
A 咖啡	1 000	5	5 000	64.10%	A 类
B 咖啡	200	5	1 000	12.82%	B 类
C 咖啡	300	4	1 200	15.38%	B 类
D 咖啡	200	2	400	5.13%	C 类
E 咖啡	100	2	200	2.56%	C 类
小计	1 800	—	7 800	100.00%	—

任务实施

子任务一：数据准备

步骤一：导入数据。

打开 Power BI Desktop，单击"主页"选项卡中的"Excel 工作簿"按钮，导入任务数据"7 销售数据"，打开"导航器"窗口，勾选全部表格数据，单击"转换数据"按钮，进入 Power Query 编辑器，数据结果如图 7-2 所示。

操作演示

库存金额分析

步骤二：创建销售出库表。

（1）销售订单表是根据时间序列记录的表格，存货计价方式采用全月一次加权平均法，因此需要将销售订单表整理为按月汇总的销售出库表。切换至 Power Query 编辑器页面，在查询区的"销售订单表"上单击鼠标右键，在弹出的快捷菜单中选择"引用"，如图 7-3 所示，双击新引用表格名称，重命名为"销售出库表"。

[①] 如前文所述，不同公司会基于存货的特点进行调整。该公司基于持有存货特点进行了分类标准调整。

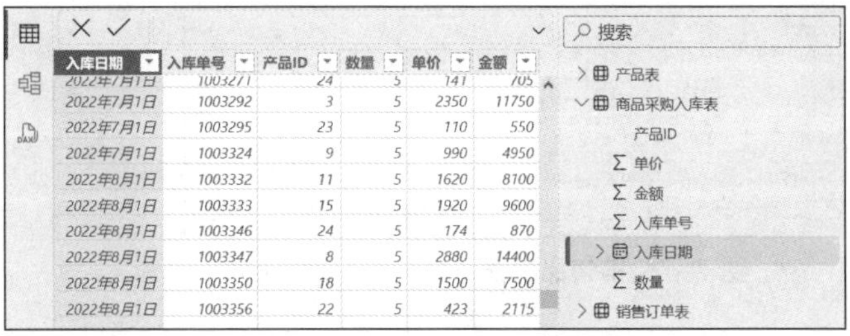

图 7-2 导入库存管理数据

图 7-3 引用销售订单表

（2）按住"Ctrl"键，同时选中"订单时间""产品 ID""数量"列，单击"主页"选项卡中的"删除列"下拉按钮，在弹出的下拉列表中选择"删除其他列"，如图 7-4 所示。

（3）选中"订单时间"列，单击"添加列"选项卡中的"日期"下拉按钮，在弹出的下拉列表中选择"年"和"月"，分别插入"年"列和"月份"列，如图 7-5 所示。

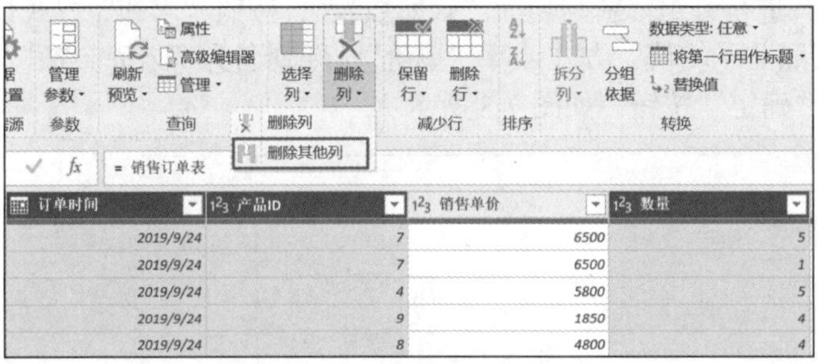

图 7-4 删除其他列

图 7-5 插入"年""月份"列

（4）单击"转换"选项卡中的"分组依据"按钮，在弹出的"分组依据"对话框中选中"高级"，分别选择"年""月份""产品 ID"进行分组。新列名为"销售出库数量"，按照"求和"方式计算"数量"，单击"确定"按钮，如图 7-6 所示。

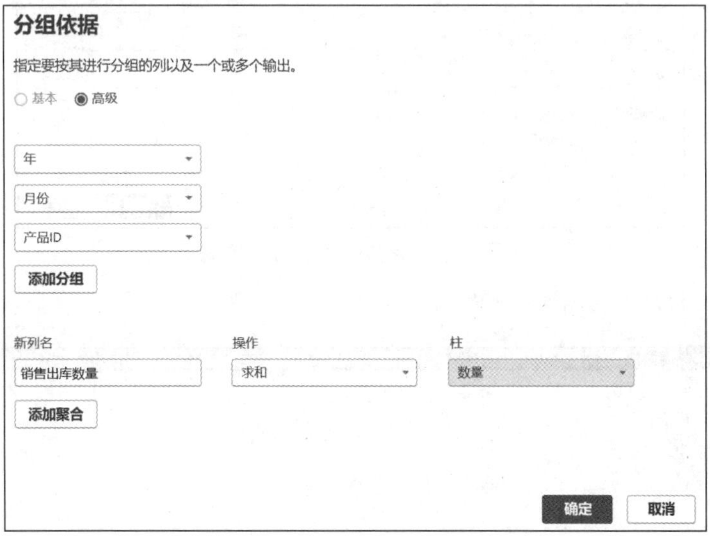

图 7-6 销售出库表分组依据

创建完成的销售出库表如图 7-7 所示。

	1²₃ 年	1²₃ 月份	1²₃ 产品ID	1.2 销售出库数量
1	2020	1	8	173
2	2020	1	7	140
3	2020	1	9	176
4	2020	1	2	140
5	2020	1	3	199
6	2020	1	4	148
7	2020	1	14	10
8	2020	1	5	136
9	2020	1	11	207

图 7-7　销售出库表

步骤三：创建存货信息表。

（1）在查询区的"商品采购入库表"上单击鼠标右键，在弹出的快捷菜单中选择"引用"，双击新引用表格名称，重命名为"存货信息表"。

（2）选中"入库日期"列，单击"添加列"选项卡中的"日期"下拉按钮，在弹出的下拉列表中选择"年"和"月"，分别插入"年"列和"月份"列。

（3）单击"转换"选项卡中的"分组依据"按钮，在弹出的"分组依据"对话框中选中"高级"，分别选择"产品 ID""年""月份"进行分组。新列名为"入库数量"，按照"求和"方式计算"数量"；新列名为"入库单价"，按照"平均值"方式计算"单价"；新列名为"入库金额"，按照"求和"方式计算"金额"，单击"确定"按钮，如图 7-8 所示。

图 7-8　存货信息表分组依据

创建完成的存货信息表如图 7-9 所示。

1²₃ 产品ID	1²₃ 年	1²₃ 月份	1.2 入库数量	1.2 入库单价	1.2 入库金额
17	2020	6	23	2320	53360
5	2020	6	108	2160	233280
21	2020	6	37	285	10545
2	2020	6	253	4000	1012000
12	2020	6	387	2320	897840
16	2020	6	29	1650	47850
19	2020	6	28	180	5040
3	2020	6	395	2850	1125750
20	2020	6	33	30	990

图 7-9　存货信息表

步骤四： 合并整理存货信息表。

（1）选择"存货信息表"，再单击"主页"选项卡中的"合并查询"下拉按钮，在弹出的下拉列表中选择"合并查询"，如图 7-10 所示。

（2）选择存货信息表中的"产品 ID""年""月份"与销售出库表中的相同字段进行联接，"联接种类"选择"完全外部（两者中的所有行）"，单击"确定"按钮，如图 7-11 所示。

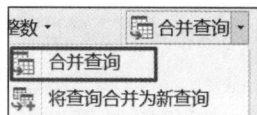

图 7-10 合并查询

图 7-11 合并数据表

（3）单击标题行"销售出库表"右侧的展开按钮，单击"确定"按钮，如图 7-12 所示。

（4）单击"添加列"选项卡中的"条件列"按钮，在弹出的"添加条件列"对话框中输入相关参数，注意在选择输出项时，需要选择"选择列"，如图 7-13 所示，分别生成"产品 ID1""年 1""月份 1"列。

（5）保留"入库数量""入库单价""入库金额""销售出库数量""年 1""月份 1""产品 ID1"列，删除其他列。

将"销售出库数量"重命名为"出库数量"，将"年1"重命名为"年"，将"产品 ID1"重命名为"产品 ID"，将"月份 1"重命名为"月份"，如图 7-14 所示。

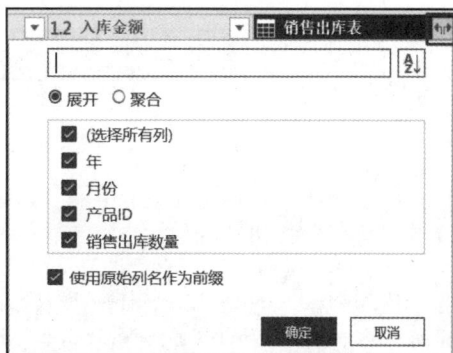

图 7-12 展开销售出库表

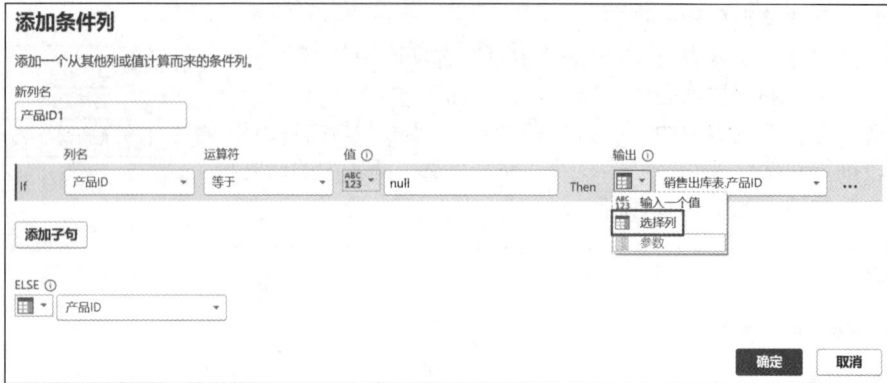

图 7–13　添加条件列

	产品ID	入库数量	入库单价	入库金额	出库数量	年	月份
1	18	20	1550	31000	1	2019	9
2	7	27	4240	114480	12	2019	9
3	1	60	2720	163200	4	2019	9
4	4	75	4400	330000	13	2019	9
5	9	75	960	72000	15	2019	9
6	6	75	3060	229500	11	2019	9
7	8	60	3000	180000	12	2019	9
8	11	35	1650	57750	4	2019	9
9	17	40	2880	115200	5	2019	9

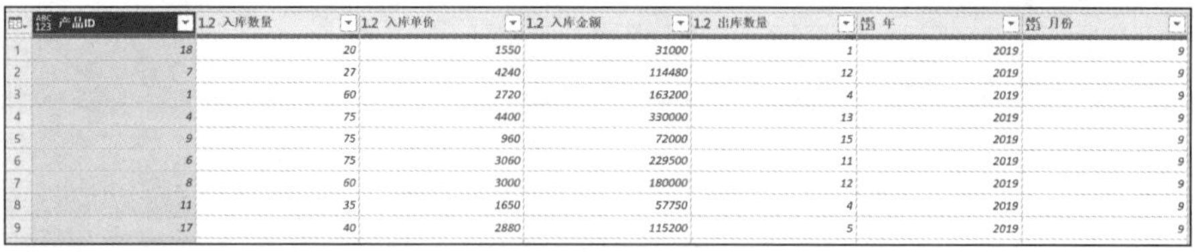

图 7–14　整理后的存货信息表

（6）处理空值。

将“年”与“月份”列按照升序排列，然后按住“Ctrl”键，同时选中“入库数量”“入库单价”“入库金额”“出库数量”列，单击“转换”选项卡中的“替换值”按钮，在弹出的“替换值”对话框中将要查找的值“null”替换为“0”，单击“确定”按钮，如图 7-15 所示。

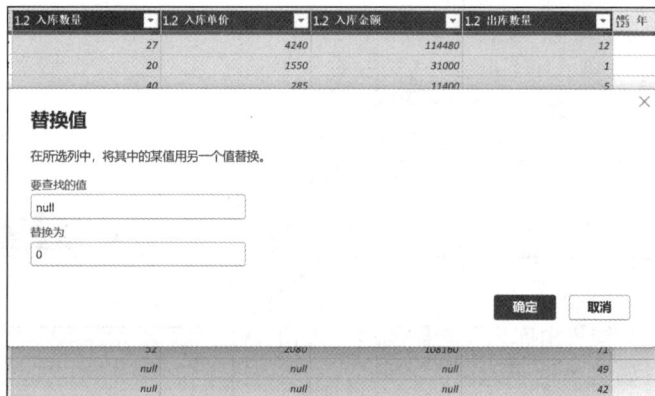

图 7–15　处理空值

步骤五：计算存货单位成本。

（1）单击“主页”选项卡中的“高级编辑器”按钮，创建存货单位成本函数，输入完成后，单击“完成”按钮。

```
FX=(T,index)=>
  if index=0 then T{index}[入库数量]-T{index}[出库数量]
  else T{index}[入库数量]-T{index}[出库数量]+@FX(T,index-1),
/*如果 index 为 0，则直接返回 T 表中索引为 0 的行的入库数量与出库数量的差值。
否则，返回当前行的入库数量与出库数量的差值加上对前面索引（index-1）的递归调用结果。*/
  GX=(T,index)=>
```

```
if index=0 then T{index}[入库单价]
    else (T{index}[入库金额]+@GX(T,index-1)*T{index-1}[期末库存数量])/(T{index}[入库
数量]+T{index-1}[期末库存数量]),
```
/*如果 index 为 0，则直接返回 T 表中索引为 0 的行的入库单价。

否则，计算当前行的入库金额加上前一行（index-1）的加权平均单价乘以前一行的期末库存数量，然后除以当前行的入库数量加上前一行的期末库存数量。*/

```
分组行= Table.Group(替换的值, {"产品ID"}, {{"分组表",
each
let
添加索引列=Table.AddIndexColumn(_,"索引",0, 1,Int64.Type),
添加期末存货数量列= Table.AddColumn(添加索引列,"期末库存数量",(x)=>FX(添加索引列,x[索
引])),
添加当期存货单位成本列= Table.AddColumn(添加期末存货数量列,"存货平均单位成本",(x)=>GX(添加
期末存货数量列,x[索引]))
in
添加当期存货单位成本列,
type table}})
in 分组行
```
/*添加索引列步骤是为了在后续步骤中能够引用每行的索引位置。

添加期末存货数量列步骤通过 FX 函数计算每行的期末库存数量。

添加当期存货单位成本列步骤通过 GX 函数计算每行的存货平均单位成本。*/

通过表格数据进行分组处理，计算每个产品 ID 的期末库存数量和存货平均单位成本。分组处理后，所展开的数据是每个产品 ID 对应的期末库存数量和存货平均单位成本的数据分组表格。输入界面如图 7-16 所示。

图 7-16　存货单位成本函数输入界面

（2）单击标题行"分组表"右侧的展开按钮，展开"分组表"列，取消勾选"使用原始列名作为前缀"，单击"确定"按钮，如图 7-17 所示。

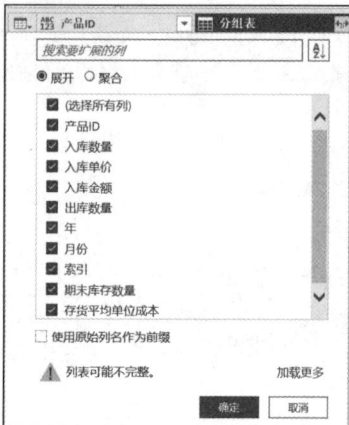

图 7-17　展开分组表

（3）单击"添加列"选项卡中的"自定义列"按钮，在弹出的"自定义列"对话框中输入"新列名"为"年月"，输入自定义列公式：[年]*100+[月份]，将所有列的数据类型更改为小数，单击"主页"选项卡中的"关闭并应用"按钮，如图 7-18 所示。

图 7-18　处理后数据

步骤六：创建日期表。

单击"建模"选项卡中的"新建表"按钮，根据商品采购入库表的起止日期（2019 年 9 月 1 日至 2022 年 12 月 31 日），在编辑栏中输入如下公式，并将新建表格设置为"标记为日期表"。

```
日期表 =
ADDCOLUMNS(
CALENDAR("2019,9,1","2022,12,31"),
"年",YEAR([Date]),
"月",MONTH([Date]),
"日",DAY([Date]),
"周",WEEKDAY([Date],2),
"第几周",WEEKNUM([Date],2),
"季度",QUARTER([Date]),
"年季",YEAR([Date])&"Q"&QUARTER([Date]),
"年月",YEAR([Date])*100+MONTH([Date])
)
```

子任务二：创建库存金额分析指标度量值

步骤一：数据建模。

切换至模型视图，将产品表与存货信息表、商品采购入库表、销售订单表、销售出库表通过"产品 ID"字段建立一对多关系。将日期表通过"Date"字段分别与商品采购入库表的"入库日期"和销售订单表的"订单时间"字段建立一对多关系，如图 7-19 所示。

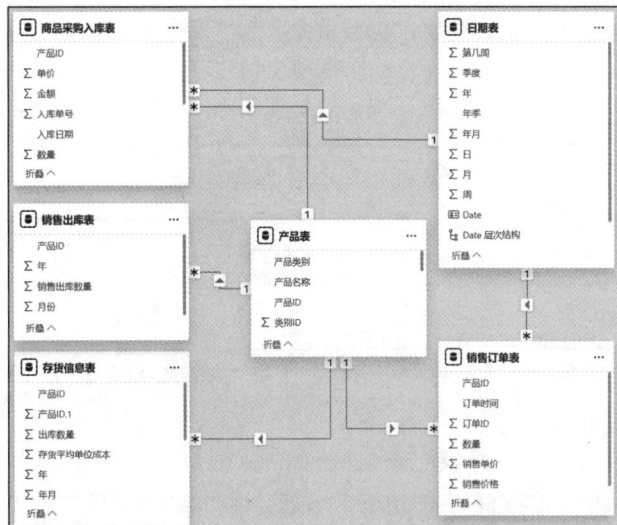

图 7-19　库存金额模型关系

步骤二：创建库存金额分析指标度量值。

根据库存金额分析需求，创建库存金额分析指标度量值，如表 7-3 所示。

表 7-3　　　　　　　　　　　库存金额分析指标度量值

度量值名称	公式
入库数量	SUM('商品采购入库表'[数量])
销售数量	SUM('销售订单表'[数量])
库存数量	CALCULATE([入库数量]-[销售数量],FILTER(ALL('日期表'),'日期表'[Date] <= MAX('日期表'[Date]))) //计算在小于等于切片器日期值的库存数量
平均单位成本	/*查找'日期表'中最后一个非空的'年月'值，返回对应的'存货信息表'中'存货平均单位成本'的总和，仅考虑'日期表'中'Date'列值小于或等于最大'Date'值的行 */ CALCULATE(　　　　LASTNONBLANKVALUE(　　'日期表'[年月], 　　　CALCULATE(SUM('存货信息表'[存货平均单位成本]),TREATAS(　　VALUES('日期表'[年月]), '存货信息表'[年月]) 　　　　　) 　), 　　　　FILTER(　　　ALL('日期表'), 　　　　'日期表'[Date] <= MAX('日期表'[Date]) 　　　))
	DAX 注释说明： 1. LASTNONBLANKVALUE 函数用于找到最后一个非空的'年月'值，并返回对应的计算值 2. 提取'日期表'中'年月'列的唯一值，将'日期表'中的'年月'值视为'存货信息表'中的'年月'值，以进行求和 3. 外部 FILTER 函数用于限制筛选上下文 4. ALL 函数用于锁定日期表所有行 5. <= MAX 仅包括那些'Date'列值小于或等于最大'Date'值的行
库存金额	SUMX('产品表',[库存数量]*[平均单位成本])

子任务三：库存金额分析可视化设计

步骤一：设计可视化页面及交互对象。

（1）新增库存金额分析页面，将底部标签重命名为"库存金额分析"，如图 7-20 所示。

（2）添加切片器，将日期表中的"Date"拖动至切片器"字段"中。添加切片器，将产品表中的"产品类别"拖动至切片器"字段"中，效果如图 7-21 所示。

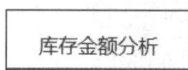

图 7-20 "库存金额分析"标签

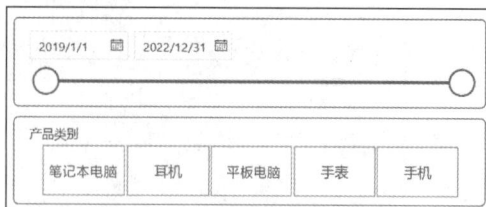

图 7-21 库存金额分析切片器

步骤二：设计可视化视觉对象。

（1）添加堆积柱形图，对库存金额（按年、月和产品类别）进行趋势分析。将日期表中的"年""月"拖动至"X轴"，将"库存金额"拖动至"Y轴"，将产品表中的"产品类别"拖动至"图例"，依照时间序列升序排列，效果如图 7-22 所示。

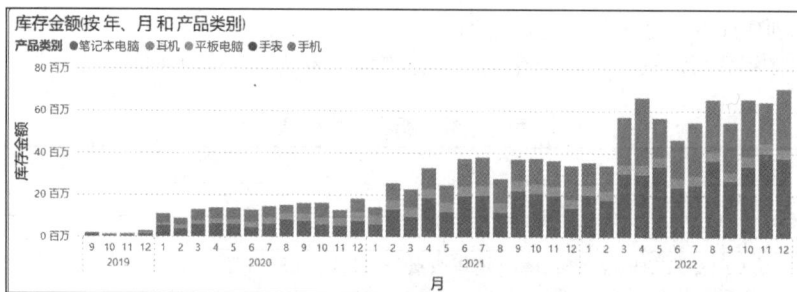

图 7-22 库存金额堆积柱形图

（2）添加树状图，建立分品类产品库存金额构成图。将产品表中的"产品类别"拖动至"类别"，将"产品名称"拖动至"详细信息"，将"库存金额"拖动至"值"，开启"数据标签"，效果如图 7-23 所示。

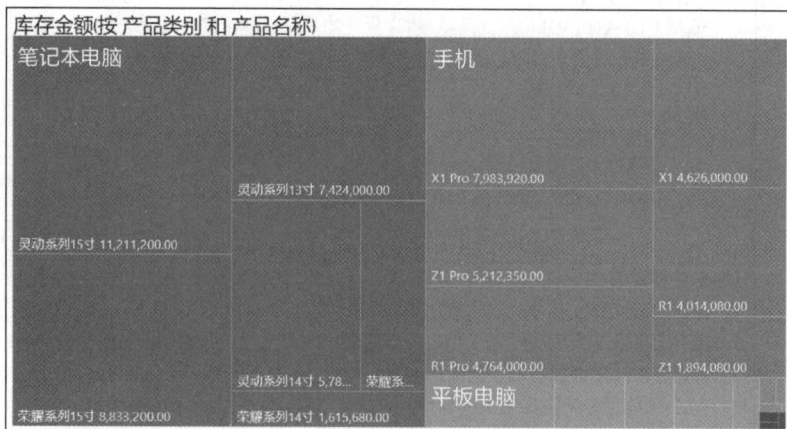

图 7-23 库存金额分析树状图

（3）添加 2 个卡片图，分别用于展示库存数量和库存金额。

（4）添加条形图，将库存数量、库存金额进行排名，将产品表中的"产品名称"拖动至"Y轴"，将"库存数量"拖动至"X轴"，效果如图 7-24 所示。

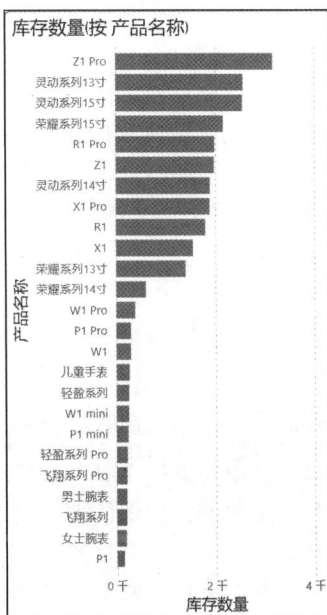

图 7-24 库存金额分析条形图

任务拓展

基于已经完成的可视化图形，进行可视化报表视图设计。

（1）添加文本框，输入标题为"库存金额分析"，设置格式。

（2）美化并设计可视化页面，如图 7-25 所示。

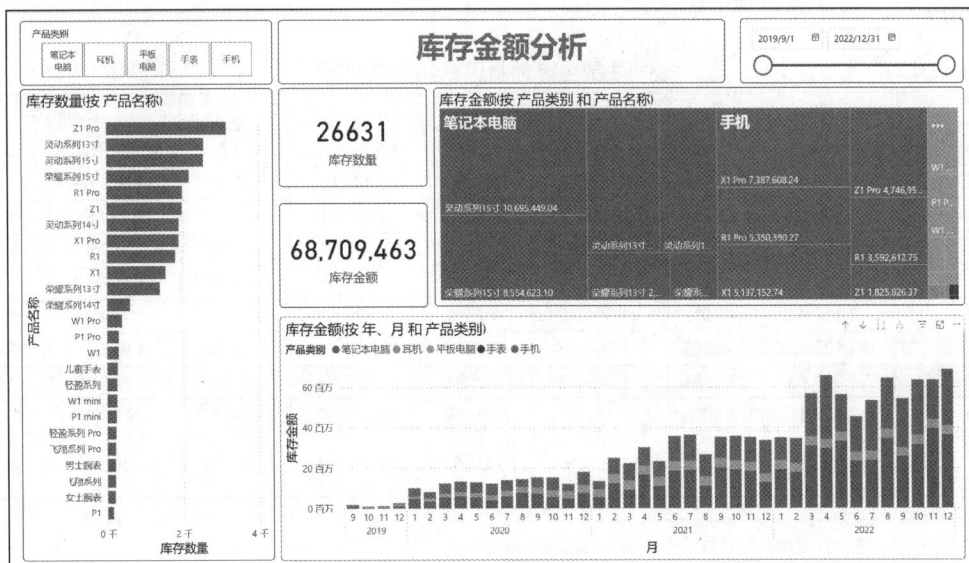

图 7-25 库存金额分析可视化看板

任务二　库存动态管理分析

情境案例

请基于 VISON 公司案例资料进行以下分析。

（1）确定库存与销售之间的关联性，对比一段时间内的库存金额和销售收入。

（2）探索库存与销售之间的因果关系，对比库存数量占比和销售数量占比。

（3）跟踪库存变动情况，对比一段时间内的入库金额和出库金额。

在此基础上，设计 VISON 公司库存管理分析看板之库存动态管理分析，为 VISON 公司优化产品库存结构提供决策依据。

知识准备

一、采购合理性分析

公司的库存主要由采购与销售环节共同决定。对商业企业而言，采购的商品若都能销售出去，库存管理成本相对就会较低，但如果商品出现滞销，必然会形成较高的库存管理成本。对制造业企业而言，公司采购原材料等主要是为了生产，但即使生产领用，也不过是从原材料到在产品、产成品的转换，只有当公司将产品真正销售出去，存货才会减少。

公司在采购时，主要应综合考虑采购的价格、质量、供货及时性、稳定性、付款条件、运输等因素。如果预期需采购的材料的价格会上涨，则可以适度扩大采购规模。尽管价格是采购时需要考虑的重要因素，但也不能因此而降低采购的材料的质量水平。公司需要在价格与质量之间有个较好的平衡。由于缺货会给公司带来较大的损失，所以如果供应商供货周期较长，则公司也可以适当提前储备一些存货。

公司应关注主要材料采购的金额，分析各期波动情况，如有较大变化，应进一步分析是价格还是数量的变化引起的。表 7-4 为湖北省宏源药业科技股份有限公司主要生产原材料采购金额情况。该公司所需的生产原材料主要包括乙二醇、环氧乙烷等。从采购金额来看，乙二醇相比于 2020 年及 2019 年，2021 年呈现上涨趋势。

表 7-4　　　　　　　公司主要生产原材料采购金额情况[①]

项目	2022 年 1—6 月		2021 年		2020 年		2019 年	
	金额/万元	比例	金额/万元	比例	金额/万元	比例	金额/万元	比例
乙二醇	16 979.86	37.75%	29 368.16	45.34%	22 484.97	48.77%	29 014.69	45.19%
环氧乙烷	1 993.01	4.43%	2 825.77	4.36%	2 502.16	5.43%	3 334.83	5.19%
乙醛	1 788.01	3.97%	2 693.33	4.16%	2 378.57	5.16%	2 487.45	3.87%
硝酸	1 792.01	3.98%	2 913.43	4.50%	2 209.48	4.79%	3 199.19	4.98%
氨水	2 112.42	4.70%	3 064.76	4.73%	2 326.52	5.05%	2 799.08	4.36%
氟化锂	7 172.12	15.94%	4 744.16	7.32%	1 089.34	2.36%	4 957.34	7.72%
氰乙酸甲酯	1 001.68	2.23%	1 629.65	2.52%	1 057.96	2.29%	1 305.68	2.03%
小计	32 839.11	73.00%	47 239.26	72.93%	34 049.00	73.86%[②]	47 098.26	73.36%
生产原材料采购金额	44 985.65	100.00%	64 775.38	100.00%	46 101.89	100.00%	64 202.19	100.00%

[①] 资料来源：湖北省宏源药业科技股份有限公司招股说明书。

[②] 由于保留两位小数引起的计算偏差，2020 年比例之和为 73.85%，小计比例为 73.86%，2019 年比例之和为 73.34%，小计比例为 73.36%。

对采购原材料的单价进行分析，如表7-5所示。可以看到，乙二醇2021年的价格较2020年上涨幅度较大。

表7-5 公司主要生产原材料采购单价情况

项目	2022 年 1—6 月		2021 年		2020 年		2019 年
	单价/ （元/吨）	变动比例	单价/ （元/吨）	变动比例	单价/ （元/吨）	变动比例	单价/ （元/吨）
乙二醇	4 384.60	−6.21%	4 674.98	37.52%	3 399.52	−16.76%	4 084.22
环氧乙烷	7 214.79	1.38%	7 116.67	12.62%	6 319.14	−11.27%	7 121.87
乙醛	8 757.11	4.03%	8 418.23	16.82%	7 206.12	3.47%	6 964.26
硝酸	2 326.01	−1.08%	2 351.47	53.94%	1 527.48	−10.87%	1 713.81
氨水	964.79	15.86%	832.74	32.78%	627.16	−9.01%	689.24
氟化锂	652 011.26	206.48%	212 742.57	122.64%	95 555.81	−37.35%	152 533.39
氰乙酸甲酯	37 099.31	57.08%	23 618.05	74.13%	13 563.65	−18.97%	16 739.45

进一步对采购量进行分析，如表7-6所示。可以看到，乙二醇2021年的数量较2020年和2019年呈现持续下降态势。所以，乙二醇2021年采购金额较2020年和2019年有所增长，主要源于采购单价的增长。该公司应进一步分析采购单价增长是因为乙二醇市场价格上涨，还是因为公司自身采购渠道成本上涨，进而采取相应的运营策略。

表7-6 公司主要生产原材料采购量情况

项目	2022 年 1—6 月	2021 年		2020 年		2019 年
	数量/吨	数量/吨	变动比例	数量/吨	变动比例	数量/吨
乙二醇	38 726.14	62 819.88	−5.02%	66 141.67	−6.90%	71 040.88
环氧乙烷	2 762.40	3 970.64	0.28%	3 959.66	−15.44%	4 682.52
乙醛	2 041.78	3 199.40	−3.07%	3 300.76	−7.59%	3 571.74
硝酸	7 704.22	12 389.80	−14.35%	14 464.89	−22.51%	18 667.20
氨水	21 895.04	36 803.42	−0.79%	37 096.39	−8.66%	40 611.37
氟化锂	110.00	223.00	95.61%	114.00	−64.92%	325.00
氰乙酸甲酯	270.00	690.00	−11.54%	780.00		780.00
合计	73 509.58	120 096.14	−4.58%	125 857.37	−9.90%	139 678.71

从经营维度看，公司采购时应合理降低成本，同时还要综合考虑质量成本等因素。质量成本是指由于原材料质量降低而引致的废次品损失、返修费用等成本。比如有的公司一味压低采购成本，结果产品返修率大幅提升，从产品全生命周期来看反而是不经济的。

二、生产与销售匹配合理性分析

当某一产品因市场供需关系发生变化导致价格上涨时，公司会相应增加该产品的计划生产数量并调整对外销售数量，因此下游市场需求波动会在一定程度上影响公司生产计划及公司的存货规模及结构。产销率用来测度公司本期生产的产品有多少已被销售，计算公式如下。

$$产销率 = 销售数量 \div 生产数量 \times 100\%$$

有些公司生产的半成品既可以自用——用于下一道工序继续生产，也可以对外销售。扣除自用数量后的产销率计算公式如下。

$$扣除自用数量后的产销率 = 销售数量 \div （生产数量 - 自用数量） \times 100\%$$

在一般情况下，产销率小于100%，但如果公司上期有未销售的存货结转到本期，或者本期外购部分产品进行对外销售，就会出现产销率大于 100%的情形。湖北省宏源药业科技股份有限公司主要产品的产量、销量和产销率情况如表 7-7 所示。

表 7-7 甲硝唑的产量、销量和产销率情况

项目	2022 年 1—6 月	2021 年	2020 年	2019 年
生产数量/吨	2 271.10	3 261.44	3 246.03	3 770.32
销售数量/吨	1 980.91	3 253.74	3 122.54	3 717.06
自用数量/吨	198.08	231.68	258.92	200.14
产销率	87.22%	99.76%	96.20%	98.59%
扣除自用数量后的产销率	95.56%	107.39%	104.53%	104.11%

从该公司招股说明书相关资料可知，该公司 2019—2022 年 6 月报告期内甲硝唑销售数量和生产数量（扣除自用数量后）基本一致。2019 年、2020 年和 2021 年该公司甲硝唑扣除自用数量后的产销率高于 100%，主要是由于其存在少量外购甲硝唑进行销售的情形；2022 年 1—6 月甲硝唑扣除自用数量后的产销率低于 100%，主要是由于本期未外购甲硝唑进行销售，此外，该公司为 7 月和 8 月的停产检修而提前进行了生产备货。

三、库存与销售匹配合理性分析

一般情况下，公司销售与库存具有一定的相关性。当公司销量增长时，会在短期内引起库存商品或产成品的减少，但公司会随之调整生产计划与采购策略，扩大采购与生产规模，引致存货增加。公司可以通过分析销售与库存的变动趋势及订单覆盖率，对库存的合理性进行分析。

（一）销售收入与存货余额相关性分析

公司通常依据各产品的日平均销量、生产周期、销售周期等因素，并结合市场行情和订单情况对产品的库存情况进行合理的预计。一方面，当公司预计销量有所增长时，可能会需要储备存货以备生产和销售之用。另一方面，随着产品销售规模的扩大，库存商品也会呈现减少的趋势。比亚迪存货与销售收入分析如表 7-8 所示。

表 7-8 比亚迪存货与销售收入分析

年度	销售收入/万元	销售收入增长率	存货/万元	存货增长率
2013 年	5 286 328.40	—	822 055.20	—
2014 年	5 819 587.80	10.09%	997 831.70	21.38%
2015 年	8 000 896.80	37.48%	1 575 055.00	57.85%
2016 年	10 346 999.70	29.32%	1 737 843.90	10.34%
2017 年	10 591 470.20	2.36%	1 987 280.40	14.35%
2018 年	13 005 470.70	22.79%	2 633 034.50	32.49%
2019 年	12 773 852.30	-1.78%	2 557 156.40	-2.88%
2020 年	15 659 769.10	22.59%	3 139 635.80	22.78%
2021 年	21 614 239.50	38.02%	4 335 478.20	38.09%
2022 年	42 406 063.50	96.20%	7 910 719.90	82.46%

从表 7-8 可以看出，自 2020 年以来，比亚迪存货与销售收入增长的趋势保持一致，2022 年比亚迪销售收入增长超过存货增长。相比于之前的年度，比亚迪 2022 年存货管理整体相对较好。可以进一步对存货进行分类，比如分析存货中乘用车和商用车存货余额与各自销售收入之间的关系。

（二）订单覆盖率分析

为了控制成本，公司一般会采用以销定产模式。订单覆盖率越高，则表明公司的存货管理就相对越合理。订单覆盖率分析计算公式如下。

报告期各期期末存货订单覆盖率=各期期末在手订单成本金额÷各期期末存货账面余额×100%

在以销定产模式下，公司存货中发出商品和库存商品根据销售订单发出或生产，且均为成品状态，故期末在手订单会优先匹配发出商品和库存商品余额，剩余部分再匹配在产品和委托加工物资余额。对于订单覆盖率较低的存货，公司应进一步分析原因，判断存货余额的合理性。

2021 年 6 月 30 日，浙江丰立智能科技股份有限公司各类产品期末存货结构及金额如表 7-9 所示。

表 7-9　　　　　　　　　　　各类产品期末存货金额[①]

产品名称	项目	在产品	库存商品	发出商品	委托加工物资
钢齿轮	余额/万元	913.04	971.10	732.14	774.5
	有订单支持的余额/万元	521.58	439.80	732.14	115.53
	订单覆盖率	57.13%	45.29%	100.00%	14.92%
气动工具	余额/万元	862.19	208.49	211.81	272.57
	有订单支持的余额/万元	195.16	171.10	211.81	101.20
	订单覆盖率	22.64%	82.07%	100.00%	37.13%

根据浙江丰立智能科技股份有限公司对证监会问询函的回复，该公司钢齿轮的客户主要采用"采购计划+实时订单"的方式下达产品需求，而气动工具产品客户主要采用实时订单的方式下达产品需求，公司除考虑客户需求外，还综合考虑市场销售、库存情况等因素提前采购原材料。报告期各期期末，该公司发出商品的订单覆盖率均为 100%，主要原因系发出商品根据订单发出。钢齿轮订单覆盖率较低，主要系该公司除根据实时订单准备生产发货外，同时也根据客户下达的采购计划备货。气动工具订单覆盖率相对较高，主要系气动工具客户不采用提前下达采购计划的方式提供需求。气动工具在产品、钢齿轮委托加工物资等存货的订单覆盖率相对较低，主要系在产品、委托加工物资有一定的加工周期，该公司为保证响应速度提前进行储备。在实际进行分析时，应进一步对上述原因进行核实，进而提出改进措施。

任务实施

> **说明**
>
> 本任务基于项目七的任务一中已经获取并建立完成的销售订单表、商品采购入库表、产品表、日期表及相关度量值进行任务实施。

操作演示

子任务一：创建库存动态管理分析度量值

新建度量值"销售收入""入库金额""出库金额""库存数量占比""销售数量占比"，输入公式，如表 7-10 所示。

库存动态管理分析

[①] 资料来源：浙江丰立智能科技股份有限公司对证监会问询函的回复。

表 7-10　　　　　　　　　　　　　　库存动态管理度量值

度量值名称	公式
销售收入	SUM('销售订单表'[销售价格])
入库金额	SUM('商品采购入库表'[金额])
出库金额	SUMX(GENERATE(VALUES('产品表'[产品 ID]),VALUES('日期表'[年月])),[销售数量]*[平均单位成本])　　// Generate 函数返回一张笛卡尔积表
库存数量占比	DIVIDE([库存数量],CALCULATE([库存数量],ALL('产品表'))) //调整数据格式为"百分比"
销售数量占比	DIVIDE([销售数量],CALCULATE([销售数量],ALL('产品表'))) //调整数据格式为"百分比"

子任务二：库存动态管理可视化设计

步骤一：设计可视化页面及交互对象，添加切片器，可参考或复制任务一中的设计。

步骤二：设计可视化视觉对象。

（1）添加折线和簇状柱形图，将日期表中的"年""月"拖动至"X 轴"，将度量值"库存金额"拖动至"Y 轴"，将度量值"销售收入"拖动至"辅助 Y 轴"，开启"数据标签"，效果如图 7-26 所示。

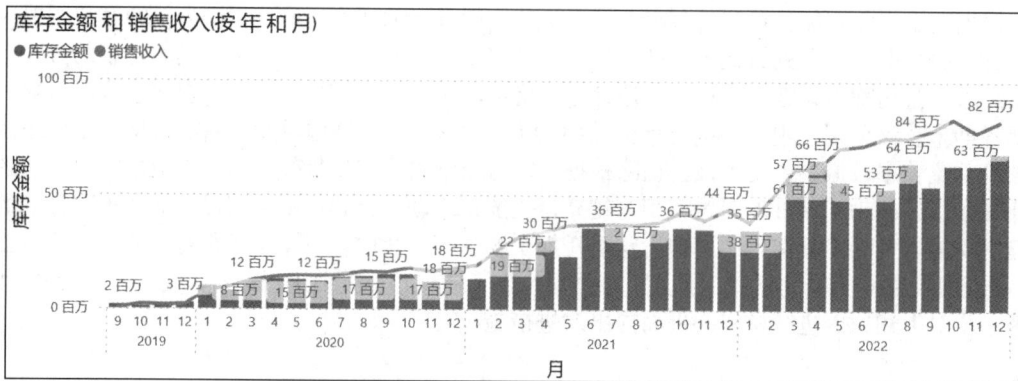

图 7-26　库存金额和销售收入折线和簇状柱形图

（2）添加簇状柱形图，将日期表中的"年""月"拖动至"X 轴"，将度量值"出库金额""入库金额"拖动至"Y 轴"，开启"数据标签"，效果如图 7-27 所示。

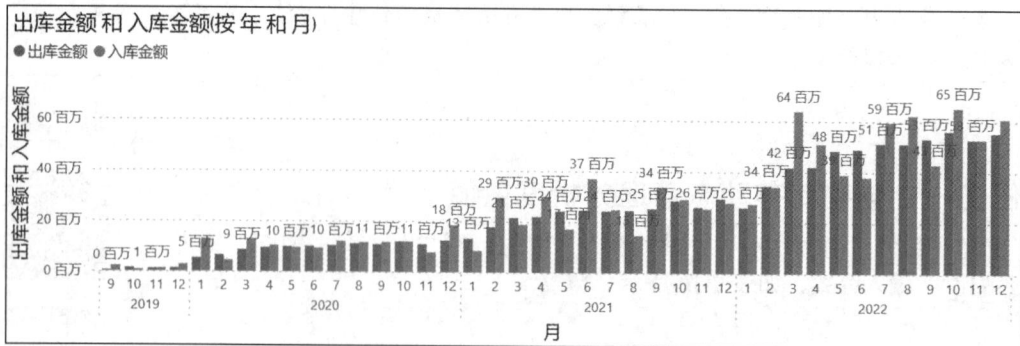

图 7-27　出库金额和入库金额簇状柱形图

（3）添加丝带图，将产品表的"产品类别""产品名称"拖动至"X轴"，将度量值"库存数量占比""销售数量占比"拖动至"Y轴"，效果如图7-28所示。

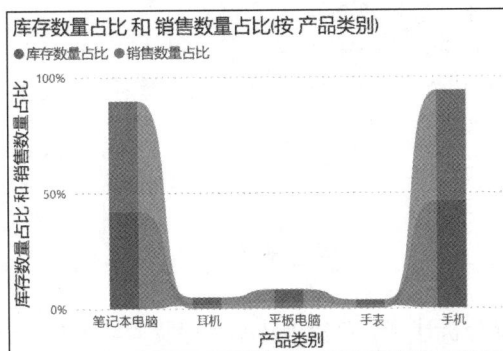

图7-28　库存数量占比和销售数量占比丝带图

📖 任务拓展

基于已经完成的可视化图形，添加日期切片器、产品类别切片器，以及销售收入的卡片图，添加标题文本框，在文本框中输入"库存动态管理分析"。进行可视化报表视图设计并合理化布局，如图7-29所示。

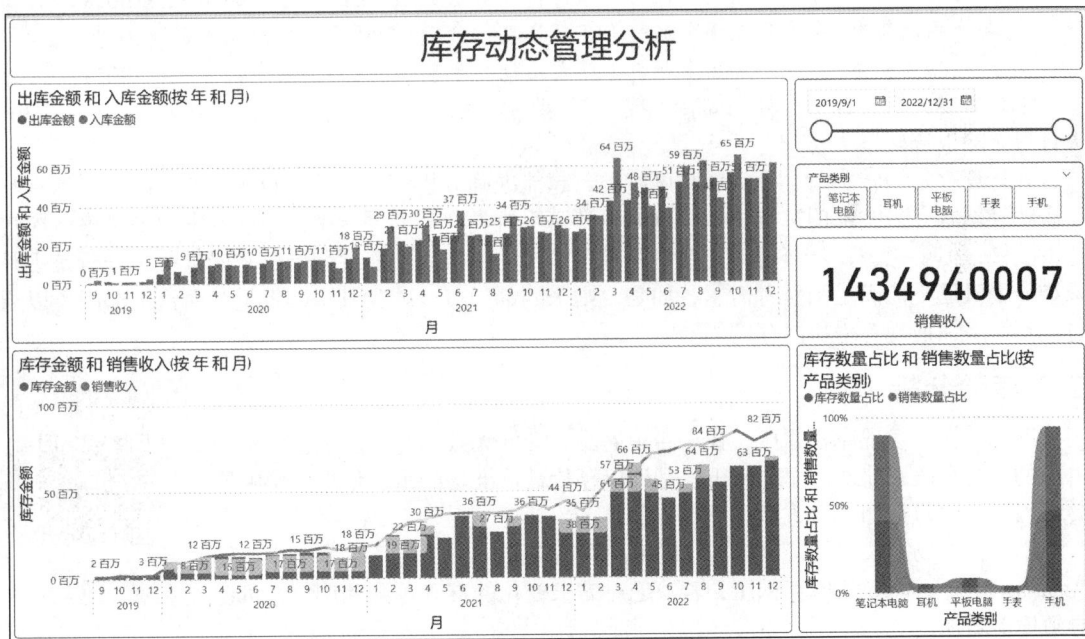

图7-29　库存动态管理分析可视化看板

任务三　库存效率分析

🌱 情境案例

请基于VISON公司案例资料进行分析。

（1）分析库存周转率，了解存货的周转速度和效率。

（2）分析存货库存价值，预估存货跌价准备情况。

（3）按库龄分析存货价值，了解资金占用情况。

（4）对比分析库存金额和平均库龄天数。

在此基础上，设计 VISON 公司库存管理分析看板之库存效率分析，为 VISON 公司分析库和制定有针对性的清理库存策略提供决策依据。

知识准备

一、存货周转分析

在前面的项目中，已经分析计算了存货周转率和存货周转天数，公式如下。

$$存货周转率=营业成本÷平均存货余额×100\%$$

$$存货周转天数=360÷存货周转率$$

但是，以上计算公式仅是从财务报表层面进行的存货周转率分析，不能反映公司内部原材料、在产品、库存商品的周转情况。此外，在具体分析时，可能不仅会关注年度存货周转率与周转天数，还会关注月度存货周转率与周转天数。所以，还需要对存货周转率分具体原材料、在产品、产成品等进行具体分析。相关公式如下。

$$原材料周转率=原材料领用金额÷[（原材料期初余额+原材料期末余额）÷2]×100\%$$

$$在产品周转率=在产品领用金额÷[（在产品期初余额+在产品期末余额）÷2]×100\%$$

$$产成品周转率=产成品发出金额÷[（产成品期初余额+产成品期末余额）÷2]×100\%$$

如果需要计算各存货品种的周转天数，只需要用周期天数（例如 1 个月按 30 天计，1 年按 360 天计等）除以周转率。

在计算存货周转率时，分类颗粒度越小，越能准确分析存货周转天数变化的原因，也越有利于企业管理者、采购部门进行决策。例如只计算手机类产品的周转率，可能会发现手机整体周转速度变慢，但要想进一步分析，还要看是哪个型号的手机周转速度变慢，才能进一步分析是不是该型号手机已不能满足消费者需求，如是，则采购部门可以减少其采购批量，而营销部门可以通过促销策略加速现有手机库存的周转。

二、库龄分析

库龄分析是发现库存积压、找出滞销商品、降低无效库存，以及减少资金占用的重要手段。此外，库龄分析也是计提存货跌价准备的重要依据。影响库龄的因素主要包括如下六方面。

知识讲解

库龄分析

第一，市场需求波动。市场需求的变化会直接影响产品的库存水平。市场产品需求下降可能导致库存积压，若缺乏对需求变化的准确预测和调整，可能导致库龄增加。

第二，物流因素。运输延迟以及物流过程中的货物损坏或丢失等问题会直接影响库存周转速度，进而会影响存货的库龄。

第三，采购策略。不合理的采购策略可能导致过度订购或采购的原材料不能满足生产需求，从而增加存货的库龄。

第四，生产排期及计划安排。如果生产排期不合理，有可能导致生产效率较低或者不能及时满足客户需求，从而导致原材料、在产品甚至产成品在仓库中滞留的时间较长，增加存货的库龄。

第五，质量控制。产品质量问题可能导致产品退回、报废或重新制造，进而延长库存周期，从而导致库龄增加，并增加库存成本。

第六，货物的属性特征。例如有的原材料可能处于供不应求状态，公司采购时没有谈判优势，可能就会尽可能地扩大采购规模，这也会引致较长的库龄。还有的产品属于定制产品，一旦客户不再需要，则可能无法再次销售，从而形成呆滞存货，导致较长的存货库龄。

公司一般会在整体存货库龄分析的基础上，分类别分品种对存货的库龄进行分析。公司应重点关注库龄较长的存货，并分析原因予以改进。纳科诺尔存货库龄结构情况如表 7-11 所示。

表 7-11　　　　　　　　　　　纳科诺尔存货库龄结构情况[①]

库龄/年	2022 年		2021 年		2020 年	
	账面余额/万元	占比	账面余额/万元	占比	账面余额/万元	占比
≤1	103 818.48	96.90%	45 333.76	95.09%	21 606.78	82.27%
>1～2	2 572.94	2.40%	1 328.43	2.79%	3 909.35	14.89%
>2～3	490.60	0.46%	762.42	1.60%	654.19	2.49%
>3	255.27	0.24%	249.09	0.52%	93.22	0.35%
合计	107 137.29	100.00%	47 673.70	100.00%	26 263.54	100.00%

表 7-11 中，2020—2022 年，公司各期末库龄 1 年以内的存货金额分别为 21 606.78 万元、45 333.76 万元和 103 818.48 万元，占各年存货余额的比例分别为 82.27%、95.09% 和 96.90%，呈现逐年增长趋势，表明库龄结构呈现逐年改善趋势。

公司在对存货整体库龄分析的基础上，还应对存货构成进行分析。比如分别对原材料、在产品、库存商品的库龄进行分析。在分析时，应重点关注库龄较长的存货。不同类别存货库龄较长的原因是不同的。例如原材料可能是由于采购备货较多超出了生产需要，或者是质量不合格不能用于生产。在产品库龄应该和产品的生产周期相匹配，如果库龄较长则可能是因为生产周期较长有所延误，也可能是公司排产计划变更，导致产品未能按期完工。库存商品库龄较长通常是因为公司产品市场供过于求，或者是因为公司产品质量出现问题被退货等。纳科诺尔期末库存商品库龄情况如表 7-12 所示。

表 7-12　　　　　　　　　　　纳科诺尔期末库存商品库龄情况

库龄/年	2022 年		2021 年		2020 年	
	账面余额/万元	占比	账面余额/万元	占比	账面余额/万元	占比
≤1	4 670.32	94.11%	2 184.92	87.98%	1 502.52	85.09%
>1～2	65.38	1.32%	168.11	6.77%	101.9	5.77%
>2～3	168.24	3.39%	52.95	2.13%	125.05	7.08%
>3	58.92	1.19%	77.55	3.12%	36.4	2.06%
合计	4 962.87	100.00%	2 483.53	100.00%	1 765.88	100.00%

按照纳科诺尔披露的相关资料，其产品均为定制化产品，库龄较长主要源于客户需求变化。2020 年末库龄在 1 年以上的库存商品主要系以前年度客户退回的备用辊，这些备用辊大多在 2021 年进行了改制销售，公司在 2020 年已按照相应存货成本的 95% 计提存货跌价准备。2021 年末库龄在 1 年以上的库存商品主要系郑州比克公司取消合同订单所致，因产品定制化程度高，无法再次销售，已按照相应存货成本的 95% 计提存货跌价准备。2022 年末库龄在 1 年以上的库存商品主要系郑州比克和河南鹏辉合同订单的取消，因产品定制化程度较高，无法进行改制销售。公司应进一步分析客户取消订单的原因，进而实施相应的改进措施，以减小未来库存商品不能再次销售的损失。

　　[①] 资料来源：关于邢台纳科诺尔精轧科技股份有限公司向不特定合格投资者公开发行股票并在北京证券交易所上市申请文件审核问询函的回复。

以上库龄分析都是在公司与产品类别层面上的整体分析。为了更好地分析具体产品或原材料的库龄，还需要进行更精细化的库龄分析。库龄计算公式如下。

库龄=∑（某批原材料剩余入库数量×某批原材料入库时间÷期末统计时点库存数量）

例如，假设 A 原材料期初库存为 0 吨，12 月 2 日入库数量为 5 吨，12 月 20 日入库数量为 10 吨，12 月 30 日入库数量为 8 吨，月末（12 月 31 日）库存数量为 15 吨，依据"先进先出"的原则，即假设期末存货的数量是后入库的数量，所以期末存货数量为 15 吨，应为：

$$8（12 月 30 日）+7（12 月 20 日）=15（吨）$$
$$库龄=8×1÷15+7×11÷15≈5.66（天）$$

公司在分析库龄时，可以基于库龄和金额绘制二维坐标图，直观展示存货所在象限，对库龄长且金额大的存货予以重点关注。

三、存货跌价准备分析

资产负债表日，存货应当按照成本与可变现净值孰低计提存货跌价准备。当存货成本高于其可变现净值时，应当计提存货跌价准备。可变现净值，是指在日常活动中，存货的估计售价减去至完工时估计将要发生的成本、估计的销售费用以及相关税费后的金额。产成品、库存商品和用于出售的材料等直接用于出售的商品存货，在正常生产经营过程中，以该存货的估计售价减去估计的销售费用和相关税费后的金额，确定其可变现净值。需要经过加工的材料存货，在正常生产经营过程中，以所生产的产成品的估计售价减去至完工时估计将要发生的成本、估计的销售费用和相关税费后的金额，确定其可变现净值。为执行销售合同或者劳务合同而持有的存货，其可变现净值以合同价格为基础计算，若持有存货的数量多于销售合同订购数量，超出部分的存货的可变现净值以一般销售价格为基础计算。

在对公司存货跌价准备进行分析时，应分析整体存货跌价准备计提情况，然后分类别进行分析。还可以与同行业公司进行对比分析，确认公司存货跌价准备的估计是否合理。例如，纳科诺尔报告期各期末存货跌价准备计提情况如表 7-13 所示。

表 7-13 纳科诺尔报告期各期末存货跌价准备计提情况[①]

项目	2022 年	2021 年	2020 年
存货余额/万元	107 137.31	47 673.69	26 263.55
存货跌价准备金额/万元	575.43	655.15	1 533.91
存货跌价准备计提比例	0.54%	1.37%	5.84%

表 7-13 中，2020—2022 年，该公司存货跌价准备计提比例分别为 5.84%、1.37%、0.54%，2020—2022 年存货跌价准备计提比例呈下降趋势，经分析主要原因是报告期内该公司存货订单支撑率较高，设备订单价格、利率呈现增长趋势，导致以销售合同价格为基准计提的存货跌价准备减少。在整体分析的基础上，还可以根据存货的类别进行具体分析，例如，纳科诺尔报告期各期末库存商品存货跌价准备计提情况如表 7-14 所示。

表 7-14 纳科诺尔报告期各期末库存商品的存货跌价准备计提情况

项目	2022 年	2021 年	2020 年
库存商品/万元	4 962.87	2 483.53	1 765.88
存货跌价准备金额/万元	265.01	300.20	310.08
存货跌价准备计提比例	5.34%	12.09%	17.56%

---

① 资料来源：纳科诺尔招股说明书。

2020—2022 年报告期各期末，该公司库存商品存货跌价准备计提金额分别为 310.08 万元、300.20 万元和 265.01 万元，有逐年下降的趋势。可以看到，库存商品计提存货跌价准备的比例高于存货跌价准备的整体计提比例。按照公司相关资料，2020 年末库存商品计提存货跌价准备主要系武汉喜玛拉雅光电科技股份有限公司取消合同订单所致。除取消合同订单的设备外，主要系以前年度客户退回的备用辊，公司已按照相应存货成本的 95%计提存货跌价准备。2021 年公司对郑州比克的设备进行了改制生产，因设备定制化程度较高，仍存在不能改制再利用的组件，对于剩余不能改制的组件已按成本的 95%计提存货跌价准备，2022 年上述设备仍未实现销售，因此仍保留较大存货跌价准备金额。

在分析时，还可以与同行业公司进行对比。纳科诺尔与同行业公司存货跌价准备计提比例对比如表 7-15 所示。

表 7-15　　　　　　　　　　同行业公司存货跌价准备计提情况

同行业公司名称	2022 年 12 月 31 日	2021 年 12 月 31 日	2020 年 12 月 31 日
先导智能	1.21%	1.26%	1.80%
赢合科技	5.18%	4.53%	7.30%
科恒股份	5.34%	3.59%	15.31%
利元亨	2.39%	1.72%	2.44%
行业均值	3.53%	2.78%	6.71%
纳科诺尔	0.54%	1.37%	5.84%

从 2020—2022 年，纳科诺尔存货跌价准备计提比例呈现下降趋势，与同行业公司先导智能的波动趋势基本一致。但整体比例相对同行业公司较低，应进一步分析公司计提存货跌价准备是否充分，如果确实是因为公司存货订单支撑率较高，产品需求较好，从而存货发生损失的风险较小，则表明公司有较强的存货管理能力与产品竞争能力。

任务实施

子任务一：创建库龄分类辅助表

步骤一：单击"主页"选项卡中的"输入数据"按钮，创建库龄分类辅助表。

步骤二：根据 0～30 天、31～60 天、61～90 天、90 天以上进行库龄分类辅助表设计，如表 7-16 所示。

操作演示

库存效率分析

表 7-16　　　　　　　　　　库龄分类辅助表

分类序号	库龄分类	最小值/天	最大值/天	预计减值损失率
1	0～30 天	0	30	0
2	31～60 天	31	60	1%
3	61～90 天	61	90	5%
4	90 天以上	91	9999	10%

说明：90 天以上的最大值设置为 9999 天，约合 27 年，可以根据实际项目情况进行设计。

子任务二：创建库存效率分析度量值

根据库存效率分析指标，新建"累计入库数量""累计销售数量""平均库龄天数""库存金额（按库龄）""存货预计减值损失""存货周转率""存货周转天数"等度量值，通过这些指标进行库存效率分析，请依次分别创建表 7-17 中的度量值。

表7-17 库存效率分析指标度量值

度量值名称	公式
累计入库数量	CALCULATE([入库数量],FILTER(ALL('日期表'),'日期表'[Date]<=MAX('日期表'[Date])))
累计销售数量	CALCULATE([销售数量],FILTER(ALL('日期表'),'日期表'[Date]<=MAX('日期表'[Date])))

平均库龄天数	VAR curdate = MAX('日期表'[Date]) // 定义当前日期为'日期表'中 Date 列的最大值
	// 创建一个过滤后的表（FilterTable），包含所有日期，但仅当"累计入库数量"大于"累计销售数量"且日期小于等于 curdate
	　VAR FilterTable =
	　　FILTER(
	　　　ALL('日期表'[Date]),
	　　// 移除"日期表"[Date]上的任何现有筛选以考虑所有日期
	　　　[累计入库数量] > [累计销售数量] && '日期表'[Date] <= curdate)
	// 创建一个新表（FIFOTable），该表基于 FilterTable，并添加两列："剩余数量"和"天数"
	　VAR FIFOTable =
	　　ADDCOLUMNS(
	　　　FilterTable,
	　　// "剩余数量"列：计算累计入库数量与累计销售数量之间的差值（如果差值大于当前入库数量，则取当前入库数量）
	　　　"剩余数量",
	　　　var thegap = [累计入库数量] - [累计销售数量]
	　　　return MIN(thegap, [入库数量]),
	　　　// MIN 函数确保剩余数量不会超过当前入库数量
	　　　"天数", // "天数"列：计算当前日期与表中日期的天数差
	　　　DATEDIFF('日期表'[Date], curdate, DAY)
	　　　// 使用 DATEDIFF 函数计算天数差
	　　) // 返回 FIFOTable 中每个记录的"剩余数量"与"库存数量"的比值乘以"天数"的总和
	　return SUMX(
	　　FIFOTable,
	　[剩余数量] / [库存数量] * [天数])
	// 使用 SUMX 函数对 FIFOTable 中的每个记录应用此计算并求和

库存金额（按库龄）	// 计算库存金额，但仅包括那些平均库龄天数在"库龄分类辅助表"定义的范围内的产品
	CALCULATE(
	　　[库存金额],
	　　FILTER(// 使用 FILTER 函数来筛选"产品表"中的行
	　　　'产品表',
	　　　[平均库龄天数] >= MIN('库龄分类辅助表'[最小值])&& [平均库龄天数] < MAX('库龄分类辅助表'[最大值])
	　　　// 筛选条件：平均库龄天数大于等于"库龄分类辅助表"中的最小值且平均库龄天数小于"库龄分类辅助表"中的最大值
	　　　)
	　　)
	　+ 0

存货预计减值损失	SUMX('库龄分类辅助表',[预计减值损失率]*[库存金额（按库龄）])
存货周转率	DIVIDE([出库金额],AVERAGEX('日期表',[库存金额]))
存货周转天数	DIVIDE(COUNTROWS('日期表'),[存货周转率])

子任务三：库存效率分析可视化设计

步骤一：设计可视化页面及交互对象，添加切片器，可参考或复制任务一中的设计。

步骤二：设计可视化视觉对象。

（1）添加散点图。

将产品表中的"产品类别""产品名称"拖动至"值"，将度量值"平均库龄天数"拖动至"X

轴"，将"库存金额"拖动至"Y轴"，"产品类别"拖动至"图例"，"库存金额"拖动至"大小"，在"设置视觉对象格式"窗口，开启"类别标签"，通过散点图可以观察到平均库龄天数与库存金额的关系和分布趋势，如图7-30所示。

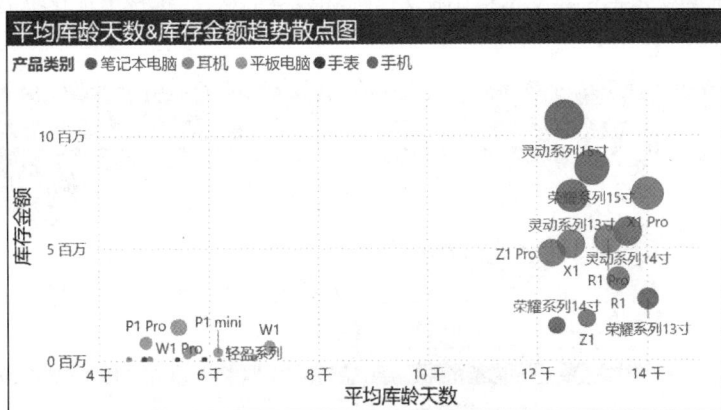

图7-30　库存效率分析散点图

（2）添加库存金额分区图。

将日期表中的"年""月"拖动至"X轴"，将度量值"库存金额（按库龄）"拖动至"Y轴"，开启"数据标签"，通过分区图可以观察到不同时间按库龄的库存金额情况，如图7-31所示。

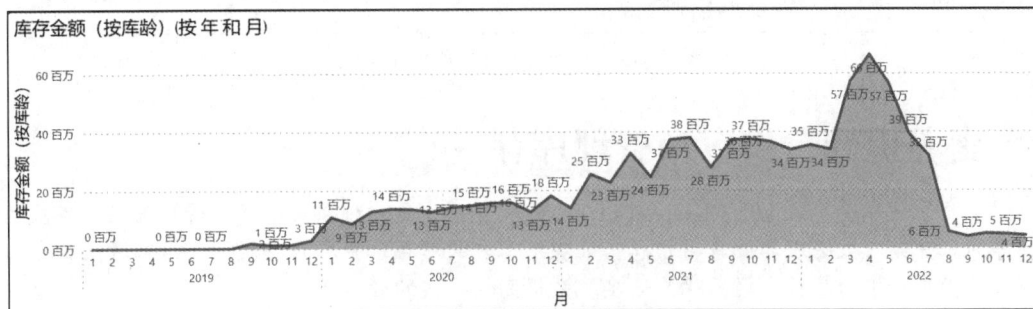

图7-31　库存金额分区图

（3）添加存货周转天数分区图。

将日期表中的"年""月"拖动至"X轴"，将度量值"存货周转天数"拖动至"Y轴"，开启"数据标签"，效果如图7-32所示。

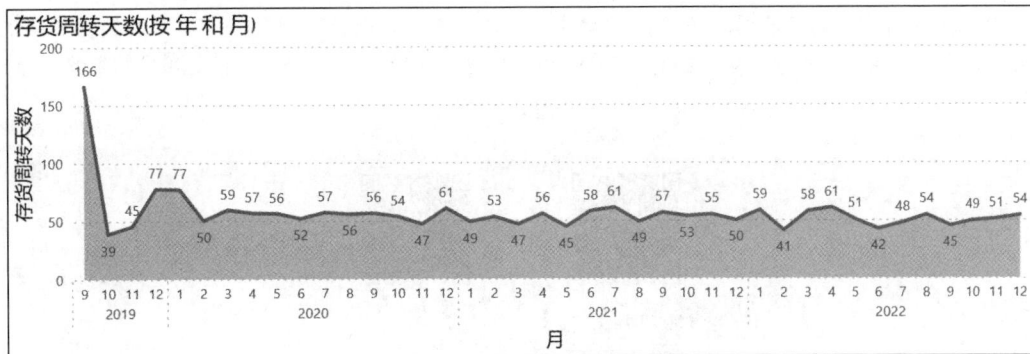

图7-32　存货周转天数分区图

任务拓展

基于已经完成的可视化图形，添加卡片图展示"存货预计减值损失"和"库存金额"，进行合理化布局，添加标题文本框，在文本框中输入"库存效率分析"。进行可视化报表视图设计，及页面排布，如图7-33所示。

图7-33　库存效率分析可视化看板

素养提升：供应商管理库存

供应商管理库存（Vendor Managed Inventory，VMI）是一种供应链库存管理策略，供应商通过共享的客户销售数据或其他库存信息，来决定客户的库存水平和补货时间。这种方法旨在通过减少整个供应链中的库存和提高响应速度，来提高供应链的效率。

VMI的优点体现在以下三方面：

（1）通过更精确的库存管理，降低过剩和缺货的风险，进而降低库存成本；

（2）供应商可以更有效地预测需求，减少缺货情况，从而更快地响应市场变化，提高供应链的灵活性；

（3）通过维持适当的库存水平，提高客户满意度。

VMI是一种有效的库存管理策略，但需要供应商和客户之间紧密合作、有透明的数据共享机制和强大的技术支持。在实施VMI之前，需要仔细评估潜在的收益和风险，并制定相应的策略和措施。

行业观察

新能源汽车行业综合
库存系数分析

练一练

项目八

经营预测分析

学习目标

1. 掌握原材料价格影响因素，能够预测分析原材料价格变动趋势；
2. 掌握采购决策策略，能够对库存水平进行预测分析；
3. 掌握变动成本与固定成本的构成，能够对生产成本进行预测分析；
4. 能够基于生产成本预测分析，完成零部件自制或外购决策；
5. 掌握本量利分析方法，能够对毛利进行预测分析和利润敏感分析；
6. 具备大数据思维，能够利用技术工具收集预测信息、绘制可视化图像；
7. 具备责任意识，能提出毛利预测的相关决策建议。

知识导图

本项目主要介绍采购预测分析、生产预测分析和毛利预测分析，如图 8-1 所示。

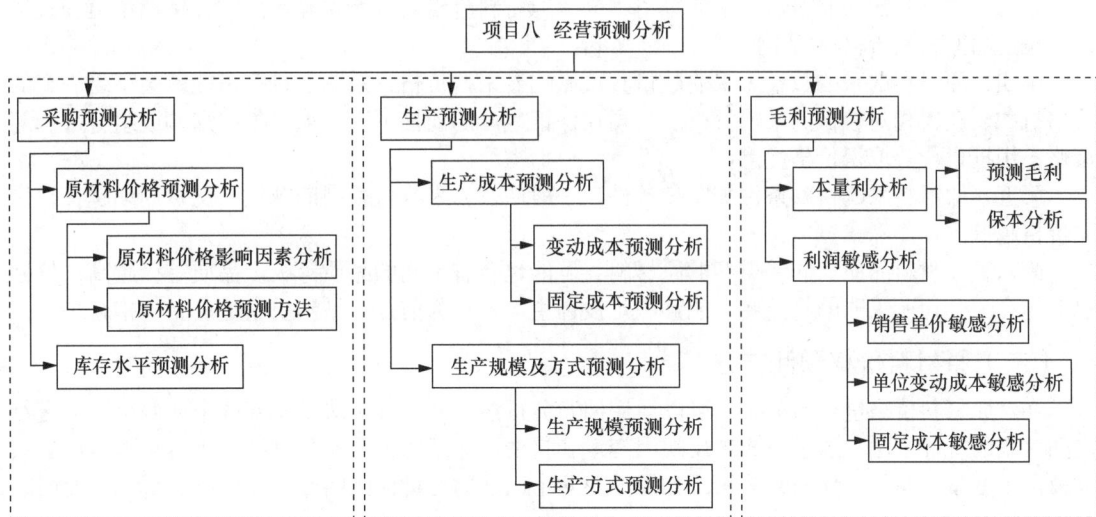

图 8-1 经营预测分析

任务一 采购预测分析

情境案例

麦尔奇公司是一家研发、生产和销售蛋糕的烘焙食品连锁经营企业。请基于麦尔奇公司的案例资料，分析原材料价格趋势，绘制原材料期货走势预测图，对原材料预测价格进行可视化展示。

知识准备

公司在进行采购经营决策时，通常需要判断在什么时候采购，以及采购规模是多少。采购规模主要由生产需求决定，采购时点则主要由公司的库存管理策略及市场预期决定。

一、原材料价格预测分析

在原材料价格波动较大时，应对原材料价格变动趋势进行预测分析。原材料价格变动也会影响采购规模与采购时点。如果原材料预期价格上涨幅度较大，可以考虑扩大采购规模，以降低未来的采购成本。

（一）原材料价格影响因素分析

在对原材料价格进行预测分析时，需分析哪些因素会对原材料价格产生影响，这些因素在未来期间是否有变化，如果发生了显著变化，则应将其纳入原材料价格预测影响因素中。原材料价格影响因素主要包括以下六个方面。

第一，原材料市场供求状况。供求关系决定着价格的变动，当公司所采购的原材料供过于求时，采购方处于主动地位，就有较大的议价权；反之，供应方处于主动地位，其有可能提高原材料价格。

第二，原材料成本。供应商生产原材料的成本是影响采购价格的直接因素。一般而言，供应商的生产成本是采购价格的底线。

第三，原材料的采购渠道。采购渠道不同，原材料价格会有所差异。例如经销商渠道和直接采购渠道的原材料价格有所不同。

第四，原材料的采购数量。采购数量直接影响着采购价格，采购数量多可能就会享受一定的价格折扣，获得相对较低的采购价格。公司在保证生产的前提下，可采取集中采购或组合采购等策略，用批量优势取得价格优惠。

第五，原材料采购付款条件与交货条件。一般而言，采购付款周期越短，交货周期越长，采购价格越低。

第六，原材料品质。同一类型的原材料，可能也会有不同的品质等级。品质等级越高，价格也会越高。公司所采购的物资要以能够满足设计生产要求为前提，做到质量适度，价格合理。

（二）原材料价格预测方法

在对原材料价格进行预测时，可以运用回归分析法。回归分析法是研究两个或两个以上变量之间关系的统计方法，通过公式来反映因变量和自变量之间的关系，并对结果进行预测。如果只涉及两个变量，叫作一元回归分析，如果涉及两个以上的变量，则叫作多元回归分析。一元回归分析的模型如下。

$$Y=a+bX+\varepsilon$$

在上述公式中，X 是自变量，Y 是因变量。Y 是 X 的线性函数（$a+bX$）加上误差项 ε。b 反映了由 X 的变化而引起的 Y 的线性变化，ε 是被称为误差项的随机变量，反映了除 X 之外的随机因素对 Y 的影响，是不能由 X 和 Y 间的线性关系所解释的变异性。

在运用回归分析法预测原材料的价格趋势时，通常需要收集历史数据信息，建立回归模型，拟合计算出模型中的 a 和 b。预测原材料价格趋势关键的是历史数据信息的收集，常用的数据来源如表 8-1 所示。

表 8-1 历史数据信息来源

序号	历史数据信息来源
1	公司历史采购订单单价及数量信息
2	市场上同类型原材料报价信息
3	期货市场同类型原材料报价信息
4	行业协会关于原材料的价格信息统计及价格指数
5	管理咨询机构关于原材料市场的分析及研究报告

公司在进行分析时，可以基于需要选取表 8-1 中数据来源的数据代入数据模型，进行回归分析计算。在具体分析时，应综合考虑原材料价格的影响因素，并对数据模型得出的价格数据进行调整。

二、库存水平预测分析

公司在进行采购决策时，需要确定采购规模与采购时点。影响采购规模与采购时点的因素众多，但重要的是生产需要、库存管理策略与市场价格预期这三个因素。生产规模越大，公司对材料的需求越多，需要的库存规模就越大。如果材料的市场价格将上涨，公司可能还会囤积一定的存货。如果提前备货过多，生产不能及时领用，则可能有较多的库存，不仅产生大量的仓储成本，还会使较多的资金被占用。如果提前备货不足，则有可能影响生产的正常进行，使公司不能按期向客户交付产品，从而引致较高的缺货成本。所以，公司需综合考虑采购成本、库存成本与缺货成本等因素，从而确定采购时点。

知识讲解

库存水平预测分析

分析采购批量及采购时点的模型有很多，例如零库存管理、经济批量模型及再订货点等。在日常经营过程中，公司通常会依据各主要材料的日平均用量、备货周期、运输周期等因素，并结合生产计划和市场价格等对原材料的库存情况进行合理的预计。库存水平计算公式如下。

库存水平=日平均用量×（备货周期+运输周期）+安全库存

有的公司也会用安全系数来计量库存水平。

库存水平=日平均用量×（备货周期+运输周期）×安全系数

当公司库存低于库存水平时，就需要订货。对公司而言，之所以要设置库存水平，是因为公司在实际生产过程中，会遇到突发情况，比如临时接到订单或供应商由于不可抗力等无法正常供货等。为了降低缺货风险，需要储备库存以备不时之需。

例如，湖北省宏源药业科技股份有限公司对主要原材料（含包装物）库存水平是否合理的预计方法如下。

库存水平=日平均用量×（备货周期+运输周期）×安全系数

按照公司日常经验，公司的安全系数通常为 1～1.5。公司乙二醇库存情况测算分析如表 8-2 所示。

表 8-2 公司乙二醇库存情况测算分析[①]

项目	2022 年 1—6 月	2021 年	2020 年	2019 年
日平均用量/（吨/天）	192.30	176.41	177.80	189.12
备货周期/天	4～5	4～5	4～5	4～5
运输周期/天	1	1	1	1
安全系数	1～1.5	1～1.5	1～1.5	1～1.5
测算库存/吨	961.49～1 730.68	882.05～1 587.69	889～1 600.20	945.60～1 702.08
期末库存量/吨	7 360.34	3 650.42	4 921.42	3 721.08

由表 8-2 可见，2019 年末、2020 年末，乙二醇期末库存数量高于测算库存范围。据公司招股

---

① 资料来源：湖北省宏源药业科技股份有限公司招股说明书。

说明书资料，主要是因为乙二醇价格处于低位，公司增加了备货量。2021 年乙二醇采购价格大幅上涨，10 月涨至最高点后有所回落，至 12 月末价格回落至年初相对较低的水平，公司依据生产计划并结合对市场行情的判断，相应增加了乙二醇的采购量，导致乙二醇期末库存数量高于测算库存范围。2022 年 6 月末公司乙二醇期末库存数量高于测算范围，主要是因为公司计划利用高温天气对主要生产设备（如锅炉）进行停产检修，为增加主要产品备货量，同时结合对乙二醇市场行情的判断，公司相应增加了乙二醇的采购量。在实际分析时，要核实这些原因的真实性与合理性，并采取相应的采购管理应对策略，调整未来库存水平及采购规模。

任务实施

操作演示

采购预测分析

子任务一：数据准备①

步骤一：导入数据。

导入任务数据"原料期货数据"，并进行数据整理，鼠标双击左侧查询窗口"Sheet1"区域，并将该表格重命名为"原料期货数据"，如图 8-2 所示。

重命名后数据处理结果，如图 8-3 所示。

图 8-2　重命名表名为"原料期货数据"

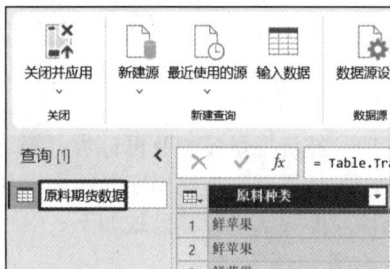

图 8-3　原料期货数据处理结果

步骤二：创建日期表。单击"表工具"选项卡中的"新建表"按钮，在编辑栏中输入 DAX 函数，如表 8-3 所示。

表 8-3　　　　　　　　　　　　　日期表公式

函数名称	公式
日期表	日期表= ADDCOLUMNS(　　　CALENDAR("2023,1,1","2023,7,5"), 　　　"年",YEAR([Date]), 　　　"月",MONTH([Date]), 　　　"日",DAY([Date]), 　　　"周",WEEKDAY([Date],2), 　　　"第几周",WEEKNUM([Date],2), 　　　"季度",QUARTER([Date]), 　　　"年季",YEAR([Date])&"Q"&QUARTER([Date]), 　　　"年月",YEAR([Date])*100+MONTH([Date]))

日期表的日期为 2023 年 1 月 1 日至 2023 年 7 月 5 日，生成的日期表数据，如图 8-4 所示。

---

① 本案例使用的日期范围为 2023 年 1 月 1 日至 2023 年 7 月 5 日，爬取交易数据的期间为 2023 年 1 月 1 日至 2023 年 6 月 30 日，原材料采用最后一天（2023 年 7 月 5 日）的预测价。

步骤三： 创建物料明细表。

单击"表工具"选项卡中的"新建表"按钮，利用DAX函数创建物料明细表，输入以下公式。

```
物料明细= SUMMARIZE('原料期货数据','原料期货数据'[原料种类],'原料期货数据'[原料编码])
```

物料明细表结果如图8-5所示。

Date	年	月	日	周	第几周	季度	年季	年月
2023/1/1 0:00:00	2023	1	1	1	1	1	2023Q1	202301
2023/1/2 0:00:00	2023	1	2	2	1	1	2023Q1	202301
2023/1/3 0:00:00	2023	1	3	2	1	1	2023Q1	202301
2023/1/4 0:00:00	2023	1	4	3	2	1	2023Q1	202301
2023/1/5 0:00:00	2023	1	5	4	2	1	2023Q1	202301
2023/1/6 0:00:00	2023	1	6	5	2	1	2023Q1	202301
2023/1/7 0:00:00	2023	1	7	6	2	1	2023Q1	202301
2023/1/8 0:00:00	2023	1	8	7	2	1	2023Q1	202301
2023/1/9 0:00:00	2023	1	9	1	3	1	2023Q1	202301

图8-4　日期表数据

原料种类	原料编码
鲜苹果	AP
菜油	OI
红枣	CJ
白糖	SR
玉米	C
玉米淀粉	CS
鸡蛋	JD
豆油	Y

图8-5　物料明细表

子任务二：创建采购预测分析指标度量值

步骤一： 新建表用于存储度量值。

单击"主页"选项卡中的"输入数据"按钮，将新建表格命名为"DAX函数"，专门用来存储所创建的度量值。

步骤二： 新建采购预测所需的度量值，单击"主页"选项卡中"新建度量值"按钮，在编辑栏中输入公式，如表8-4所示。

表8-4　　　　　　　　　　采购预测分析指标度量值

度量值名称	公式
原材料成交价	SUM('原料期货数据'[收盘价])

原材料线性回归测算	VAR Known=
	FILTER(SELECTCOLUMNS(ALLSELECTED('日期表'[Date]),"Known[X]",'日期表'[Date],"Known[Y]",[原材料成交价]),
	AND(NOT(ISBLANK(Known[X])),NOT (ISBLANK(Known[Y]))))
	//定义变量Known,将"Date"列的值作为Known[X]，"原材料成交价"列的值作为Known[Y]，移除Known[X]、Known[Y]为空的行
	VAR Count_Items=COUNTROWS(Known)
	//定义一个名为Count_Items的变量，表示Known数据集中的行数
	VAR Sum_X=SUMX(Known,Known[X])
	//定义变量Sum_X，计算Known数据集中Known[X]列的总和
	VAR Sum_X2=SUMX(Known,Known[X]^2)
	//定义变量Sum_X2，计算Known数据集中Known[X]列每个值的平方和
	VAR Sum_Y=SUMX(Known,Known[Y])
	//定义变量Sum_Y，计算Known数据集中Known[Y]列的总和
	VAR Sum_XY=SUMX(Known,Known[X]*Known[Y])
	//定义变量Sum_XY，计算Known数据集中Known[X]和Known[Y]列对应值的乘积
	VAR Average_X =AVERAGEX(Known,Known[X])
	//定义变量Average_X，计算Known数据集中Known[X]列的平均值
	VAR Average_Y=AVERAGEX(Known,Known[Y])
	//定义变量Average_Y，计算Known数据集中Known[Y]列的平均值
	VAR B=DIVIDE(
	Count_Items*Sum_XY-Sum_X*Sum_Y,
	Count_Items*Sum_X2-Sum_X ^ 2)
	//定义变量B，根据最小二乘法计算线性回归的斜率
	VAR A=Average_Y-B*Average_X
	//定义变量A，根据最小二乘法计算线性回归的截距
	RETURN
	CALCULATE(SUMX(DISTINCT('日期表'[Date]),A+B*'日期表'[Date]),ALL ('物料明细'[原料种类]))
	//使用CALCULATE函数对"日期表"[Date]列的唯一值进行求和，并应用线性回归公式，同时忽略"物料明细"[原料种类]的筛选上下文

步骤三： 创建原材料测算表。

在本任务中，将预测 2023 年 7 月 5 日各种原材料的成交价。利用 SUMMARIZECOLUMNS[①]函数来获取预测的数据，为后续生产成本测算提供支持，在编辑栏中输入如下公式。

```
原材料测算= FILTER(
SUMMARIZECOLUMNS('日期表'[Date],'物料明细'[原料种类],"原材料回归测算价",[原材料线性回归测算]),'日期表'[Date]=DATE(2023,7,5))
```

步骤四： 新建原材料预测价度量值。

单击"主页"选项卡中"新建度量值"按钮，在编辑框输入如下公式。

```
原材料预测价  CALCULATE(SUM('原材料测算'[原材料回归测算价]),ALLSELECTED('物料明细'[原料种类]))
```

步骤五： 统一数据格式。

常用的日期格式有"*2001/3/14(Short Date)""*2001 年 3 月 14 日(Long Date)"及"2001-03-14 (yyyy-mm-dd)"等。

本任务统一使用"*2001/3/14(Short Date)"格式，否则数据建模环节会出现异常，统一日期格式后的数据如图 8-6 所示。

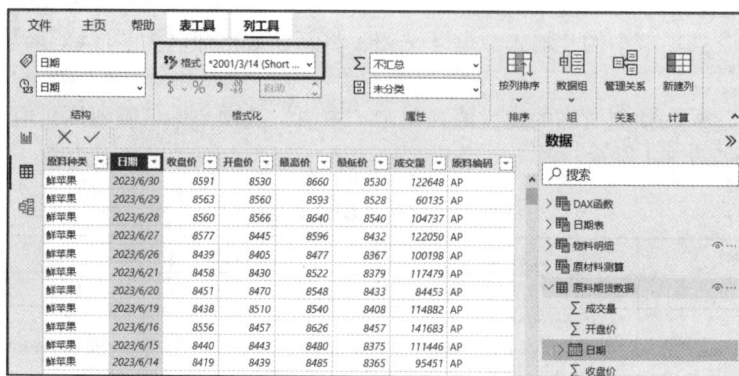

图 8-6　统一数据格式

步骤六： 管理数据关系。

将原料期货数据（事实表）分别与日期表（维度表）、物料明细（维度表）关联，通过原料期货数据的"日期"与日期表的"Date"字段关联；原料期货数据的"原料种类"与物料明细的"原料种类"字段进行关联，建立数据模型，如图 8-7 所示。

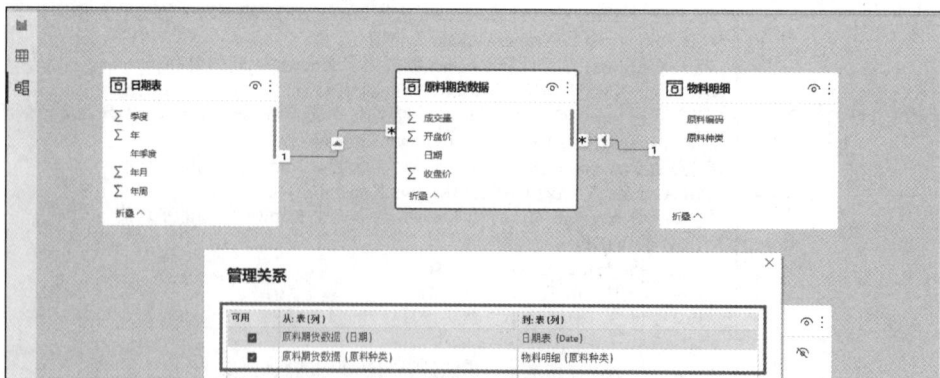

图 8-7　采购预测数据模型

---

　　① 该函数主要用于根据指定的分组列返回一个汇总表，同时支持添加扩展列（即新列），可以通过指定的表达式进行计算得到这些扩展列。

子任务三：设计可视化视觉对象

步骤一：绘制原材料预测折线图。

插入"可视化"窗格中的"折线图"，将日期表中的"Date"拖动至"X 轴"，将度量值"原材料成交价"拖动至"Y 轴"，将度量值"原材料线性回归测算"拖动至"辅助 Y 轴"，将物料明细中的"原料种类"拖动至"小型序列图"。

在"可视化"窗格中单击"视觉对象"按钮，展开"小型序列图"下拉列表，在"布局"中进行设置，将行设置为"1"，将列设置为"2"，将所有填充设置为"12"，得到的图形如图 8-8 所示。

步骤二：生成原材料测算多行卡。

插入多行卡，将原材料测算中的"原料种类""原材料回归测算价"拖动至"字段"，如图 8-9 所示。

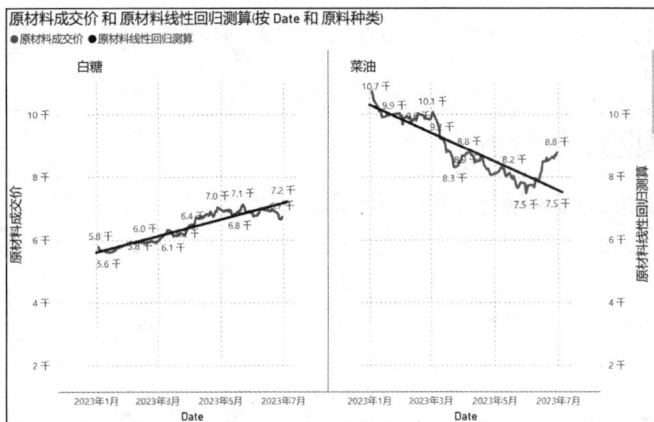

图 8-8　原材料预测折线图

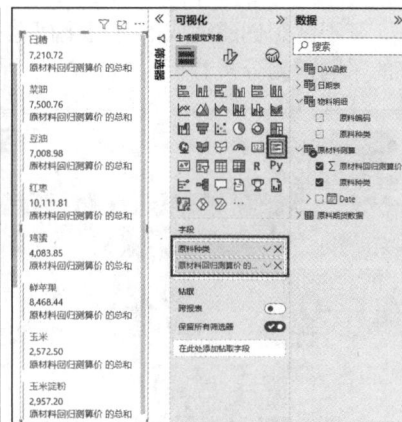

图 8-9　设置原材料测算多行卡

步骤三：交互设计。

（1）添加原材料种类切片器。

插入切片器，将物料明细中的"原料种类"拖动至"字段"，用于动态预测不同种类原材料的价格，如图 8-10 所示。

图 8-10　添加原材料种类切片器

调整原材料种类切片器样式。在"视觉对象"的"样式"下拉列表中选择"磁贴"，更改样式。

（2）添加日期切片器。

插入切片器，将日期表中的"Date"拖动至"字段"，用于预测某个时段原材料的线性回归价格，效果如图 8-11 所示。

步骤四：设置采购预测分析看板标题、图标。

（1）插入标题文本框，输入标题"采购预测分析"，设置字体大小和样式。

（2）添加看板图标，通过插入菜单中的元素选项卡插入图像，如图 8-12 所示。

图 8-11　日期切片器

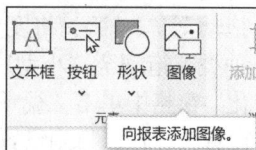

图 8-12　插入图像

任务拓展

基于已经创建完成的可视化视觉对象，进行整体布局、标题内容颜色调整配色设计，形成完整的采购预测分析看板，如图 8-13 所示。

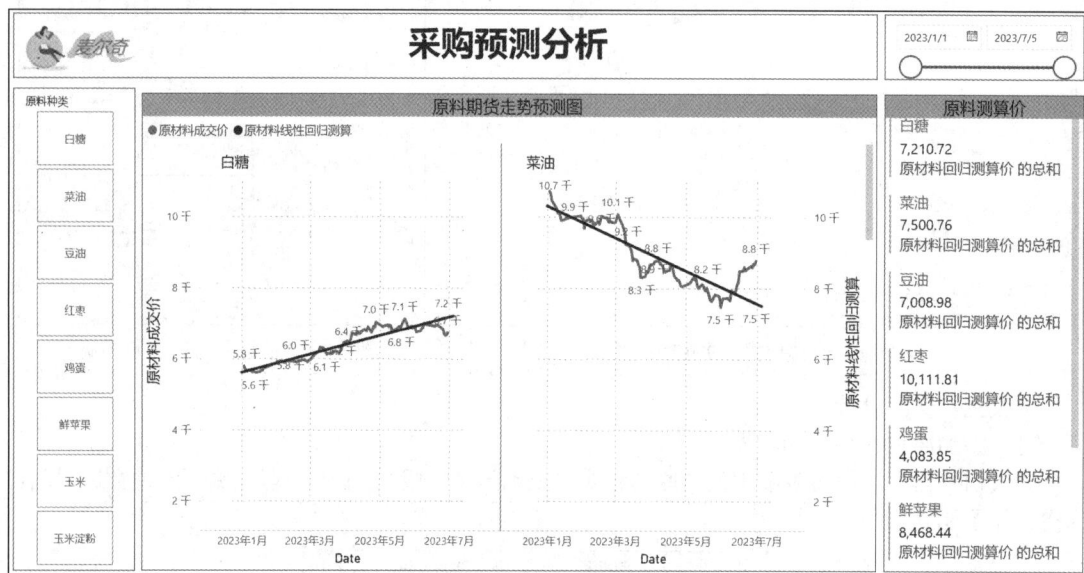

图 8-13　采购预测分析看板

任务二　生产预测分析

情境案例

请基于麦尔奇公司的案例资料，结合公司物料明细及与生产成本相关的参数，对变动成本与固定成本进行预测，并设计生产预测分析看板。

知识准备

一、生产成本预测分析

为了更好地预测分析生产成本，可以将生产成本分为变动成本与固定成本。在一定业务范围内，变动成本与产量规模存在正相关关系，而固定成本则相对稳定。所以，变动成本可以基于产量规模进行预测，而固定成本则可以基于历史趋势进行预测。当然，如果业务范围或其他因素发生重大变动，则需要进行适度调整。

（一）变动成本预测分析

变动成本是指在特定的业务量范围内其总额随业务量变动而成正比例变动的成本。例如，直接材料、直接人工、辅助材料等。这类成本直接受产量的影响，两者保持正比例关系。所以，可以基于产量对变动成本进行预测分析。

知识讲解

基于 BOM 的成本预测

直接材料主要指生产过程中直接耗用的主要原材料。例如，自行车生产过程中耗用的钢材，蛋糕生产企业所耗用的面粉等。直接材料的消耗数量主要由生产规模决定。一般企业会有物料清单（Bill Of Material，BOM），详细列明不同工序材料的投入用量标准。生产数量与 BOM 列示的单位消耗标准的乘积即为原材料的消耗用量。原材料的消耗用量再乘以预计的价格水平，即为预计直接材料成本。具体计算过程如下。

预计直接材料成本=预计生产数量×单位消耗标准×预计材料单价

按照同样的逻辑，可以对直接人工等变动成本进行估计。

预计直接人工成本=预计生产数量×单位消耗工时×单位工时工资标准

企业在生产过程中，难免会有一定的残次品。残次品所耗用的直接材料、直接人工等成本也需计入生产成本中。所以，上述公式中的预计生产数量也包括残次品数量。此外，变动成本和产量之间的线性关系，通常只在一定的相关范围内存在。例如企业生产技术或工艺流程得以改进，则单位产品所耗用的原材料用量会有所下降，在估计直接材料成本时，就可以适当减少对直接材料成本的预测量。

在确定辅助材料消耗定额标准时，需要判断辅助材料消耗的动因。与主要原材料结合使用的辅助材料，可基于历史经验按主要原材料消耗定额的一定比例确定。例如面包生产过程中所用的酵母，会按主要原材料面粉的一定比例添加。有些辅助材料用量与产品直接相关，其消耗量可按产品数量确定。比如包装用木箱、纸箱可按产品数量确定消耗用量。有些辅助材料与设备开动时间或工作日有关，其消耗量可按设备开动时间或工作日来确定。比如润滑油需要定期更换，其消耗量与设备开动工时相关。

（二）固定成本预测分析

固定成本是指在特定的业务量范围内不受业务量变动影响，一定期间的总额能保持相对稳定的成本。例如，固定资产折旧费、取暖费、财产保险费等。

在对固定成本进行预测时，需要分析固定成本发生的动因。固定资产折旧费、财产保险、管理人员工资、取暖费、照明费等，其金额取决于设施和机构的规模和质量。它们是以前决策的结果，现在难以改变。这种不能通过当前的管理决策行动加以改变的固定成本，称为约束性固定成本。约束性固定成本给企业带来的是一定时期的持续生产能力，属于企业经营能力成本，是企业为了维持一定的业务量所必须负担的最低成本。若要降低约束性固定成本，只能合理利用经营能力、扩大生产规模，进而降低单位固定成本。

在对固定资产折旧费、财产保险费等固定成本进行分析时，主要分析设施和机构的规模和质量是否较以往有所变动。如果没有，可以基于本期数据确定未来期间的固定成本。如果设施和机构的规模和质量发生了变动，比如购置了新的厂房，则相应的成本也会有所增加。

固定成本的稳定性是有条件的，即业务量的变动是在特定的相关范围之内。例如，生产设备的折旧费在现有生产规模下是固定的，但一旦企业需要扩大生产，引进新的生产线，则生产设备的折旧费就会增加。能够使固定成本保持稳定的特定的业务量范围，可称为"相关范围"。固定成本的稳定性，是针对成本总额而言的，如果从单位产品分摊的固定成本来看则正好相反。在产量增加时，单位产品分摊的固定成本会相对低一些；在产量减少时，单位产品分摊的固定成本会相对高一些。

二、生产规模及方式预测分析

（一）生产规模预测分析

企业在生产过程中需制订有效的生产计划，对企业所生产的产品品种、数量、质量和生产进度等方面进行统筹安排。对生产进行事先规划与预测的意义在于：一方面可以为采购计划、人员需求计划及其他相关计划提供决策依据，另一方面可以为有效满足客户需求提供支持。在生产计划制订过程中，产品的生产规模预测是非常重要的环节。如果生产规模过大，会引致商品积压，占用过多资金，影响企业经营效益；但如果生产规模过小，则有可能供不应求，引致缺货风险，影响企业的利润水平。

影响生产规模的因素主要有以下四个方面。

第一，产品需求规模。在以销定产模式下，销售计划所确定的销售数量是影响生产规模的重要因素。企业的产品品种、生产规模及进度应与销售需求计划相匹配，保证按期保质保量交付产品。

第二，企业的产能。企业的产能决定了可以生产的最大数量。在分析产能时，应综合考虑物料供应状况、设备负荷、人力资源负荷等因素。例如，汽车制造企业一条生产线年产汽车设计产量为 40 000 台，但是如果汽车生产所需芯片供应不足，势必会影响生产数量。所以，企业应在综合分析各项因素的基础上，综合确定最大生产数量。

第三，生产排程。生产排程，就是安排不同产品不同工序生产顺序的过程。对很多制造企业而言，其会生产多种产品，有的产品会共用一条生产线，同时也会接到不同客户不同交货期的订单。企业需要合理安排产品与订单不同工序的生产顺序，平衡各机器和工人的生产负荷，优化产能，从而缩短生产周期、提高生产效率。

第四，产品更新换代与技术变更的情况。企业需及时跟踪反馈市场需求的变化，例如由于技术更新，出现了更好的产品，原有产品需求不可避免地会受到影响，企业需及时跟进并调整生产，这也会影响原有产品生产规模的预测。

企业应收集市场需求、预计产能等数据信息，并综合考虑生产排程、需求变化等多种因素，利用大数据分析模型，合理预测生产规模。

（二）生产方式预测分析

企业在进行生产时，除了对生产规模进行预测，还应对生产方式进行合理规划，例如确定是自行生产还是外包生产、是自行生产还是外部购买等。本任务主要对零部件自制或外购的决策进行分析。

对某些行业的企业来说，零部件可以自制也可以选择向外部供应商购买。例如，汽车制造企业所需要的配件，可以自行生产，也可以向外部的零部件供应商采购。从短期经营决策的角度，零部件是自制还是外购，需要比较两种方案的相关成本，选择成本较低的方案即可。在决策时还需要考虑企业是否有剩余生产能力。如果企业有剩余生产能力，那么只需要考虑变动成本。如果企业没有剩余生产能力，需要追加设备投资，则新增的设备成本也应该属于相关成本。同时还需要把剩余生产能力的机会成本考虑在内。

A 公司是一家自行车制造商，每年制造自行车需要外胎 10 000 条，外购成本为每条 42 元，自制外胎的相关单位成本资料如表 8-5 所示。

表 8-5　　　　　　　　　　　　　自制外胎的相关单位成本资料

项目	成本/元
直接材料 ①	25
直接人工 ②	7
变动制造费用 ③	7
固定制造费用 ④	10
变动成本 ⑤（①+②+③）	39
生产成本 ⑥（④+⑤）	49

如果 A 公司现在具有足够的剩余生产能力，且剩余生产能力无法转移，则其不制造外胎时，闲置下来的生产能力无法被用于其他方面。由于有剩余生产能力可以利用，且无法转移，所以自制外胎的相关成本仅包含自制的变动成本。

自制的变动成本=25+7+7=39（元/条）

外购的相关成本=42（元/条）

由于自制方案可比外购方案每年节约成本 30 000 元[（42-39）×10 000]，则应采用自制方案。

如果企业没有剩余生产能力，需要额外增加生产线，分摊至每条外胎的固定制造费用为 10 元，其他成本资料不变，此时固定制造费用也是决策时需要考虑的相关成本。

自制的相关成本=自制的变动成本+自制的固定制造费用=39+10=49（元/条）

外购的相关成本=42（元/条）

由于外购方案可比自制方案每年节约成本 70 000 元[（49-42）×10 000]，则应采用外购方案。

在决定是自制还是外购时，决策者除了要考虑相关成本因素外，还要考虑外购产品的质量、送货的及时性、长期供货能力、供应商的新产品研发能力等因素，在综合考虑各方面因素之后再做最后的选择。

任务实施

子任务一：数据准备

步骤一：导入数据。

（1）基于项目八的任务一中已完成的任务实施数据，继续导入任务数据"配方明细"，并进行数据整理。单击"主页"选项卡中的"Excel 工作簿"按钮，在弹出的"导航器"窗口中选择"Sheet1"，单击"转换数据"按钮，如图 8-14 所示，进入 Power Query 编辑器。

操作演示

生产预测分析

图 8-14　导入配方明细数据

（2）将"Sheet1"重命名为"配料明细"，如图 8-15 所示。

图 8-15　重命名表格为"配料明细"

步骤二：数据建模。

（1）基于项目八的任务一中已经完成的任务实施数据，将原材料测算（事实表）与配料明细（事实表），通过"原料种类"字段进行关联，建立数据模型，如图 8-16 所示。

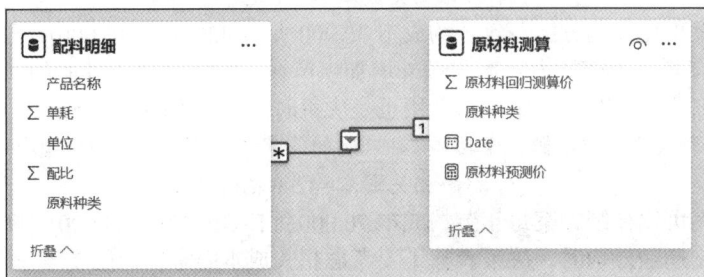

图 8-16　建立生产预测分析数据模型

（2）通过建立好的数据模型，在配料明细表中新建"原材料预测"列并进行关联，这样配料明细可以调用原材料预测的价格，单击"主页"选项卡中的"新建列"按钮，输入以下公式。

原材料预测=RELATED('原材料测算'[原材料回归测算价])

在配料明细表中新建"原材料预测"列，如图 8-17 所示。

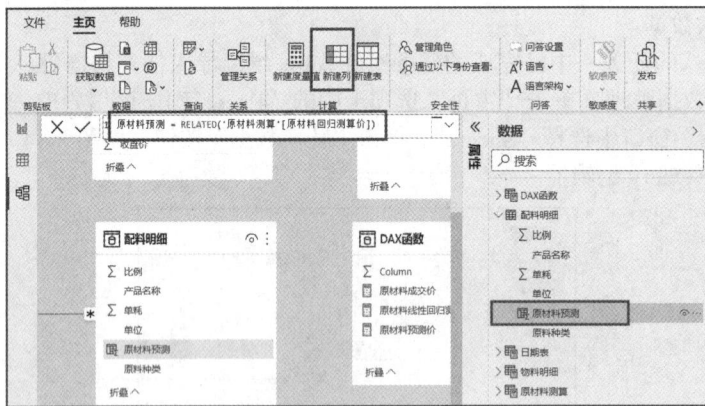

图 8-17　新建"原材料预测"列

（3）按照配料明细与原材料预测的价格，在配料明细表中新建列计算直接材料成本（变动成本），输入以下公式。

变动成本=[单耗]*[原材料预测]

步骤三：新建参数表。

本任务测算生产成本除了需要考虑原材料配比，还需要考虑与产量、报废率、变动成本及固定成本相关的参数变化情况。测算毛利率需要结合与售价相关的参数，通过自动生成参数，测算在不同产量、报废率等因素变化情况下毛利率的变化情况。利用GENERATESERIES[①]函数统一添加售价相关参数，如表8-6所示。

表8-6　　　　　　　　　　　　　　售价相关参数

项目	报废率	产量	售价	变动成本	固定成本
参数名称	YC_报废_红枣蛋糕	YC_数量_红枣蛋糕	YC_售价_红枣蛋糕	YC_辅料占比	YC_管理成本
	YC_报废_苹果蛋糕	YC_数量_苹果蛋糕	YC_售价_苹果蛋糕	YC_人工占比	YC_折旧成本
	YC_报废_玉米蛋糕	YC_数量_玉米蛋糕	YC_售价_玉米蛋糕	YC_水电占比	YC_其他成本
公式	GENERATESERIES (0,100,1)	GENERATESERIES (0,9 000,1 000)	GENERATESERIES (5 000,10 000,100)	GENERATESERIES (0,100,1)	GENERATESERIES (0,500,1)

结合该公司生产方面的设备产能、销售部门预估或预测、采购预测数据，设定报废率参数范围为0～100，增量值为1；产量参数范围为0～9 000，增量值为1 000；售价参数范围为5 000～10 000，增量值为100；变动成本参数范围为0～100，增量值为1；固定成本参数范围为0～500，增量值为1。

在"表工具"选项卡中单击"新建表"按钮，逐一添加报废率、产量、售价、变动成本、固定成本相关的参数表。以新建红枣蛋糕报废率参数表为例，如图8-18所示。

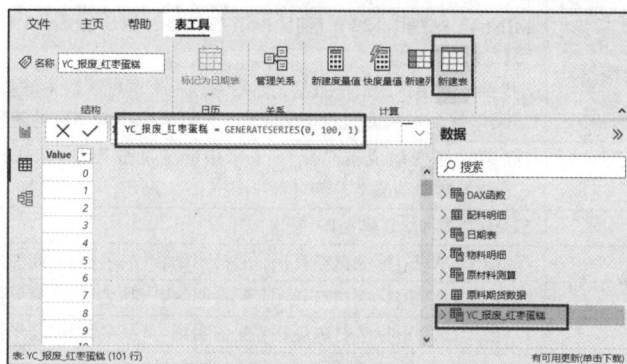

图8-18　新建红枣蛋糕报废率参数表

全部创建完成后，可以在模型视图检查并查看参数，如图8-19所示。

图8-19　各类参数表

① GENERATESERIES 函数用于生成一个连续值填充的单列表，其接受三个参数：起始值、结束值和增量值。

子任务二：创建生产预测分析指标度量值

步骤一： 将配料明细、原材料测算中的数据字段类型统一调整为两位小数。

步骤二： 根据生产预测分析指标需求，创建生产预测分析指标度量值，如表 8-7 所示。

表 8-7　　　　　　　　　　　生产预测分析指标度量值

度量值名称	公式
红枣蛋糕变动成本	CALCULATE(sum('配料明细'[变动成本]),'配料明细'[产品名称]="红枣蛋糕")
苹果蛋糕变动成本	CALCULATE(sum('配料明细'[变动成本]),'配料明细'[产品名称]="苹果蛋糕")
玉米蛋糕变动成本	CALCULATE(sum('配料明细'[变动成本]),'配料明细'[产品名称]="玉米蛋糕")
红枣蛋糕变动成本总额	MIN('YC_数量_红枣蛋糕'[Value])*(1+MIN('YC_报废_红枣蛋糕'[Value])/100)*[红枣蛋糕变动成本] //找到红枣蛋糕的最小数量，然后乘以一个调整系数（该系数基于报废率计算），最后乘以每个红枣蛋糕的变动成本。计算考虑报废率后的红枣蛋糕的总成本
苹果蛋糕变动成本总额	MIN('YC_数量_苹果蛋糕'[Value])*(1+MIN('YC_报废_苹果蛋糕'[Value])/100)*[苹果蛋糕变动成本] //找到苹果蛋糕的最小数量，然后乘以一个调整系数（该系数基于报废率计算），最后乘以每个苹果蛋糕的变动成本。计算考虑报废率后的苹果蛋糕的总成本
玉米蛋糕变动成本总额	MIN('YC_数量_玉米蛋糕'[Value]) *(1+MIN('YC_报废_玉米蛋糕'[Value])/100)*[玉米蛋糕变动成本] //找到玉米蛋糕的最小数量，然后乘以一个调整系数（该系数基于报废率计算），最后乘以每个玉米蛋糕的变动成本。计算考虑报废率后的玉米蛋糕的总成本
变动材料成本总额	[红枣蛋糕变动成本总额]+[玉米蛋糕变动成本总额]+[苹果蛋糕变动成本总额] //三种蛋糕变动成本总额合计
标准材料耗用	SUM('配料明细'[单耗])
红枣蛋糕单耗	CALCULATE([标准材料耗用],'配料明细'[产品名称]="红枣蛋糕")
苹果蛋糕单耗	CALCULATE([标准材料耗用],'配料明细'[产品名称]="苹果蛋糕")
玉米蛋糕单耗	CALCULATE([标准材料耗用],'配料明细'[产品名称]="玉米蛋糕")
材料标准总耗	MIN('YC_数量_红枣蛋糕'[Value])*[红枣蛋糕单耗]+ MIN('YC_数量_苹果蛋糕'[Value])*[苹果蛋糕单耗]+ MIN('YC_数量_玉米蛋糕'[Value])*[玉米蛋糕单耗] //每种蛋糕的数量（取最小值）与其对应的单耗相乘，得到每种蛋糕的总成本或总消耗。再将这些值加在一起，得出所有蛋糕的总成本或总消耗
红枣蛋糕实际总耗	MIN('YC_数量_红枣蛋糕'[Value])*(1+MIN('YC_报废_红枣蛋糕'[Value])/100)*[红枣蛋糕单耗] //计算包含报废率的红枣蛋糕的总成本或总消耗
苹果蛋糕实际总耗	MIN('YC_数量_苹果蛋糕'[Value])*(1+MIN('YC_报废_苹果蛋糕'[Value])/100)*[苹果蛋糕单耗] //计算包含报废率的苹果蛋糕的总成本或总消耗
玉米蛋糕实际总耗	MIN('YC_数量_玉米蛋糕'[Value])*(1+MIN('YC_报废_玉米蛋糕'[Value])/100)*[玉米蛋糕单耗] //计算包含报废率的玉米蛋糕的总成本或总消耗
材料实际总耗	[红枣蛋糕实际总耗]+[玉米蛋糕实际总耗]+[苹果蛋糕实际总耗] //计算包含报废率的三种蛋糕实际总耗
产销量总计	MIN('YC_数量_红枣蛋糕'[Value])+MIN('YC_数量_苹果蛋糕'[Value]) + MIN('YC_数量_玉米蛋糕'[Value]) //计算依据参数设置的三种蛋糕的产销量总计

续表

度量值名称	公式
产销量合计	VAR PD=SELECTEDVALUE('配料明细'[产品名称]) VAR TotalPS=SWITCH(TRUE(), 　　　　　PD="红枣蛋糕",MIN('YC_数量_红枣蛋糕'[Value]), 　　　　　PD="苹果蛋糕",MIN('YC_数量_苹果蛋糕'[Value]), 　　　　　PD="玉米蛋糕",MIN('YC_数量_玉米蛋糕'[Value]), 　　　　　[产销量总计]) RETURN TotalPS // 变量 PD 使用 SELECTEDVALUE 函数来选择产品名称，利用 Switch 函数进行判断，根据 PD 变量，计算所选的产销量合计
产销量占比	DIVIDE([产销量合计],[产销量总计])
单位其他变动成本率	VAR Other_Variable_Costs= MIN ('YC_辅料占比'[Value])+MIN('YC_人工占比'[Value]) + MIN ('YC_水电占比'[Value]) VAR Other_Variable_Cost_Rate= 　　　DIVIDE(Other_Variable_Costs,100) RETURN Other_Variable_Cost_Rate //计算辅料、人工、水电的变动成本率
变动其他成本总额	[变动材料成本总额]* [单位其他变动成本率]
单位变动成本	DIVIDE([变动材料成本总额]+[变动其他成本总额],[产销量总计])
固定成本总金额	(MIN('YC_管理成本'[Value])+MIN('YC_折旧成本'[Value])+MIN ('YC_其他成本'[Value]))*10 000 //考虑 YC_管理成本、YC_折旧成本 和 YC_其他成本，并根据选择的参数最小值，将这三种成本相加，将单位统一为元，将总和乘以 10 000
单位固定成本	DIVIDE([固定成本总金额],[产销量总计])
单位总成本	[单位变动成本]+[单位固定成本])

子任务三：设计可视化视觉对象

步骤一： 新增生产成本测算页面。

单击报表视图底部 "+" 按钮，新建 "生产成本测算" 页面，如图 8-20 所示。

步骤二： 添加参数切片器。

插入切片器，将 YC_报废_红枣蛋糕中的

图 8-20　新增生产成本测算页面

"∑Value" 拖动至 "字段"。设置切片器视觉对象，关闭 "切片器标头"，关闭 "滑块"，将值的背景色设置为黄色，将 "切片器设置" 中的 "样式" 设置为 "大于或等于"，如图 8-21 所示。

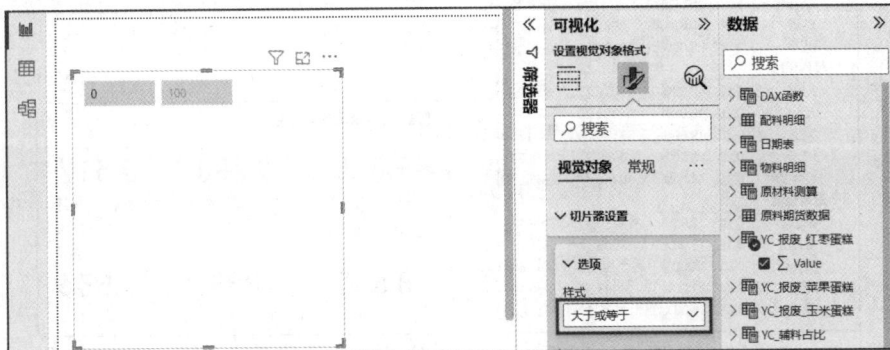

图 8-21　红枣蛋糕参数切片器设置（1）

将"高度"设置为"60"、"宽度"设置为"95"，关闭"高级选项"中的"响应"，如图 8-22 所示。打开"标题"，将标题文本设置为"红枣蛋糕"。

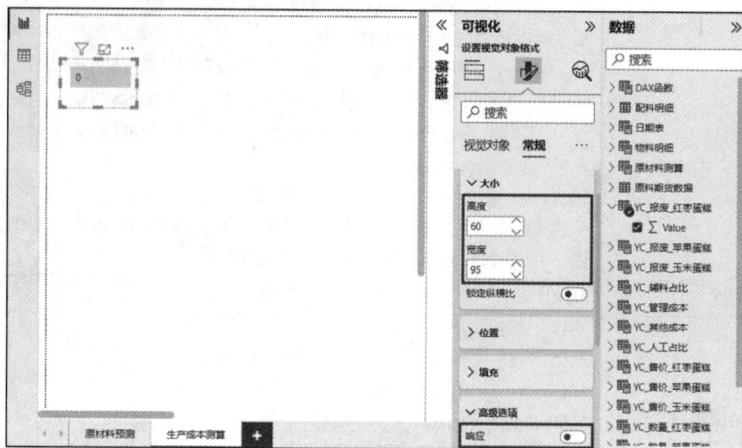

图 8-22　红枣蛋糕参数切片器设置（2）

参考红枣蛋糕切片器样式，依次设置所有参数的切片器样式。参数列表如表 8-8 所示。

表 8-8　参数列表

报废率	产量	变动成本	固定成本
YC_报废_红枣蛋糕	YC_数量_红枣蛋糕	YC_辅料占比	YC_管理成本
YC_报废_苹果蛋糕	YC_数量_苹果蛋糕	YC_人工占比	YC_折旧成本
YC_报废_玉米蛋糕	YC_数量_玉米蛋糕	YC_水电占比	YC_其他成本

步骤三： 添加变动成本矩阵。

插入矩阵，将配料明细中的"产品名称"、原材料测算中的"原料种类"拖动至"行"中，将"单耗""配比""原材料预测""变动成本"等拖动至"值"，效果如图 8-23 所示。

步骤四： 添加卡片图。

将产销量总计、材料标准总耗、材料实际总耗、单位变动成本、单位固定成本及单位总成本 6 个项目分别添加为卡片图，如图 8-24 所示。

产品名称	单耗	配比	原材料预测	变动成本
☐ **红枣蛋糕**				
白糖	0.11	10.00%	7210.72	793.18
玉米淀粉	0.15	15.00%	2957.20	443.58
菜油	0.20	20.00%	7500.76	1500.15
鸡蛋	0.20	20.00%	4083.85	816.77
红枣	0.36	35.00%	10111.81	3640.25
☐ **苹果蛋糕**				
白糖	0.12	12.00%	7210.72	865.29
玉米淀粉	0.16	16.00%	2957.20	473.15
菜油	0.20	19.00%	7500.76	1500.15
鸡蛋	0.20	19.00%	4083.85	816.77
鲜苹果	0.35	34.00%	8468.44	2963.95
☐ **玉米蛋糕**				
白糖	0.11	12.00%	7210.72	793.18
豆油	0.14	13.00%	7008.98	981.26
玉米淀粉	0.15	14.00%	2957.20	443.58
鸡蛋	0.24	23.00%	4083.85	980.12
玉米	0.40	38.00%	2572.50	1029.00

图 8-23　变动成本矩阵

产量与材料消耗数量（吨）

9,000	9,280	9,517
产销量总计	材料标准总耗	材料实际总耗

产品单位成本（元）

8,665	889	9,554
单位变动成本	单位固定成本	单位总成本

图 8-24　设置卡片图

添加"产量与材料消耗数量"与"产品单位成本"的文本框，"显示单位"设置为无，"值的小数位"设置为 0，修改参数观察卡片图的数据。增加"报废率（%）""产量（kg）""变动成本（%）""固定成本（万元）"文本框。进行参数调整，具体调整的指标数值如表 8-9 所示。

表 8-9　　　　　　　　　　　　　　模拟参数指标

报废率		变动成本		产量参数		固定成本	
指标	数值	指标	数值	指标	数值	指标	数值
红枣蛋糕	3	辅料占比	15	红枣蛋糕	2 000	管理成本	500
苹果蛋糕	2	人工占比	20	苹果蛋糕	4 000	折旧成本	200
玉米蛋糕	3	水电占比	5	玉米蛋糕	3 000	其他成本	100

步骤五： 添加饼图。

插入饼图，将"变动材料成本总额""变动其他成本总额""固定成本总金额"拖动至"值"，开启"标题"，将标题文本设置为"生产总成本构成"，如图 8-25 所示。

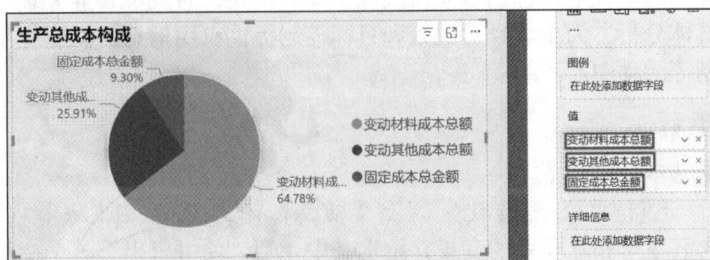

图 8-25　添加饼图

步骤六： 设置生产成本预测分析看板标题、图标。

（1）插入标题文本框，输入标题"生产成本预测分析"，根据实际布局，设置字体大小和样式。

（2）添加看板图标，通过插入菜单中的元素选项卡插入图像，并将其拖动至合适的位置。

（3）添加矩形框，将边框设置为圆角，通过矩形框区分参数区域与分析区域。

任务拓展

基于已经创建完成的可视化视觉对象，进行整体布局、配色设计，形成完整的生产成本预测分析看板，如图 8-26 所示。

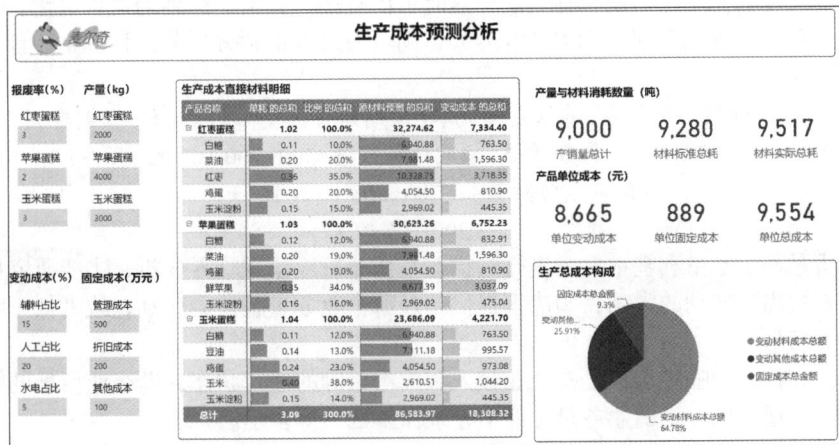

图 8-26　生产预测分析看板

任务三　毛利预测分析

情境案例

请基于麦尔奇公司的案例资料，设计盈亏平衡模型，分析收入、成本参数对毛利率的影响，并设计毛利预测分析看板。

知识准备

一、本量利分析

本量利分析是对成本、业务量、利润之间的相互关系进行分析的一种系统方法。这种分析方法是在成本性态分析的基础上，运用数学模型以及图表形式，对成本、业务量、利润等因素之间的依存关系进行具体分析，为企业经营决策和目标控制提供有用信息，广泛应用于企业的预测、决策、计划和控制等活动中。

（一）预测毛利

本量利分析的基本公式如下。

毛利=单价×销售数量-单位变动成本×销售数量-固定成本

上述公式中含有 5 个相互联系的变量，给定其中 4 个，便可求出第 5 个变量的值。所以在预测毛利时，通常把单价、单位变动成本和固定成本视为常量。在销售数量确定时，可利用公式直接计算出预期毛利。

例如，某企业每月固定成本为 300 万元，仅生产一种产品，销售单价为 10 元，单位变动成本为 5 元，本月计划销售数量为 100 万件，计算预期毛利。

预期毛利=单价×销售数量-单位变动成本×销售数量-固定成本
=10×100-5×100-300=200（万元）

在预测毛利时，销售并未实际发生，所以销售数量可能是一个预测区间。可以利用技术工具直观展示不同销售数量情形下预期毛利的情况。

（二）保本分析

有的企业可能会先确定预期目标利润，这时可以直接计算出应达到的销售数量。在上面的例子中，假设企业确定预期毛利目标为 700 万元，则可通过本量利分析公式计算企业预期需要达成的目标销售数量。

单价×预期销售数量-单位变动成本×预期销售数量-固定成本=预期毛利
10×预期销售数量-5×预期销售数量-300=700（万元）
预期销售数量=（700+300）÷（10-5）

求得：
=200（万件）

保本分析是基于本量利基本关系进行的损益平衡分析或盈亏临界分析，主要研究如何确定保本点，以及有关因素变动的影响，为决策提供超过哪个业务量企业会获利，或者低于哪个业务量企业会亏损等信息。

保本点，亦称盈亏临界点，是指企业收入和成本相等的经营状态，即企业所处的既不获利又不亏损的状态，通常用一定的业务量（保本量或保本额）来表示。

毛利=单价×销售数量-单位变动成本×销售数量-固定成本

在上述公式中，令毛利为 0，则此时的销售数量即保本量。

$$单价×保本量-单位变动成本×保本量-固定成本=0$$

可得：

$$保本量=固定成本÷（单价-单位变动成本）$$

在上个案例中，企业的保本量计算如下。

$$保本量=固定成本÷（单价-单位变动成本）$$
$$=300÷（10-5）$$
$$=60（万件）$$

保本额则为保本量与销售单价的乘积，为 600 万元。

二、利润敏感分析

在前述本量利分析中，隐含着一个假定，即除待求变量外的其他参数都是确定不变的。实际上，由于市场的变化（例如供求数量、原材料价格、产品价格等的变动）和企业生产技术条件的变化（例如原材料消耗、工时消耗水平等的变动），会引起模型中的参数发生变化，势必对原已计算的保本点产生影响。经营者希望预先掌握有关参数可能变化的影响程度，以便在变化发生时及时采取对策，调整企业计划，使生产经营活动始终控制在有利的状态。利润敏感分析是解决类似问题的可取方法。

基于本量利关系的利润敏感分析，主要研究分析有关参数发生多大变化会使盈利转为亏损、各参数变化对利润变化的影响程度，以及各参数变化时企业如何调整应对，以保证原目标利润的实现。为了直观反映各参数的利润敏感程度，以如下案例为基础进行分析。

例如，某企业仅产销一种产品，销售单价为 6 元，单位变动成本为 2 元，固定成本为 1 000 万元，销售数量为 1 000 万件，计算毛利。

$$毛利=单价×销售数量-单位变动成本×销售数量-固定成本$$
$$=6×1\,000-2×1\,000-1\,000$$
$$=3\,000（万元）$$

（一）销售单价敏感分析

从企业的层面来看，可接受销售单价的最小值，应为毛利为零时的单价。

在上面的案例中，设销售单价为 SP。

$$SP×1\,000-2×1\,000-1\,000=0$$

求得：

$$SP=3（元）$$

销售单价降至 3 元，即销售单价降低 50%[（6-3）÷6×100%]时，企业毛利降低 100%[（3 000-0）÷3 000×100%]，表明销售单价对毛利的影响较大。

企业可接受的销售数量，就是保本量，这里不再介绍。在实际工作中，可以通过 Power BI 对销售单价等的不同导致的毛利的不同进行可视化展示。

（二）单位变动成本敏感分析

从企业的层面来看，可接受的单位变动成本的最大值，应为毛利为零时的单位变动成本。

在上面的案例中，设单位变动成本为 VC。

$$6×1\,000-VC×1\,000-1000=0$$

求得：

$$VC=5（元）$$

单位变动成本升至 5 元，即单位变动成本增加 150%[（5-2）÷2×100%]时，企业毛利减少 100%[（3 000-0）÷3 000×100%]。相比于销售单价，毛利对单位变动成本的敏感度较低。

（三）固定成本敏感分析

从企业的层面来看，可接受固定成本的最大值，应为毛利为零时的固定成本。

在上面的案例中，设固定成本为 FC。

$$6×1\,000-2×1\,000-FC=0$$

求得：

$$FC=4\,000（万元）$$

固定成本升至 4 000 万元，即固定成本增加 300%[（4 000-1 000）÷1 000×100%]时，企业毛利减少 100%[（3 000-0）÷3 000×100%]。相比于销售单价，毛利对固定成本的敏感度较低。

任务实施

任务提示如下。

（1）在本任务实施过程中，假定麦尔奇公司的销售数量与生产数量相等。

（2）基于项目八中任务一、任务二已经完成的任务数据，继续完成本任务。

操作演示

毛利预测分析

子任务一：数据准备

步骤一：单击报表视图底部"+"按钮，新增"毛利预测"页面。

通过采购预测、生产成本预测，最终为企业毛利预测、定价决策及产量决策提供依据，新增"毛利预测"页面，如图 8-27 所示。

图 8-27 新增毛利预测页面

步骤二：增加参数表测算盈亏平衡点。

想要测算盈亏平衡点，需要先增加一个盈亏平衡点的范围，本任务假定销售数量在 0 和 15 000 之间。单击"表工具"选项卡中的"新建表"按钮，输入以下公式。

```
盈亏平衡图数量=GENERATESERIES(0,15 000,1 000)
```

子任务二：创建毛利预测分析指标度量值

步骤一：创建毛利预测分析指标度量值存储文件夹。

切换至模型视图，单击"新建度量值"按钮，输入以下公式。

```
销售总金额=MIN('YC_数量_红枣蛋糕'[Value])*MIN('YC_售价_红枣蛋糕'[Value])+MIN('YC_数量_苹果蛋糕'[Value])*MIN('YC_售价_苹果蛋糕'[Value])+MIN('YC_数量_玉米蛋糕'[Value])*MIN('YC_售价_玉米蛋糕'[Value])
```

在"属性"窗格的"主表"中选择"DAX 函数"，在"显示文件夹"中输入"毛利预测"，如图 8-28 所示。

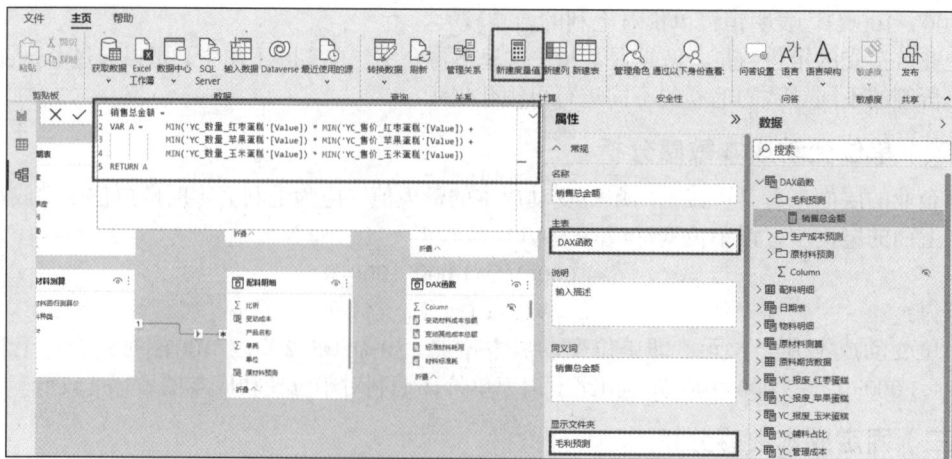

图 8-28 完成"属性"窗格设置

步骤二：新建度量值。

依次添加毛利预测分析指标度量值，如表 8-10 所示。

表 8-10 　　　　　　　　　　　　毛利预测分析指标度量值

度量值名称	公式
销售总金额	MIN('YC_数量_红枣蛋糕'[Value])*MIN('YC_售价_红枣蛋糕'[Value])+ MIN('YC_数量_苹果蛋糕'[Value])*MIN('YC_售价_苹果蛋糕'[Value])+ MIN('YC_数量_玉米蛋糕'[Value])*MIN('YC_售价_玉米蛋糕'[Value])
销售总额	VAR PD=SELECTEDVALUE('配料明细'[产品名称]) VAR Total_sales_amount=SWITCH(TRUE(), 　　PD="红枣蛋糕",MIN('YC_数量_红枣蛋糕'[Value])*MIN('YC_售价_红枣蛋糕'[Value]), 　　PD="苹果蛋糕",MIN('YC_数量_苹果蛋糕'[Value])*MIN('YC_售价_苹果蛋糕'[Value]), 　　PD="玉米蛋糕",MIN('YC_数量_玉米蛋糕'[Value])*MIN('YC_售价_玉米蛋糕'[Value]), 　　[销售总金额]) 　　RETURN Total_sales_amount
销售金额占比	DIVIDE([销售总额],[销售总金额])
成本总额	[单位变动成本]*[产销量总计]+[固定成本总金额]
利润总额	[销售总额]-[成本总额]
平均销售总额	VAR PD=SELECTEDVALUE('配料明细'[产品名称]) VAR Average_Selling=SWITCH(TRUE(), 　　PD="红枣蛋糕",MIN('YC_售价_红枣蛋糕'[Value]), 　　PD="苹果蛋糕",MIN('YC_售价_苹果蛋糕'[Value]), 　　PD="玉米蛋糕",MIN('YC_售价_玉米蛋糕'[Value]), 　　DIVIDE([销售总金额],[产销量总计])) RETURN Average_Selling
单位毛利率	DIVIDE(([平均销售总额]-[单位总成本]),[平均销售总额])
盈亏平衡图_收入	MIN('盈亏平衡图数量'[Value])*[平均销售总额]
盈亏平衡图_成本	[固定成本总金额]+MIN('盈亏平衡图数量'[Value])*[单位变动成本]
盈亏平衡图_毛利	[盈亏平衡图_收入] - [盈亏平衡图_成本]
盈亏平衡图_当前营业收入	IF(MIN('盈亏平衡图数量'[Value])=[产销量总计],[盈亏平衡图_收入])
盈亏平衡图_销量	DIVIDE([固定成本总金额],[平均销售总额]-[单位变动成本])
盈亏平衡图_销售额	[YC_盈亏平衡销量]*[平均销售总额]

子任务三：设计可视化交互对象

步骤一：添加参数切片器。

插入切片器，将"YC_数量_红枣蛋糕"中的"∑Value"拖动至"字段"，调整切片器的视觉对象并进行常规设置。将"样式"设置为"大于或等于"；将值的背景色设置为蓝色；设置"高度"为"75"，"宽度为"170"；关闭"高级选项"中的"响应"；将标题文本设置为"红枣蛋糕销量"，如图 8-29 所示。

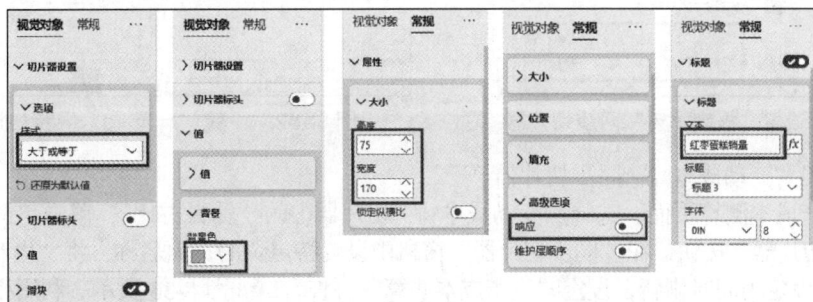

图 8-29　调整参数切片器的视觉对象并进行常规设置

步骤二：依次完成销量及售价参数的切片器设置。

（1）复制粘贴红枣蛋糕销量切片器，完成红枣蛋糕售价切片器，同时，完成苹果蛋糕和玉米蛋糕的销量与售价切片器的设置，设置完成后的切片器样式如图 8-30 所示。

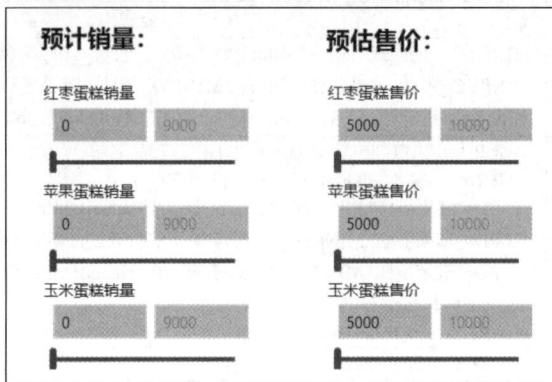

图 8-30　预计销量和预估售价参数切片器样式

（2）设置"报废率%"同步切片器。

切换至生产成本测算页面，选择"报废率%"切片器中的"红枣蛋糕"，单击"视图"选项卡中的"同步切片器"按钮，在"同步切片器"窗格中设置特定页的页面名称，将"生产成本测算""毛利预测"设定为同时刷新，设定"毛利预测"不可查看，保留"生产成本测算"可查看，如图 8-31 所示。利用相同的方式，逐一完成苹果蛋糕、玉米蛋糕的设定。

（3）设置"产量 kg"同步切片器。

返回生产成本测算页面，选择"产量 kg"切片器中的"红枣蛋糕"，单击"视图"选项卡中的"同步切片器"按钮，在"同步切片器"窗格中设置特定页的页面名称，将"生产成本测算""毛利预测"设定为同时刷新以及可查看，如图 8-32 所示。利用相同的方式，逐一完成苹果蛋糕、玉米蛋糕的设定。

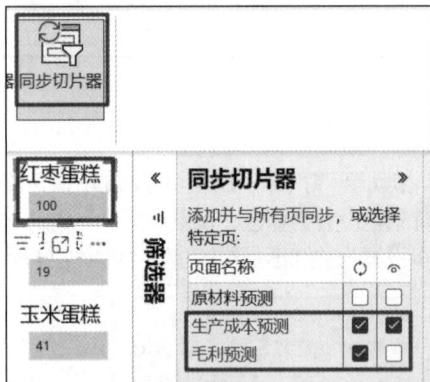

图 8-31　设置"报废率%"同步切片器

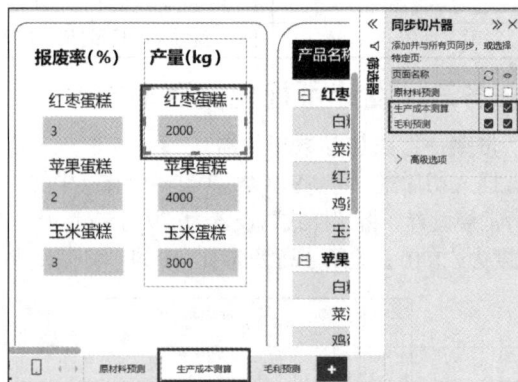

图 8-32　设置"产量 kg"同步切片器

（4）设置"变动成本%"同步切片器。

返回生产成本测算页面，选择"变动成本%"切片器中的"辅料占比"，单击"视图"选项卡中的"同步切片器"按钮，在"同步切片器"窗格中设置特定页的页面名称，将"生产成本测算""毛利预测"设定为同时刷新，设定"生产成本测算"可查看，如图 8-33 所示。利用相同的方式，逐一完成人工占比、水电占比的设定。

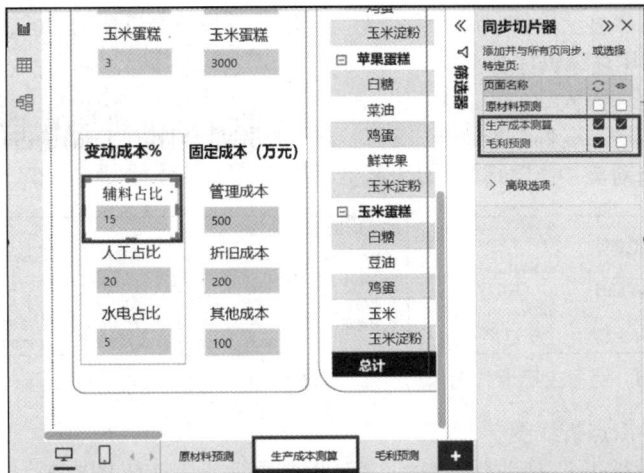

图 8-33 设置"变动成本%"同步切片器

（5）设置"固定成本（万元）"同步切片器。

返回生产成本测算页面，选择"管理成本"，单击"视图"选项卡中的"同步切片器"按钮，在"同步切片器"窗格中设置特定页的页面名称，将"生产成本测算""毛利预测"设定为同时刷新，设定"生产成本测算"可查看、"毛利预测"不可查看，如图 8-34 所示。利用相同的方式，逐一完成折旧成本、其他成本的设定。

步骤三：设定毛利预测相关参数。

通过前面的操作，在当前步骤中，产量与预计销量已实现了同步。假定预估售价：红枣蛋糕售价 9 700 元/吨、苹果蛋糕售价 9 600 元/吨、玉米蛋糕售价 9 300 元/吨。添加文本框，分别输入"预计销量："和"预估售价："，如图 8-35 所示。

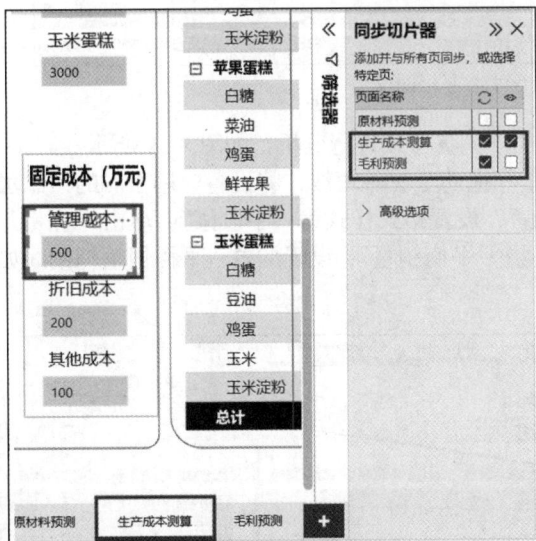

图 8-34 设置"固定成本（万元）"同步切片器

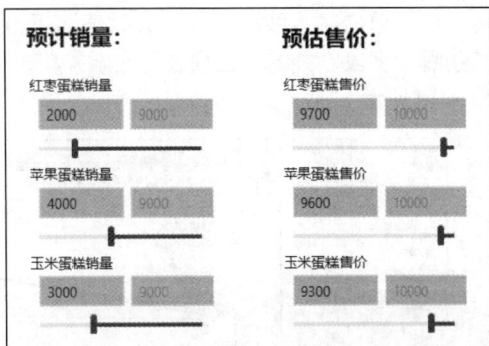

图 8-35 设定毛利预测相关参数

步骤四：设计可视化图形。

（1）插入卡片图，为了展示营业收入、成本及利润的关系，设置经营指标卡片图，效果如图 8-36 所示。

插入卡片图，将"显示单位"设置为"无"，"值的小数位"设置为"0"，关闭"类别标题"，根据不同卡片的实际用途编辑标题。

（2）添加预估销售收入结构矩阵。

添加矩阵，将"产品名称"拖动至"行"，将"产销量合计""产销量占比""销售总额""销售金额占比"依次拖动至"值"，效果如图 8-37 所示。

销售总额	单位售价
85,700,000	9,522
成本总额	单位变动成本
84,843,435	9,427
毛利润总额	毛利率
856,565.15	1.00%

图 8-36　经营指标卡片图

预估销售收入结构

产品名称	产销量合计	产销量占比	销售总额	销售金额占比
红枣蛋糕	2000	22.22%	19,400,000	22.64%
苹果蛋糕	4000	44.44%	38,400,000	44.81%
玉米蛋糕	3000	33.33%	27,900,000	32.56%
总计	9000	100.00%	85,700,000	100.00%

图 8-37　销售收入结构矩阵

（3）设置盈亏平衡点折线图。

插入折线图，将"Value"拖动至"X轴"，将"YC_图收入""YC_图成本""YC_图毛利润""YC_图营业当前"依次拖动至"Y轴"。开启"标题"，将标题文本设置为"盈亏平衡点"，如图 8-38 所示。

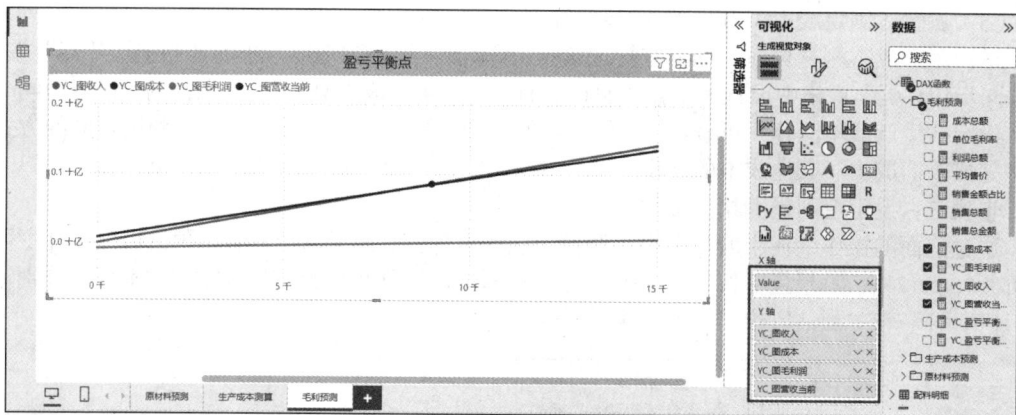

图 8-38　设置盈亏平衡点折线图

单击🔍图标，进一步分析视觉对象，可以添加不同参考线进行分析，如图 8-39 所示。

设定盈亏平衡销量辅助线，将"盈亏平衡销量"拖动至 X 轴恒线"将设置应用于"的"添加行"中，单击"直线"下拉列表"值"下方的"fx"，设置格式样式为"字段值"，单击"应将此基于哪个字段？"的下拉列表，搜索并单击"YC_盈亏平衡销量"，设置的盈亏平衡销量辅助线如图 8-40 所示。

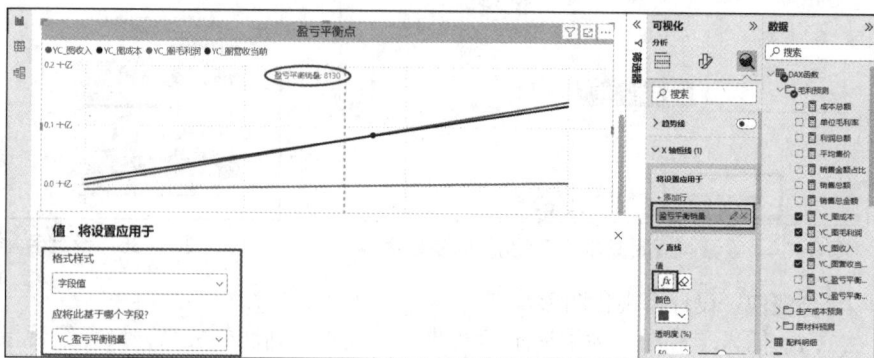

图 8-39　参考线类型　　　　图 8-40　设置盈亏平衡销量辅助线

"盈亏平衡销售额"拖动至 Y 轴恒线"将设置应用于"的"添加行"中。开启"数据标签",单击"样式"下拉列表,设置为"两者",如图 8-41 所示。

步骤五：设置毛利预测分析看板标题、图标。

（1）插入标题文本框,输入标题"毛利预测分析",根据实际布局,设置字体大小和样式。

（2）添加看板图标,单击"插入"选项卡中的"图像"按钮,插入图像。

（3）添加矩形框,将边框设置为圆角,通过矩形框区分参数区域与分析区域。

图 8-41　设定数据标签样式

任务拓展

基于已经创建完成的可视化视觉对象,进行整体布局、配色设计,形成完整的毛利预测分析看板,如图 8-42 所示。

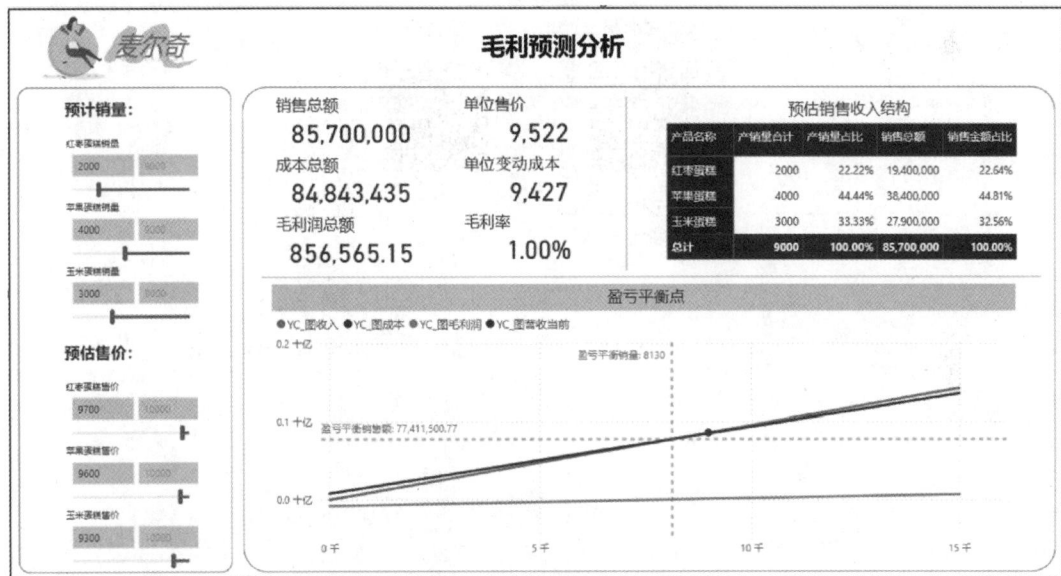

图 8-42　毛利预测分析看板

素养提升：优化运输结构　降低隐性成本

既着眼全局,又因地制宜,推动资源、信息、服务和标准等无缝衔接,促进各个环节高效运转,才能加快实现货畅其流的美好愿景。

2024 年 5 月,汽笛声中,一列载有摩托车零配件的列车从重庆团结村站启程,经浙江宁波舟山港出海,踏上前往希腊比雷埃夫斯港的旅程。此次运输采用多式联运"一单制""一箱制"。集装箱甫一装车,客户便能拿到提单,运输全程不落地,到港口后直接装船出海,无需二次倒运换装。相比传统模式,运输总耗时减少了将近一周,物流成本大幅降低。

物流业是国民经济先导性、基础性产业,一头连着生产,一头关系消费,在市场经济中地位凸显。有效降低全社会物流成本,增强产业核心竞争力,方能进一步畅通国民经济循环,提高经济运行效率。

近年来，我国社会物流成本水平稳步下降。数据显示，我国社会物流总费用与 GDP 的比率已从 2014 年的 16.6%降至 2023 年的 14.4%。但费用占比与发达经济体仍有一定差距。与此同时，我国几乎各种运输方式的吨公里运价都比较低。

单一环节成本低，全链条运行却成本高，这就意味着破解循环堵点，必须握指成拳、下好一盘棋。发展多式联运是重要突破口。据测算，我国多式联运占全社会货运量的比重每提高 1 个百分点，可降低物流总费用约 0.9 个百分点，节约的社会物流成本可达千亿元。

多式联运不是多种运输方式的简单相加，而是一种全程物流设计方案。随着国际物流通道从过去单一海运通道变为"陆海并举"，在更大范围推动散货改集装箱运输，具有重要意义。以河北一家公司为例，企业每月需要进口铁矿石，以前货物从接卸、查验、通关到发运至工厂需要 7 天时间。山东青岛港推行铁矿石"船铁直转"作业模式后，将卸船作业线与铁路装车作业线进行直连，完成"查验+取样"后，进口矿产品无需落地即可直接装火车发运，铁矿石运抵工厂时间由 7 天缩短到 2 天，疏运效率极大提升，货运总成本大幅下降。

资料来源：人民网，有删改。

行业观察

比亚迪技术创新带来价格优势

练一练